Rosemarie Killius

Sei still, Kind!
Adolf spricht

Für meinen Vater Adolf Killius

Rosemarie Killius

Sei still, Kind! Adolf spricht

Gespräche mit Zeitzeuginnen

Militzke

Die Fotos der interviewten Frauen stellte freundlicherweise die Autorin zur Verfügung.

Die Deutsche Bibliothek – CIP-Einheitsaufnahme
Killius, Rosemarie:
Sei still, Kind! Adolf spricht :
Gespräche mit Zeitzeuginnen / Rosemarie Killius.
Leipzig : Militzke, 2000
ISBN 3-86189-180-0

1. Auflage

Lektorat: Siegfried Kätzel, Corinna Hohndorf
Umschlaggestaltung: Dietmar Senf
Satz und Layout: Ralf Thielicke
Druck und Bindung:
Steidl, Göttingen

Inhalt

I Kinder als Leidtragende des Krieges

Statt eines Vorworts: Das Mädchen mit dem einen Bein

Rosemarie Killius

Es ist immer dasselbe Bild.
Männer, nur Männer, meist junge Männer, befinden sich auf einer weitläufigen Fläche, die teilweise sumpfig ist. Die Männer sind mit ihren Stiefeln eingesunken. Sie knien, hocken, stehen gebückt über irgendein Kriegsgerät und hantieren konzentriert daran herum. Andere lauern hinter irgendeinem Gebüsch, suchen Deckung, und wieder andere, sehr viele, liegen manchmal kreuz und quer, auch kopfüber tot oder halbtot herum. Da und dort liegt Schnee. Ein Schlachtfeld.

Dieses Bild in seiner Eiseskälte hat sich mir eingeprägt.

Es ist das Bild von Krieg schlechthin.

Und als Höhepunkt der Horrorvision denke ich an den Winter in Stalingrad!

Der Krieg ist also Männersache!

Der Krieg stand am Anfang meines Lebens.

Ich wurde in einem solchen Krieg, im Sommer nach Stalingrad geboren, und das Wort Krieg barg für mich immer ein großes Geheimnis.

Mein Vater, der mir gegenüber bisher nur als Erzeuger aufgetreten war, befand sich dort. Die Väter meiner Freundinnen ebenfalls. Die Mütter und Großmütter sprachen von nichts anderem.

Das Wort Krieg konnte Lachen, Weinen, Freude, Trauer und Schmerz auf einmal hervorrufen und wurde für unsere Kleinmädchen-Puppenspiele zum Zauberwort. Er schien für uns nicht nur schrecklich, sondern auch etwas Besonderes, Großartiges, Weltbewegendes zu sein.

Ich erinnere mich an ein wichtiges Gespräch mit meiner besten Freundin: »Wer hat es besser, Männer oder Frauen?«

Das kleine vierjährige Mädchen in der Karlsruher Rheinstraße zermarterte sich 1947 beim Spiel mit der Freundin den Kopf. Sie kannte Männer eigentlich nicht, denn sie lebten zu viert, vier Generationen Frauen, in einem Frauenhaushalt.

Männer kannte sie nur von weitem und fand sie abschreckend, nachdem sie einen auf Kurzbesuch weilenden Cousin der Mutter nichtsahnend bei einem Bad in der Waschküche überrascht hatte.

»Frauen haben es schwer, sie müssen Kinder kriegen und das tut so weh! Das ist nichts.«

Im täglichen Puppenspiel war das auch so. Die Puppen waren selbstverständlich alle Mädchen und die großen, behäbigen Schildkrötenpuppen, die, neu auf dem Nachkriegsmarkt, gerade das herrlichste Spielzeug darstellten, waren wiederum Mütter der kleinen, selbstgebastelten Stoffpuppen. »Also haben es die Männer besser«, sagte sie zu ihrer Freundin. Dieser kam zum Glück der rettende Gedanke. »Beide haben es ziemlich schwer«, meinte sie, »denn die Männer müssen ja in den Krieg, um dort zu kämpfen, und vielleicht müssen sie dort auch sterben.«

Und während sie dies sagte, leuchteten ihre Augen so, als ob sie ein wunderbares Geheimnis preisgeben würde.

Wie gerne würde auch ich im Krieg sein, dachte ich.

Dort mußte etwas sein, das ich nicht kannte. Dort war wohl alles möglich. Dort war schließlich auch mein Vater.

Die Begriffe Krieg und Vater vermischten sich und wurden eins. Sie wurden zum Papa im Krieg, zum Kriegspapa.

Ich hatte als ganz kleines Mädchen von meinem Gitterbett aus immer an die Wand zu dem großen Bild schauen können, auf dem ein dunkelhaariger Mann mit dunklen Augen streng, aber auch beschützend zu mir herunterschaute. Daneben befand sich ein Bord, wo unser Volksempfänger stand. Daraus hörte ich ihn sprechen. Ich hatte immer den Eindruck, daß das, was er sagte, wichtig war und auch irgendwie mit mir zu tun habe.

Meine Mutter, Großmutter und Urgroßmutter ließen wohl immer alles, was sie gerade taten, aus der Hand fallen und kamen ganz aufgeregt herbei und stellten sich um mein Paidibett herum, wenn er mit seiner schreienden, heiseren Stimme loslegte.

Ich begriff, daß es vom Krieg handeln mußte, was er sagte, und glaubte fest, daß dieser Mann mein Kriegspapa sei, denn sie sagten: »Sei still, Kind, Adolf spricht jetzt.«

Nach und nach erfuhr und begriff ich dann die ganze Wahrheit.

Der Mann an der Wand mit seiner schreienden Stimme aus dem Radio war ganz plötzlich verschwunden.

Nie wieder schrie er an meinem Bett und die drei Frauen um mich herum erwähnten ihn auch nicht mehr. Es war einfach so.

Ich war grausam getäuscht worden. Warum sprachen sie von meinem Kriegspapa mit Namen Adolf nicht mehr? Ich wagte auch nichts zu fragen.

Es blieb für mich irgendwann nur noch ein Gefühl der Scham und der Peinlichkeit übrig.

Dann kam wieder irgendwann der Krieg in mein Bewußtsein.

Ich sah Männer, die entweder keine Arme oder keine Beine oder überhaupt keine Gliedmaßen mehr hatten.

Manche bestanden aus einem schmerzverzerrten Gesicht und einem Rumpf, der auf einem Brett mit vier Rädern befestigt war, und stießen sich mit den Händen vom Boden ab und bewegten sich so vorwärts.

Ich war viel größer als sie, obwohl ich noch nicht zur Schule ging.

Die waren möglicherweise auch Väter!

So waren sie aus dem Krieg zurückgekommen!

Wie sehr schämte ich mich für sie! Warum hatten sie sich das gefallen lassen? Hatten sie denn nicht gekämpft?

Schließlich wollte ich nichts mehr vom Krieg wissen und war im Grunde meines Herzens froh, daß mein Vater überhaupt nicht mehr auftauchte.

Besser so, als wenn er vielleicht ohne Beine zurückgekommen wäre.

Dafür wurde mir dann bewußt, daß *ich* das Mädchen mit nur einem Bein war. Zumindest mit nur einem richtigen, denn ich hatte nur meine Mutter. Meine Großmutter und Urgroßmutter zählten für mich damals, als ich eingeschult wurde, nicht so. Meine Freundinnen hatten die auch, zumindest die Großmütter!

Und an meinem ersten Schultag saßen sie, flankiert von ihren Müttern und ihren gerade noch rechtzeitig aus der Gefangenschaft zurückgekehrten Vätern im Klassenzimmer der Mühlburger Volksschule für Mädchen.

Außer mir hatten alle meine Freundinnen zwei solide Beine, also Vater und Mutter, wie es sich gehört.

Neben mir saß nur meine Mutter. Ich fühlte mich unvollständig.

Ich fühlte wieder Scham und Peinlichkeit.

Zwar hatte *ich* inzwischen ein Holzbein bekommen, das mich aber eher behinderte, als daß es mich stützte und mir meinen Lebensweg geebnet hätte: Meine Mutter hatte, als dies noch kaum möglich war, meinem Kriegspapa sozusagen den Todesstoß versetzt. Sie hatte ihn »für tot« erklären lassen, weil sie ihn nicht mehr haben wollte, und einen blonden, blauäugigen Kriegsheimkehrer geheiratet. Der sah nun meinem Kriegspapa überhaupt nicht ähnlich!

Damit war das Trauma Vater – Krieg endlich vom Tisch. Es konnte abgehakt werden und wurde von nun an totgeschwiegen. Von mir sowieso. Ich wollte nichts mehr wissen.

Nur manchmal dachte ich noch an ihn. Das war immer dann, wenn der Fremde mich mal wieder so richtig mitten ins Gesicht geschlagen hatte, weil: »Weiber sind zu dumm für Mathematik und du sowieso.«

Die Zeit verging. Der Wiederaufbau begann. Alles sollte anders werden. Die Menschen atmeten auf. Sie wollten bei Null anfangen. Alles sollte neu werden. Das Mädchenleben nahm mit mehr oder weniger schwierigen Momenten seinen Lauf.

Der Zweite Weltkrieg war in der Zeit des Kalten Krieges und der Verdrängung zum Un-Thema geworden. Es wurde unzeitgemäß, unanständig.

Irgendwann holte dann noch Adenauer im Jahre 1955 die letzten Gefangenen aus dem kalten, bösen, kommunistischen Rußland. Meine Mutter erzählte es mir mit Schaudern.

Ich stand gefühllos da und hoffte inständig, daß mein Kriegspapa nicht dabeisein würde. Jetzt wollte ich ihn auch nicht mehr haben. Zu spät!

Er hatte mich ja im Stich gelassen, mich getäuscht! Ich war dem grausamen Spiel auf den Leim gegangen, er sei der Mann an der Wand und der Schreihals aus dem Radio. Mit diesem hatte er gemeinsame

Sache gemacht und mich dabei geopfert. Das konnte ich ihm niemals verzeihen!

Wir hatten Glück. Er kam nicht.

Meine Mutter schlug sich jetzt ganz auf die Seite ihres blauäugigen neuen Mannes.

Ich wurde älter und humpelte mit meinem Holzbein, das nicht mitwuchs, weil es mir ja nie richtig angepaßt worden war, ins Abitur.

Geschichte begann mich seit einiger Zeit zu interessieren.

Aber Alte Geschichte natürlich, die lange untergegangene Antike.

Je weiter weg, desto besser und befreiender!

Deutsche Geschichte war ja nur bis Bismarck vermittelt worden. Ich hatte keinen Zugang zu ihr.

Ich schwärmte für die Helden des Altertums.

Deutschland war mir ohnehin zuwider. Deutsche Männer interessierten mich schon überhaupt nicht.

Ich wollte viele Reisen machen während des Studiums, studierte Romanistik, französische und spanische Sprache und Literatur, aber als Hauptfach wählte ich … Geschichte.

Meine wichtigste Reise führte nach unglaublich vielen Irrfahrten und noch mehr Strandungen in den Krieg, in jenen Krieg, den man den »Vater aller Dinge« nennt.

In den Zweiten Weltkrieg!

Und ein richtiges Bein fing mir an zu wachsen. Nicht ganz, aber doch so, daß ich heute erst richtig laufen kann und nicht mehr humpeln muß, so daß ich endlich dieses elende Holzbein abschnallen konnte.

Es ist erst sehr spät passiert. Beinahe zu spät!

Ich war längst Mutter geworden und hatte die Mitte des Lebens überschritten, und der Krieg war fast ein halbes Jahrhundert vorbei.

Es war wie ein Wunder!

Die Veränderungen in mir und das beginnende Wachstum des richtigen zweiten Beines hatte ich schon in dem Moment wahrgenommen, als ich diesen winzigen kleinen Jungen auf den Bauch gelegt bekam, von dem ich dachte, er sei ein Mädchen. Das war eigentlich das erste Wunder!

Ich zitterte so stark, daß mir das Kind gleich wieder weggenommen wurde, weil ich es kaum halten konnte.

Ich und einen kleinen Jungen! Daß ich dazu fähig war!

Da hatte ich es gespürt! Wie es in mir ruckte und zog! Ich ahnte, daß es etwas mit meinem Bein zu tun haben würde, und wurde richtig froh.

Aber richtig zu wachsen fing es erst an, als ich endlich die Kraft hatte, etwas längst Überfälliges zu tun: Beim Lesen der über 100 Feldpostbriefe von meinem Vater, die mir meine Mutter dreißig Jahre zuvor, kurz vor ihrem Tod, übergeben hatte, ist es dann wirklich passiert.

Es geschah nicht ohne Schmerzen. Ich mußte mich sogar in Krämpfen und Koliken winden. Aber nach und nach wurde es besser.

Heute bin ich oft sogar fast völlig schmerzfrei.

Ich konnte jetzt wirklich auf die Reise in den Krieg gehen.

Ich mußte es tun!

Und das, was ich auf dieser Reise erlebt habe, handelt vornehmlich von Frauen, die es mir wiederum erzählt haben. Von Frauen, vom Krieg und von den Vätern. Von mir auch und von meinem Vater.

Ich reiste in den Krieg nach Rußland und nach Frankreich, zu meinen Ursprüngen nach Deutschland und besuchte die Frauen.

Russische Frauen in Rußland, jüdische Frauen in Rußland, jüdische Frauen in Deutschland, jüdische Frauen in Frankreich, deutsche Frauen in Deutschland, russische Frauen in Österreich, österreichische Frauen in Rußland.

Die Männer habe ich ausgespart, da das Buch ein besonderes werden soll.

Es soll vom Krieg handeln.

Vom Krieg der Frauen, von Frauen im Krieg.

Natürlich sind sie vorhanden, die Väter, die Männer, die Brüder, die Freunde. Daß die Männer Kriege machen, ist jedem verständlich und klar.

Wie Frauen Kriege aushalten und durchhalten, schon weniger.

Die Frau steht ihren Mann in Not- und Kriegszeiten, sie kämpft an der Heimatfront. So war das schon immer.

In der Sowjetunion kämpften Frauen auch an der Front, ebenso wie die Männer, und haben mir alles erzählt. Daß sie es aber dort noch schwerer hatten als die Männer. Zumindest jeden Monat einmal!

Die Geschichten sind authentisch und handeln von Situationen, wie nur der Krieg sie bringt. Von weiblichen Biographien, die der Krieg unterbrochen hat, von Umständen, die heute unvorstellbar sind. Von Schmerz, Trauer und Angst, aber auch von wunderbarer Mitmenschlichkeit und Freundschaft.

»Nach den Gesprächen über den Krieg ging es mir erst schlecht und ich glaubte, nie wieder froh zu werden, aber dann konnte ich weinen, und die bösen Träume kamen immer seltener«, sagte eine Scharfschützin aus Rußland, die Heldin der Sowjetunion ist.

Manche Väter kamen wieder nach Hause, und die Töchter erzählen davon, wie es war, als diese fremden Männer dann den Hausfrieden störten, aber wie sie sich doch allmählich mit ihnen anfreunden konnten.

Ganz verschiedene Schicksale lernte ich kennen. Frauen, die im Krieg Ehefrauen waren, Frauen, die vor allem im Krieg und nach dem Krieg Töchter waren und von ihren Vätern erzählten. Auch von Vätern, die gegen Hitler aufgestanden sind. Es ist mir ein Bedürfnis, hier von ihnen zu sprechen.

Selbsterlebtes und -erlittenes begleitet die Kriegsgeschichten all jener Frauen, die ich besucht und befragt habe.

Sogar bis an die Wolga bin ich gefahren. Ich wollte es wissen.

Die Begleitumstände meiner Reisen waren oft abenteuerlich, aber ich wollte es wissen. Ich mußte es wissen.

»Nur noch die Puppe und dann weg weg weg ...«

Wir sind uns irgendwann begegnet. Bei einer gemeinsamen Freundin. Es bleibt nicht beim ersten Mal. Wir leben in der gleichen Stadt. Da ist es kein Zufall mehr, daß man sich wiedersieht.

Bei einem Gespräch in größerer Runde fällt mir eines Tages auf, wie sie plötzlich von einem Moment zum anderen verstummt, nachdem wir sehr kontrovers über einen Leni-Riefenstahl-Film im Fernsehen diskutiert hatten. Dieser so wache und lebhafte Mensch ist wie verwandelt. Bald darauf verabschiedet sie sich.

Mir läßt das keine Ruhe. Ich rufe sie an. Was mochte dahinterstecken?

Ich weiß von ihr, daß sie als eine von vielen mit ähnlichem Schicksal mit ihrem Mann ein Jahr vor der Mauer aus Potsdam nach Frankfurt kam.

Gundel-Maria Busse

Woran mochte sie gedacht haben an jenem Abend … Ich möchte es wissen.

Nach mehreren Anläufen ist sie schließlich am Apparat. Ich falle sofort mit der Tür ins Haus, frage sie direkt nach ihrem abrupten Aufbruch neulich. Sie scheint kein bißchen überrascht. Als habe sie es erwartet. Und dann kommt das, woraufhin wir uns verabreden: »Wissen Sie, der Name Leni Riefenstahl sitzt wie ein Alp auf mir. Diese Frau hat den Hitler in einer Weise glorifiziert, die ich nicht ertrage.

Es hat *einen* Tag in meinem Leben gegeben, der bis heute in mir steckt und den sie für mich in irgendeiner Weise mit auf dem Gewissen hat.

Ich weiß ja, daß Sie Menschen, vor allem Frauen, über ihre Gefühle zum Thema Krieg befragen, um darüber vielleicht etwas zu schreiben. Das finde ich gut.

Wenn Sie wissen wollen, was dieser Wahnsinnige vor 50 Jahren innerhalb weniger Stunden aus einem Kind gemacht hat, dann kommen Sie. Unter Umständen tut es mir sogar gut, darüber zu reden. Sie brauchen mir nur eine Frage zu stellen. Die nach diesem Tag damals.

Wir treffen uns schnell. In ihrem Büro. Sie brauche die anonymen vier Wände, nicht jedoch die Distanz zu mir. Wir machen keine Umwege, ich stelle sie, jene Frage, auf die wir beide gewartet haben.

»Was war an jenem Tag vor 50 Jahren?«

Sie sitzt regungslos. Und bleibt so bis zum letzten Satz.

»Achtung, Achtung, wir bringen eine Luftlagemeldung. Kampfverband über Nordwestdeutschland im Anflug auf Raum Hannover-Braunschweig.«

Sie schweigt. Und dann wiederholt sie die Worte noch einmal. Stereotyp, leiernd, fremd. Als imitiere sie die Stimme im Rundfunk. Dann spricht sie langsam weiter, als hole sie das alles von ganz weit her: »Wie ich sie haßte, diese Worte, dieses zweifache Achtung Achtung, mit dem der Rundfunksprecher die allerhöchste Gefahr für den Berliner Raum ankündigte. Noch heute spüre ich den gleichen Druck in der Magengrube und die tauben Hände, wenn ich daran denke, was dann immer folgte und an jenem Tag noch ganz anders wurde.

Neben uns, auf dem Dach der Brauerei, stand sie, die elektrische Sirene. Mag sein, daß ich schon damals vom Kopf her wußte, sie rettete vielen das Leben. Aber mich, die ich so war, wie ich war, brachte sie jedesmal fast um. Und dieses Gefühl, es müßte eine andere Art geben, Gefahrengeräusche zu erzeugen als dieses grauenhafte Jammern, ist noch immer da. Ich halte mir bis heute die Ohren zu.

An jenem Vorostertag 1945 kam mein Vater mitten in den an- und abschwellenden Heulton mit starrem Gesicht in die Küche. In unseren Feiertagsputz hinein sagte er nur zwei Worte: ›Runter, schnell.‹ Er wurde grob, als Mutter danach irgend etwas in die Hand nahm. Mich packte das blanke Entsetzen, als er ihr zuflüsterte: ›Diesmal meinen sie uns.‹

Und das, nachdem ein, zwei Nächte vorher nachts eins der Bombengeschwader auf dem Rückflug von Berlin über dem Sportfeld vor unserem Haus eine Luftmine ausgeklinkt hatte. Ohne Alarm. Durch den Luftdruck bei der Explosion war ein ganzes Fenster im Treppenflur aus den Angeln gehoben worden.

Unmittelbar, nachdem ich auf den letzten unteren Stufen stand – wir waren eben noch mit letzter Kraft hinuntergekommen –, legte sich der ganze Rahmen mitsamt klirrenden Scheiben auf die Treppe.

Mein wildes Schreien hatte bei allen Panik ausgelöst. In jener Nacht konnten die Eltern die Zehnjährige noch beruhigen. Aber sie wußten, wie die Leute im Haus über mich dachten und daß sie dieses panische Gör am liebsten sonstwohin gewünscht hätten.

Und nun dieser Vater mit dem weißen Gesicht und das hastige Rennen einen nicht enden wollenden Korridor entlang.

Wir schafften es nicht mehr. Sie waren bereits über uns. ›Uns‹, das hieß Brandenburg-Stadt. Das hieß, sie wollten Arado treffen, Brennabor, und die Stahlwerke. Ich ahnte das damals nicht, ich wußte nur, ›uns‹ meinten sie. Vater hatte es so gesagt.

Während wir, und das waren alle in diesem großen Haus, aus den Wohnungen schossen, krachten die ersten Bomben. Ich lief total außer mir mit den Händen überm Kopf in den Keller. Aber da waren auch die anderen. Ich weiß wie heute, daß niemand schrie, seltsamerweise, sondern alle nur rannten. Und alle hatten sie die Hände auf dem Kopf. Denn das Zischen und Sausen über uns hörte nicht auf.

Unten im Keller, der keine Luftschutztür besaß und nur notdürftig ausgestattet war, hockte ich dann auf der Erde vor meiner Mutter und hatte mich so in ihren Rock verbissen, daß mein Schreien offenbar nicht so entsetzlich klang. Die Wände zitterten, hielten aber den Druck aus.

Unser Haus stand wie viele andere mitten zwischen den Angriffspunkten, wurde aber nicht direkt getroffen. Mir war das nicht bewußt, ich hörte nur das unentwegt von oben kommende Pfeifen. Es nahm kein Ende. Und ich dachte, oben ist alles weg. Auch meine Puppe. Die hatte ich zum erstenmal nicht mitnehmen können. Ich vermißte sie plötzlich blödsinnig. Obwohl ich doch vor meiner Mutter auf dem Boden kniete.

Das sind Dinge, die vergißt man nicht. Ich weiß noch, was diese Puppe anhatte. Und dachte, die finde ich nie wieder, die ist weg, die gab es mal für mich, die Puppe, meine Puppe.

Nach Stunden ohne Entwarnung ging mein Vater bis zur ersten Tür, die ins Freie führte, in einen Wäschehof, der irrsinnigerweise noch immer voller weißer Sachen hing. Die hatten nun alle riesige Löcher.

Irgendwann konnten wir alle wieder nach oben. Nicht ein Fenster war heilgeblieben. Überall lagen Glassplitter. Ich weiß nicht mehr, was die anderen zuerst taten, was sie zu mir sagten, wie wir einander behandelten. Ich weiß aber ganz sicher, daß ich meine Puppe suchte. Und fand. Auch voller Splitter. Mutter wollte sie mir wegnehmen. Ich aber hielt sie krampfhaft fest. Sie konnten nichts tun. Jeden Splitter habe ich einzeln entfernt. Ohne ein Wort zu sagen, in einer Ecke, ganz für mich allein.

Dann ging Vater weg. Er wollte wissen, was aus ›seiner‹ Schule geworden war. Es waren ja Ferien. Es war ja Ostern. Aber sein Kollege wollte dort arbeiten, das wußte er. Wo Mutter war, was sie tat, weiß ich nicht mehr. Ich war verstört wie nie zuvor. Meine Hände bluteten vom Entfernen der Splitter.

Vater kam wieder. So hatte ich ihn noch nicht erlebt. Sein Kollege war von einem Pfeiler im Keller der Schule erschlagen worden. Sie konnten es nicht vor mir verbergen. Ich bekam alles mit. Auch den Toten im Bombentrichter, von dem Vater nicht ahnte, daß er dort lag, als er mir vor unserer Haustür klarmachen wollte, was für ein Glück wir gehabt hätten, wenigstens noch ein Dach über dem Kopf zu haben und mit dem Leben davongekommen zu sein. Und dann sahen wir ihn beide. Ich hielt Vaters Hand. Die zog mich fort. Aber ich blieb stehen und starrte nach unten.

Ein Mann lag da. Zusammengekrümmt, wie vom Blitz erschlagen.

Was dann geschah, hat wohl entscheidend dazu beigetragen, daß ich bis heute denke, alles Böse kommt irgendwie von oben, auch für mich. Oft ist mir, als käme einmal etwas in mein Leben, das mich nur von oben treffen kann. Als ob ich darauf warte. Bei Gewitter oder tiefklingendem Flugzeuggeräusch werde ich bis heute den Gedanken nicht los, all das meint mich. Wie damals, als Vater sagte, heute meinen sie uns ...

Die Sirene heulte wieder. Was ich nicht mitbekam: Diesmal hatte man bei aller Hektik vorher nur die Entwarnung vergessen und sie nun nachgeholt. Ich hörte nichts davon, nur die Sirene. Und raste mit meiner immer noch ›gläsernen‹ Puppe vom Vater und vom Bombenkrater weg, laut schreiend die Treppe hinauf in mein Zimmer und suchte verzweifelt nach einem gestrickten Umhang für die Puppe. Dies alles tat nicht mehr die Zehnjährige, sondern ein Mensch, der nur eins wollte: Nie mehr *diese* Sirene hören!

Wie eine Art Amokläuferin stand ich dann an der Wohnungstür und schrie immer nur, ich will weg, ganz weit weg, hier bleibe ich nicht mehr, nicht mehr bei euch, ich geh jetzt ganz allein weg, ihr kommt ja doch nicht mit, laßt mich gehen, ich will nicht mehr, bloß weg hier, weg weg weg! Ich weiß das noch alles. Es sitzt tief in mir. Hätten es die Eltern nicht bestätigt, ich wüßte es ganz allein.

Niemand konnte etwas tun. Ich war nicht zu halten. Rannte aus dem Haus, immer mit der Puppe. Stürzte die Straße hinunter, hielt mir die Ohren zu, schrie.

Die Sirene war längst verstummt.

Die Eltern waren mir nachgerannt, versuchten mich zu beruhigen. Aber sie schienen zu spüren, daß etwas anderes in mir vorging als das Gefühl einer normalen Angst. Und sie taten das, was alle vernünftigen Eltern tun sollten: Sie wußten, hier war ein Mensch nicht nur einfach panisch, sondern aus Furcht vor einem nächsten Mal auf einer Flucht, die sie nicht aufhalten konnten. Sie hielten sie nicht auf.

In der Nähe der Stadt, aber auf dem Land gelegen, lebten Freunde. Es fuhr keine Bahn mehr. Wir hatten kein Auto. Also packten meine Eltern das Nötigste in einen alten Kinderwagen und zogen mit mir dahin, wo es die Sirenen nur aus der Ferne gab, wo die Welt noch ein bißchen heiler war. Wir waren lange unterwegs. Je mehr ich mich von der brennenden Stadt entfernte, umso besser ging es mir. Aber ich weiß noch, daß der Trotz blieb, du hast es geschafft, du mußt nicht mehr dort sein, wo ›sie‹ heult, du hast deine Puppe. Meine Eltern nahm ich wahr, nicht aber das Gefühl, daß sie mich gerettet hatten. *Ich* war es, die das geschafft hatte, ich ganz allein!

Wie lange wir dort blieben, weiß ich nicht mehr. Es gab dort zufällig einen Arzt, der mich dann unter seine Fittiche nahm. Er hatte sich auch verkrochen: Seine Frau und sein Sohn waren in einer anderen Stadt unter einem Pfeiler begraben worden. Mir konnte er ein bißchen helfen ... Damals.

Das Denken ist geblieben. Und die Angst, daß mich eines Tages etwas von oben trifft. Das klingt seltsam. Aber ich werde dieses fürchterliche Pfeifen nicht los ...

So. Das ist meine Geschichte. Deshalb kann ich Leni Riefenstahl nicht ertragen. Vielleicht können Sie das verstehen.«

Ich konnte. Es gab nichts mehr zu sagen. Ich ging wie benommen nach Hause. Sie blieb regungslos zurück. Irgendwann sahen wir uns wieder. Tun es bis heute. Als wäre nichts geschehen. Beinahe ...

II Sowjetische Frauen erleben den Großen Vaterländischen Krieg

Sie träumte von Napoleon

Marina Margarita Wassilewna Fedorowa wurde 1923 in Alatyr in der Tschuwaschen-Republik geboren und ist in der Nähe von Kasan aufgewachsen.

Die Dichterin, Komponistin und Professorin für russische Philologie ist Frontkameradin meines Gastgebers, des Moskauer Schriftstellers Rady Fish.

Ich bin seit einem Tag in Moskau, todmüde noch, denn erst gegen 2 Uhr früh kam ich von meinem ersten Interview am anderen Ende der Stadt zurück.

Es ist Sonntag im Februar 1993, Uhrzeit 8.30 Uhr.

Die Reise, der eiskalte Winter, die neue, fremde Umgebung, die sprachliche Ohnmacht, all dies verunsichert mich irgendwie und versetzt mich an diesem Sonntagmorgen in eine apathische, beinahe schlechte Stimmung. Was will ich hier eigentlich? Warum bin ich nicht zu Hause geblieben? Ich störe doch hier nur!

Mein umfangreiches, auf die Weiterreise nach Wolgograd wartendes Gepäck steht im vollgestopften Flur herum: Tausende von Büchern, eine drei Meter lange, dicke Rolle Linoleum, verschiedene Stühle, Taschen und Kartons mit Schuhen versperren den Durchgang.

Die bettlägerige Frau meines Gastgebers ist zu ihrem Mann in dessen kleines Wohn-, Schlaf-, Arbeitszimmer gezogen und überläßt mir ihr noch kleineres, mit Möbeln und hohen Zimmerpflanzen vollgestelltes Wohn-, Schlaf-, Arbeits-, Hobbyzimmer (»this is your own room«). In das passe zwar ich noch eben gerade, aber nicht mehr mein Gepäck.

Im Grunde finde ich es sehr aufmerksam und hilfreich von meinen Moskauer Freunden, für mich schon die Kontakte mit den Kriegsveteraninnen hergestellt und die verschiedenen Treffen ausgemacht zu haben.

An diesem Morgen jedoch ist mir alles lästig.

»Beeile dich bitte mit dem Frühstück, Marina kommt um 9 Uhr.«

Was denn, jetzt soll ich mich noch mit dem Frühstück abhetzen, denke ich.

Dann aber komme ich aus dem Staunen nicht mehr heraus, als er weiter bemerkt: »Sie kommt extra für dich aus der Nähe von Kursk, um das Interview zu machen. Danach fährt sie wieder zurück. Du wirst sehen, sie wird aus Stolz und Bescheidenheit nicht einmal eine Tasse Tee annehmen. Sie ist die ganze Nacht mit dem Zug gefahren, mehr als 500 km.«

Punkt 9 Uhr klingelt es tatsächlich an der Tür.

Marina Margarita Wassilewna

Eine große, ernste, sehr sachlich und würdevoll wirkende Dame steht vor mir. Ein kurzer Händedruck und sie zieht Pelz und Stiefel aus, ihre Pumps an und überreicht mir schließlich wortlos ein Heft mit eigenen Kompositionen sowie ein Buch mit ihren Gedichten.

Wir setzen uns in mein Zimmer, Marina auf einen Stuhl, ich auf das Bett, das mein Gastgeber noch schnell wieder in eine Couch zurückverwandelt hatte. Sofort beginnt Marina Wassilewna zu sprechen, noch bevor ich ihr irgendeine Frage gestellt hatte: »Als der Krieg 1941 begann [sie spricht nicht vom deutschen »Überfall auf die Sowjetunion«], wunderten wir uns nicht darüber, denn durch die Ereignisse in Spanien, den Sieg der Faschisten dort, waren wir innerlich darauf vorbereitet«, sagt sie dozierend.

Sprachlos über diese kurze Darstellung der Zusammenhänge ohne jegliche Emotionalität, schaue ich sie an. Mein Gastgeber bittet sie auf russisch, mir vor allem ihre individuellen Erlebnisse und Erfahrungen aus dem Krieg zu schildern.

Sofort verändert sich die anfänglich nüchterne Stimmung.

»Ich habe meinen Vater sehr geliebt. Er hat im 1.Weltkrieg gekämpft und ist dort schwer verwundet worden. Warum sollte ich dann nicht an die Front gehen, zumal ich keine Brüder hatte. Vier Kusinen von mir waren schon gefallen, als ich ging, meine beiden Schwestern ebenfalls. Es war für mich selbstverständlich. Aus Solidarität, aus Liebe zu ihnen und zur Heimat habe ich mich freiwillig gemeldet. Ich wollte und mußte die Heimat verteidigen.

Viele Gedichte habe ich auch aus dieser Liebe heraus geschrieben.

Ich machte im Krieg alles, was anfiel. Ich war Krankenschwester, habe Wunden verbunden, Soldaten entlaust, sie rasiert, als Putzfrau gearbeitet, bin als Sanitäterin hinausgegangen, habe Verletzte hereingetragen und sie versorgt.

Erst 1942 wurde ich zur Minenwerferin (120-mm-Minen) ausgebildet.

Im Jahr 1943 war ich Zugführerin westlich von Moskau und 1944 kam ich dann an die 1. Belorussische Front nach Poznań und Warschau und 1945 nach Berlin als Stabchefshelferin. Dort befand ich mich bis 1946 im Minenwerferstab.«

Stolz und ernst, mit verhaltener, aber fester, wenn auch monotoner Stimme informiert sie mich.

»Haben Sie da nicht gedacht, daß Sie als Frau eigentlich Männerarbeit leisten?« ist meine spontane Frage.

Nach einem scharfen, mich beinahe zurechtweisenden »Nein« fährt sie dann erläuternd fort: »Ich möchte Ihnen folgendes sagen: Die französische Frau kennt sich sehr gut in der Liebe aus und kann mit Männern umgehen, die deutsche Frau kann gut kochen, sie weiß die Kinder zu pflegen und zu erziehen, aber die russische Frau kann das alles zusammen und muß alles können, wenn es notwendig ist.

Ich wollte meine Heimat vom Krieg reinigen, unsere Erde von ihm säubern, sie wieder fruchtbar werden lassen, denn ich wollte wieder essen.«

»Haben alle russischen Frauen so gedacht wie Sie?«

»Nein, ich war schneller, ich mußte das tun. Ich hatte dabei niemals Angst. Ich wollte den Männern beistehen, die Gefallenen ersetzen, die

Sache schnell in Ordnung bringen. Das sagten mir sowohl mein Verstand als auch meine Gefühle.

Es herrschte größtes Vertrauen im Sanitätszug. Überall war Schwesternliebe unter den Frauen der verschiedensten Nationen: Russinnen, Tatarinnen, Jüdinnen und vielen anderen. Gefühle von höchster Solidarität also zwischen Frauen und Männern. Es gab aber auch Liebe, Sympathie, Eifersucht, alles wie in friedlichen Zeiten.«

Meine Frage, ob da auch Liebesbeziehungen zwischen Männern und Frauen waren, beantwortet sie kurz und knapp: »Sexuelle Beziehungen gab es weniger. Die Männer verhalten sich den Frauen gegenüber gewöhnlich so, wie die Frauen es zulassen.«

Das war ihre Lektion über das Zusammenleben der Geschlechter im Krieg.

Ich frage sie nach ihrem schrecklichsten Erlebnis an der Front. Sie spricht kühl, mit viel Distanz, und ich möchte wissen, ob da etwas wäre, das sie noch heute emotional berührt und sie traurig oder gar wütend macht.

»Es ging mir insgesamt gut. Ich bin nicht in Gefangenschaft gewesen und nicht im Kessel und wenig – bis auf einen Splitter in der rechten Seite – verwundet. Mit meinen Kameraden zusammenzusein, das war schon ein Grund, der glücklich machte. Jedoch gab es da schon einige Erlebnisse ...«

Sie denkt kurz nach.

»Zum Beispiel die Flußüberquerungen!

Als wir die Oder bei Frankfurt überquerten, befand ich mich gerade mit einem Schwerverletzten auf einem Ponton. Ich wollte den Verwundeten auf die andere Seite zum Sanitätslager bringen. Wir wurden heftig bombardiert, und ich sah, wie eine Bombe auf den Sanitätsbereich niederging. Ich dachte, jetzt sei alles zu Ende. Aber da merkte ich, daß die Bombe zum Glück nicht gezündet hatte.

Diese Situationen waren schrecklich, weil wir dabei immer befürchten mußten, von den Deutschen gefangengenommen zu werden. Davor hatten wir schreckliche Angst. Kameradinnen von mir ist dies geschehen. Sie wurden grausam gefoltert, vergewaltigt und dann irgendwo ins Gelände geworfen. Sie lagen so lange dort, bis unsere Leute sie fanden und ins Hospital brachten. Konnten sie nicht gefunden werden, sind sie jämmerlich gestorben.

Das habe ich alles miterlebt. Es war grauenhaft.«

Marina sitzt bewegungslos auf ihrem Stuhl. Wie erstarrt. Aber plötzlich doziert sie wieder, als ob sie sich damit über all das hinwegzuhelfen müßte.

»Für mich war auch ein furchtbares Erlebnis, als wir im Sommer 1942 durch das brennende Stalingrad fuhren. Oder jedes Mal, wenn ich Soldaten sterben lassen mußte, weil wir keine Medikamente mehr hatten. Dabei kam ich mir so erbärmlich und schlecht vor.«

In Marinas jetzt eng zusammengekniffenen Augen sehe ich ihre Erregung.

»Hatten Sie denn nicht auch ein positives Erlebnis im Krieg?«, frage ich sie.

»Ja«, sagt sie, »als der 8. Mai 1945 kam und der Krieg zu Ende war. Ich war erleichtert und froh darüber, daß das Sterben nun aufhören würde.

In Berlin kamen deutsche Menschen zu uns und küßten uns, weil sie sich auch darüber so freuten.«

Wie hat sie ihre Kriegserlebnisse verarbeitet? Träumt sie noch vom Krieg? »Ich kann sagen, daß ich etwa einmal im Monat immer noch davon träume, wie ich Kameraden, die schon lange tot sind, Auszeichnungen überreiche.

Ich leide nicht dabei, wenn ich sie sehe. Es sind alles Bilder.

Oder es gibt einen Traum, den ich in der Nacht vor dem 22. Juni 1941 zum ersten Mal hatte, als die deutschen Faschisten unsere Grenze überschritten. Ich sah schon den Krieg vor mir.

Aber es war der Krieg von 1812 gegen Napoleon.

Ein immer wiederkehrendes Bild in all den Jahren.

Ich sehe, wie kleine Soldaten miteinander kämpfen. Russen und Franzosen unter meinem Bett. Das war der Vaterländische Krieg, in dem wir gegen Napoleon gesiegt haben.

Dann kam der Große Vaterländische Krieg gegen die deutschen Faschisten.

Er kam wirklich. Ich habe ihn und seinen Ausgang vorausgesehen, indem ich von Napoleon träumte.

Jetzt ist er seit einem halben Jahrhundert vorbei und die Träume sind geblieben. Das ist nicht normal. Also bin ich auch nicht normal.

Es hat sehr viele ungewöhnliche Dinge in meinem Leben gegeben.

Ich komponiere, schreibe, habe mehr als 20 Bücher veröffentlicht.

Vielleicht ist meine Aktivität und meine Kreativität meine Art von Verarbeitung des Krieges und der verschiedenen, zum Teil schrecklichen Erlebnisse. Oder ist dies alles eher als Verdrängung anzusehen?«

Marina Wassilewna stellt die Frage in den Raum.

Angst oder Unbehagen empfinde sie nach diesen Träumen nicht. Das habe sie nur immer empfunden, wenn eins ihrer Kinder krank wurde.

Hätte Marina Wassilewnas Leben ohne den Krieg einen anderen Verlauf genommen? Sie meint dazu: »Das glaube ich nicht. Letztendlich wäre es nicht anders verlaufen. Meine jetzigen Tätigkeiten würde ich auf jeden Fall ausgeübt haben.

Und ich habe durch den Krieg sehr viele Freunde gewonnen.

Aber Krieg ist und bleibt Tod und Zerstörung.«

Auf meine letzte Frage, ob Frauen Kriege verhindern können, antwortet sie streng und aggressiv: »Kriege wird es immer geben, solange es Klassenkampf gibt. Konkret würde ich sagen, die Frauen sollen nicht mehr Jelzin wählen.«

Dann erhebt sich Marina Margarita Wassilewna Fedorowa und verabschiedet sich von mir mit einem festen Händedruck. Die Zeit, die sie mir widmen wollte, ist zu Ende.

Ich bin fassungslos.

Dafür überwindet ein Mensch 500 km! Was für eine Frau!

Sie begibt sich in die Küche zu meinem Gastgeber, ihrem ehemaligen Front-Kameraden, und spricht noch eine Weile mit ihm.

Das Gespräch mit ihr war sehr anstrengend, durch die kühle, distanzierte und äußerst disziplinierte Atmosphäre. Kein Gefühlsausbruch, keine abrupte Bewegung, kein Heben oder Senken der Stimme, sondern immer die gleiche fast unmodulierte Mitte im selben Tempo, wie im Hörsaal.

Nach einigen Minuten gehe ich auch in die Küche. Ich muß jetzt eine Tasse russischen Tee trinken.

Aber welche Überraschung:

Nach unserem Gespräch über den Krieg hat Marina Margarita Wassilewna Fedorowa aus Kursk doch eine Tasse Tee angenommen.

Mein Gastgeber Rady Fish hatte also nicht recht behalten.

Die Scharfschützin

Nina Alexejewna Lobkowskaja wurde 1924 in Anjero-Sudschensk, einem Bergarbeiterbezirk in Kasachstan, geboren und besuchte die Schule in Dušanbé.

Nach der 10. Klasse meldete sie sich an die Front und wurde wegen ihrer scharfen Augen als Scharfschützin ausgebildet, wie sie mir stolz erzählte. Heute lebt sie in Moskau.

Die Scharfschützin Nina Alexejewna Lobkowskaja mit dem Dolmetscher, dem Moskauer Schriftsteller Rady Fish

An einem kalten, aber sonnigen Winternachmittag im Februar 1993 fährt mein für drei Tage angeheuerter Fahrer Sascha den Dolmetscher und mich durch das weiße, schneebedeckte Moskau zu Nina Alexejewna. Bereits nach dem ersten Klingeln öffnet sie in Lockenwicklern und Hausmantel. Freundlich, aber professionell lächelnd weist die »Heldin der Sowjetunion« auf die halbstündige Verspätung hin und lädt uns dann in ihre für russische Verhältnisse sehr große Wohnung ein.

Ihre ehemalige Frontkameradin Marina, die ich tags zuvor gesprochen hatte und die das heutige Treffen vermittelte, hatte uns sagen lassen, daß man möglichst pünktlich sein solle: Nina sei sehr berühmt!

Es gäbe mehrere Bücher über sie, sie sei oft im Fernsehen gewesen und habe schon viele Interviews gegeben.

In der Tat war hier die Atmosphäre anders. Nicht mehr russisch warm, wie ich es bisher immer erlebte, eher international abgekühlt.

Zunächst bestand sie darauf, daß wir unsere Stiefel anbehielten, was eigentlich in Rußland nicht üblich ist, und führte uns sogleich an drei Räumen vorbei in die geräumige Wohnküche, wo sie sofort auf Steckdosen und Verbindungskabel zeigte, die sie für uns bereitgelegt hatte.

Dann fragte sie, für welche Zeitung das Interview sein solle, und schien etwas enttäuscht, daß es sich hier nur um ein historisches Forschungsprojekt handelte.

Es erwartete uns hier kein Essen, wie ich es sonst bei meinen Besuchen in den russischen Wohnungen bei den historischen Gesprächen gewohnt war, auch kein Gebäck und keine Bonbons. Nicht einmal der obligatorische russische Tee wurde ausgeschenkt.

Wir kamen hierher nicht als Gäste, sondern als Bittsteller.

Das war deutlich. Nina Alexejewna ließ sich bitten.

»Von Gefühlen wirst du hier vermutlich nichts zu hören bekommen, aber interessant kann es trotzdem werden«, flüsterte mir der Dolmetscher zu.

Während ich mein Aufnahmegerät anschließe und sie photographiere – sie hatte sich noch schnell ihre Lockenwickler herausgenommen –, sprechen die beiden, der Dolmetscher und sie, schon miteinander.

Mein Blick fällt auf die Wand neben dem Fenster, wo eine lebensgroße Photographie mehr steht als hängt: Nina Alexejewna.

Darauf ist sie sehr hübsch, hat ein lustiges Lächeln und sieht wie eine Bäuerin aus. Sie ist 18 Jahre alt und erst kurze Zeit an der Front. Stolz lächelnd präsentiert sie ihr riesiges Gewehr mit Zielfernrohr.

So viel wie möglich möchte ich von ihr wissen.

Als wir dann vom Krieg, von ihrem Heldentum und von ihrer Jugend sprechen, lächelt sie zum ersten Mal richtig und sieht beinahe aus wie das junge, lebenslustige Mädchen auf dem großen Bild.

Deutlicher können Gegensätze nicht sein.

Die Frau und der Krieg, denke ich. Das Leben und das Töten.

Warum hat sie sich freiwillig an die Front begeben?

Mit dieser Ausbildung als Scharfschützin hat sie wirklich kein Alibi mehr. Sie begab sich an die vorderste Linie.

»Ich wollte helfen, den Feind zu töten. Ich wollte auch dabeisein, denn ich war so wütend.«

Wie alle Russen, hegte sie eine große Liebe für die Heimat, für das Vaterland. Vom Krieg selbst, von den faschistischen Truppen, den Bombardements, hatte sie in Tadschikistan nichts miterlebt. Aber dann, schon wenige Wochen nach dem Überfall, wurden verwundete Rotarmisten dorthin gebracht, und sie war entsetzt.

Darauf meldete sie sich mit all ihren Freundinnen spontan zur militärischen Ausbildung.

Beim Kriegsministerium, das verschiedene Kurse organisierte, wurden schnell bei den Schießübungen ihre scharfen Augen bekannt. Man schickte sie deshalb nach Moskau in die Scharfschützenschule.

Dort gab es nur zwei Mädchen. Die beiden wurden von einer Kommission intensiv psychologisch und militärisch getestet.

»Für mich war der Besuch der Scharfschützenschule eine große Ehre.«

Das kann ich aus der Situation heraus nachvollziehen.

»Hatte der psychologische Test mit Opferbereitschaft und Heimatliebe zu tun?« lasse ich den Dolmetscher fragen.

Das wäre zu einfach gesagt, übersetzt er. Sie und ihre Freundinnen wollten sich doch nicht opfern. Sie wollten siegen.

Es wurden die Siegesbereitschaft, die Eile, mit der man an die Front wollte, um dort seine Arbeit zu machen, aber auch die Zuverlässigkeit getestet.

Selbstverständlich sei die Heimatliebe ein wunderbares Gefühl, das höchste, das sie sich damals vorstellen konnte: auserkoren zu sein, für das geliebte Vaterland etwas Wichtiges, Außergewöhnliches, Notwendiges zu machen.

»Wir mußten und wollten unsere Heimat verteidigen«, sagt sie mit leuchtenden Augen und sieht genauso aus wie das Mädchen auf dem großen Bild.

Sie wendet sich plötzlich mir zu, schaut mich intensiv an und flüstert: »Wissen Sie, ich kann mir nicht vorstellen, irgendwoanders zu wohnen als in meiner Heimat. Daß Menschen in der Fremde leben können, das kann ich emotional überhaupt nicht nachvollziehen.«

Hier sagt der Dolmetscher, der als historischer Schriftsteller in seiner Heimat auch einen Namen hat, noch einige Sätze zu ihr.

Dann übersetzt er wieder und sagt: »Diese wenigen jungen Mädchen hatten während der ganzen Ausbildungszeit ein sehr positives Gefühl, obgleich Krieg war. Das lag vor allem daran, daß sie jung waren und unwahrscheinlich stolz. Besonders als Frauen unter so vielen Männern!«

Als noch nicht einmal 18jährige so ein riesiges Gewehr mit einem optischen Zielfernrohr in die Hand gedrückt zu bekommen!

Das Bewußtsein, gut damit umgehen zu können, vielleicht sogar besser als die Männer, die Helden, war eine unwahrscheinliche Aufwertung!

Ein Hochgefühl, ein Glücksgefühl! Das habe ihnen eine ganz große Selbstsicherheit gegeben!

Und Nina Alexejewna fügt im richtigen Moment auf russisch hinzu: »Ich war in Hochstimmung, gesund, jung, anerkannt zu sein. Ich habe mich rundum gut gefühlt. Selbst heute ist das noch in mir, wenn ich an meine Arbeit im Krieg denke. Dann bin ich stolz.«

Kein Zweifel ist möglich. Man merkt es ihr an.

»Aber Sie haben getötet. Hat diese Tatsache nie Ihr Hochgefühl getrübt?« werfe ich ein, weil ich diesen Stolz, den sie zeigt, plötzlich nicht mehr aushalten kann.

»Nein.« Verwundert schaut sie mich an.

»Unsere Arbeit war das Töten des faschistischen Feindes. Dieser hat unsere Soldaten, Freunde, Kameraden, Brüder und Schwestern auf dem Gewissen. Das konnte und wollte ich nicht zulassen. Ich mußte möglichst schnell und möglichst viele von ihnen beseitigen, damit das endlich aufhört. Wir wollten den Krieg töten, ihn völlig vernichten.«

Der Dolmetscher fragt sie jetzt, wie sie denn getötet habe.

Das verstehe ich sogar auf russisch. Und ausführlich schildert sie ihm eine Situation. Ich kann mich jetzt erst mal von meinem Schrecken über die letzte Antwort erholen. Die beiden reden und reden. Er fragt, sie antwortet.

Und dann kommt es: »Ich bekam eine bestimmte Aufgabe vom Bataillonskommandeur, wenn feindliche Scharfschützen sich näherten. Ich war Zugführerin und sammelte meine Frauen um mich. Wir lagen manchmal tagelang bewegungslos im nassen Gras, im Schnee. Wir waren oft Tag und Nacht ohne Essen und Trinken und lauerten. Maschinengewehrschützen gaben uns Deckung.

Wenn sich auf der gegenüberliegenden Seite – es waren immer etwa

200 bis 400 m zwischen dem Feind und uns – auch nur ein Blatt bewegte, wurden wir besonders aufmerksam. Dann konnten wir schon unsere Schlüsse ziehen und handeln.

Wir merkten natürlich die Treffer. Aber ob derjenige, der mich tagelang anvisiert hatte, gleich tot war, wußte ich nicht immer sofort. Es kam darauf an, schneller zu sein als er, sonst war man selbst dran.

Wie Sie sehen, war ich immer schneller.«

Ich unterbreche und lasse nachfragen, ob sie nicht auch Angst gehabt hätte.

»Angst hatte ich nur vor Gefangenschaft und Tod, sonst vor gar nichts.« Das sitzt.

Sie spricht gleich weiter. 1943 sei sie an die Kalininfront zwischen Leningrad und Moskau gekommen. In ihrem Buch seien 98 Treffer und viele Soldatenauszeichnungen vermerkt. Aber das Wichtigste sei gewesen, daß sie jung war, betont sie immer wieder.

»Ja«, sage ich, »wenn man jung ist, scheint man das Leben eher zu riskieren. Es ist nicht so wertvoll oder man denkt nicht darüber nach.«

»In zwei Jahren Krieg habe ich 98 Menschen getötet und ich habe sie auch fallen sehen.«

Der Dolmetscher sagt leise zu mir, das sei schrecklich viel.

»Dabei hatte ich keine Angst, eher Freude. Ich war ja immer froh, wieder einen Faschisten erledigt zu haben.«

Ob sie je einem deutschen Faschisten ins Gesicht geblickt hätte?

Da erzählt sie uns von einer Situation, in der sie beinahe nicht schneller gewesen sei, die sie nicht vergessen könne: »Es geschah in besonders schwierigem Gelände. Dort hat sich niemand von uns auf die andere Seite getraut, nachdem geschossen worden war. Wir mußten aber wissen, ob sich drüben noch feindliche Scharfschützen befänden. Deshalb mußte ich hinübergehen.

Übrigens habe ich nach meinen Abschüssen meist noch stundenlang oder sogar zwei, drei Tage gewartet, ohne mich von der Stelle zu rühren.

Es war früh am Morgen. Nach feuchtem Nebel kam die Sonne heraus.

Es wurde Tag. Dann wurde es Nacht, dann wieder Tag. Ich lag auf der Lauer.

Da sah ich, nicht weit von mir, einen weißblonden Mann. Er war ein Faschist, ein ›Fritz‹, im weißen Hemd, der an einen Baum pinkelte.

Ich erschrak, weil er so nah war, und ich fühlte, daß er genau wußte, daß ich auch da war.

Ich konnte mich nicht bewegen. Ich wußte auch nicht, ob er allein oder ein Lockvogel war.

Die Lage wurde für mich sehr gefährlich. Ich hatte keine Wahl. So wartete ich. Tag und Nacht. Aber er wartete auch.

Am 5. Tag war ich derart erschöpft, daß ich mein Zielfernrohr so bewegt haben muß, daß es wohl ein Strahl der gerade aufgehenden Sonne sichtbar gemacht hatte.

Ganz plötzlich schoß er.

Ich wurde im Gesicht und am Kopf verletzt und blutete stark. Ich fühlte keine Schmerzen. Ich hatte nur das Gefühl von Rache. Ich mußte ihn sehen, bevor ich zurückschoß.

Er würde leichtsinnig werden, wenn ich bewegungslos bliebe.

Ich wechselte deshalb ganz vorsichtig meine Position.

Da, plötzlich, ließ er etwas fallen und ich schoß.

Am nächsten Tag konnten wir dann die andere Seite einnehmen.

Da sah ich ihn tot daliegen.

Es war ein hoher Offizier, und die Kriegsgefangenen erzählten beim Verhör erstaunt, daß er von einem sehr jungen Mädchen getötet worden sei. Von mir!

Das hat mich sehr stolz gemacht. Ich hatte das Bataillon gerettet, denn es war von faschistischen Scharfschützen bedroht und praktisch in einer ausweglosen Situation gewesen.

In der Verteidigungslinie hatten die Scharfschützen das höchste Ansehen und mußten den größten Mut beweisen. Sie waren im Grunde in heiklen Situationen völlig auf sich allein gestellt.«

Jetzt schweigt Nina Alexejewna. Wir, der Dolmetscher und ich, sind betroffen. Wir vergegenwärtigen uns ihre Situation: Blutend, verletzt, tagelang bewegungslos im nassen Gras zu liegen, allein, und in höchster Todesgefahr. Welche übermenschlichen Kräfte erfordert das!

Was Frauen in diesem Krieg geleistet haben, kann ich jetzt erahnen. In dieser Männerwelt Krieg sich als Frau zu behaupten, Anerkennung zu finden, muß unvorstellbar schwer gewesen sein. Nina Alexejewna bestätigt das sofort.

Natürlich sei es für die Mädchen nicht leicht gewesen, unter den Männern zu leben. Besonders wenn sie die Menstruation hatten. Oder überhaupt beim Waschen. Aber die Männer hätten es ja auch schwer gehabt. Genauso wie jene Frauen, die überhaupt nie an der Front waren.

Für die Männer sei es auch eine große Herausforderung gewesen, Mädchen dabeizuhaben. Sie mußten sich mehr anstrengen, aber sie waren so auch stärker motiviert. Es habe auch Liebschaften gegeben.

Sie selbst sei Offizierin gewesen. Bei ihr gab es das selbstverständlich nicht.

Übrigens wurden die Frauen, die schwanger waren, nach Hause geschickt. Manche Mütter wünschten dies für ihre Töchter, nahmen es gern in Kauf, nur damit diese zurückkämen.

Nina Alexejewna hat in ihrer direkten Umgebung nur zweimal von Schwangerschaften gehört.

Wie sie heute mit ihren Kriegserfahrungen umgehe und ob sie noch vom Krieg träume, wie andere Kriegsteilnehmerinnen, die ich gesprochen habe? Diese Frage erweist sich als Schluß unseres Gesprächs.

Nina Alexejewna hat schon vorher zweimal auf die Uhr geschaut.

In den ersten Jahren nach dem Krieg habe sie häufig von brennenden Dörfern und brennenden Scheunen geträumt, die die Faschisten angesteckt hatten, und davon, daß sie von einem deutschen Scharfschützen erschossen würde.

»Ich sah immer wieder, wie er auf mich zielte.«

Irgendwann seien dann diese Träume vorbei gewesen.

Unsere vereinbarte Gesprächszeit ist um.

Auch der Dolmetscher, ebenfalls Kriegsveteran, den diese Geschichte ebenso interessierte wie mich, meint, es sei Zeit zu gehen. Eine letzte Frage erbitte ich mir noch.

»Können Frauen Kriege verhindern?«

Die Scharfschützin antwortet sofort.

»Ja, sie können es, indem sie ihre Kinder zu Frieden und Freundschaft erziehen. Das Vertrauen zwischen den Menschen muß hergestellt werden. Das sollten die Mütter leisten. Dann gibt es keinen Krieg mehr.

Ich habe vor vielen Menschen gesprochen, bin in fast allen Schulen Moskaus gewesen und erzählte der jungen Generation von unserem Großen Vaterländischen Krieg.

Allerdings ist dies jetzt anders. Die Leute wollen seit der Perestroika immer weniger vom Krieg hören. Und jetzt, wo Michail Sergejewitsch auch nicht mehr da ist und in unserem Land das Chaos herrscht, wollen sie sowieso nichts mehr davon hören.

Die jungen Mädchen von heute interessiert kaum noch, was ihre Großmütter geleistet haben. Selbst meine Töchter wissen nicht alles, und die Enkelinnen schon überhaupt nichts mehr. Es scheint so, als habe es für sie nie eine Vergangenheit gegeben.«

Nina Alexejewna Lobkowskaja steht auf, geht zur Tür, gibt uns die Mäntel und verabschiedet uns mit einem festen, unmißverständlichen Händedruck. Dann schließt sich fast unvermittelt hinter uns die Tür.

Da kamen die Wölfe

Eiskalter Winter in Rußland. Februar 1993. Abflug vom Moskauer Flughafen Domededowo gegen 10.15 Uhr nach Wolgograd.

Meterhoch liegt überall der Schnee. Um fünf Uhr hat mich Sascha, ein Freund meiner Moskauer Gastgeber und stolzer Besitzer eines Autos, bei ihnen abgeholt, um mich die 70 km zum Flughafen zu fahren.

Der gefrorene Boden macht mir angst. Es ist noch stockdunkel!

Ich bin todmüde, friere erbärmlich, und Sascha rast. Auf der spiegelglatten Straße! Er will mir wohl seine Fahrkünste zeigen oder die Kapazität seines Autos. Vielleicht möchte er auch schnell wieder zurück sein.

Wir können uns nicht verständigen. Mein Russisch ist zu dürftig, um etwas Passendes sagen zu können.

Jedes Mal, wenn er abbremsen muß, schert sein kleines Auto nach der Seite aus, schlingert, dreht sich fast um die eigene Achse, und er muß kräftig gegensteuern.

Mir ist sterbenselend von dem zu viel genossenen Wodka am Vorabend, von dieser schrecklichen Autofahrt und überhaupt aus lauter Unsicherheit und Panik.

Fragen über Fragen drehen sich in meinem Kopf. Bin ich verrückt geworden, daß ich mir das zumute? Warum will ich nach Wolgograd auf die historische Konferenz? Bin ich lebensmüde? Will ich wirklich alles nachvollziehen, was vor 50 Jahren geschehen ist?

Dank der zugegeben hervorragenden Fahrkünste von Sascha komme ich wider Erwarten heil am Flughafen an und treffe auf den Rest der

Delegation, die, wie ich, nach Wolgograd reist, um dort auf der Konferenz zum 50. Jahrestag der Stalingrader Schlacht zu sprechen.

Als ich vorsichtig über den Flugplatz zu der wartenden Aeroflot-Maschine schlittere, um nur ja nicht hinzufallen, geht es mir schon wieder ganz gut.

Das Abenteuer hat mich gepackt. In Wolgograd sollen es minus 30 Grad Kälte sein! Aufregend! Auf den Spuren der Wehrmacht nach Stalingrad, denke ich. Eigentlich reise ich ja nach Stalingrad. Denn dies wird dort die ganze Woche lang Thema sein.

Und dann fällt mir ein: Die einfachen Soldaten der 6. Armee sind diesen Weg, den ich per Flugzeug zurücklege, zu Fuß gegangen.

Ein fast unerträglicher Gedanke.

Die historische Realität überwältigt mich und ich falle in eine Art Wachtraum und nehme erst beim Anflug auf Wolgograd überhaupt wahr, daß einige Personen seit Moskau im engen Gang stehen und bei dem unruhigen Flug ständig hin und her geschüttelt werden und sich krampfhaft irgendwo anzuklammern versuchen, wie es Menschen in Hauptverkehrszeiten in Straßen- oder U-Bahnen tun. Das paßt zu alles. Die Situation ist grotesk.

Richtig wach werde ich erst, als ich auf dem Wolgograder Flughafen Tatjanas festen Händedruck spüre und mir ein eiskalter Windhauch ins Gesicht weht. Die Sonne scheint gleißend hell, aber es ist elend kalt.

»Wir bringen schnell deine Sachen ins Hotel, und dann erwartet dich meine Deutschlehrerin zum Gespräch«, sagt Tatjana. Mein Wunsch, Frauen zu treffen, die den Krieg erlebt haben, wurde mir prompt erfüllt. Beinahe geht mir alles zu schnell.

Nachdem ich im klammen, unfreundlichen Hotelzimmer schnell mein Gepäck abgestellt habe, fühle ich mich im überfüllten Bus schon wieder wie in Trance. Ich kralle mich an Tatjana fest, um nicht bei jeder Kurve gegen fremde Menschen gedrückt zu werden. Die Luft ist schlecht. An meine Ohren tönen lautstark russische Worte. Nach 40 Minuten Fahrt sind wir am Ziel.

Es ist jetzt fast 16 Uhr.

Ich klingele an Lidia Saslawskajas Wohnungstür.

»Guten Tag, hatten Sie eine angenehme Reise?«

Eine freundliche ältere Dame öffnet. Es ist eng im Flur, so eng, daß ich das in Rußland obligate Stiefelausziehen nicht ohne Verrenkungen erledigen kann.

Auf Strümpfen rutsche ich über Steinboden in ein kleines Zimmer. Wieder, wie in allen russischen Wohnungen, ein riesiger Bodenteppich an der Wand über der Couch. Unter der Stehlampe ist ein kleiner Teetisch gedeckt. In diversen Glasschälchen befinden sich Bonbons, Marmelade, riesige Zuckerwürfel, auf einer Platte eine kleine Torte, reich verziert mit rosa und grünen Zuckerfiguren.

Beim Anblick von so viel Süßem wird mir fast schlecht. Ich weiß, welches Ritual auf mich zukommt. Schließlich bin ich schon drei Tage in Rußland!

Je energischer ich Essen ablehne, desto mehr redet man mir zu und häuft mir den Teller voll. Meine Bescheidenheit soll wohl belohnt werden.

Seit ich gegen drei Uhr morgens ins Bett ging und gegen halb fünf in Moskau von meinem Freund, dem Schriftsteller Rady Fish, geweckt wurde, fühle ich mich wie ein anderes Wesen auf einem fremden Stern. In meiner badischen Heimat würde ich mich fragen: »Bin ich Männle oder Weible?«

Jetzt bin ich in Wolgograd/Stalingrad und will in möglichst wenige Fettnäpfchen treten.

Ich nehme deshalb also vorsorglich alles dankend an.

Ich lasse mir ein großes Stück Torte, die ich vorher mit höflichen Worten gelobt habe, auf den Teller geben, sowie ein Löffelchen Honig, zwei Löffel roter Marmelade und drei bis vier Zuckerstückchen.

Lidia nimmt dabei einen großen Zuckerwürfel in den Mund und meint, daß der Zucker endlich wieder nach Zucker schmecke.

Ich will jetzt keine Fehler machen.

Kaum habe ich aber zwei Bissen von der farbigen Torte mühsam mit der Zunge zerdrückt und hinuntergeschluckt, da sagt Lidia: »So nehmen Sie doch gleich noch mehr, wenn es Ihnen so schmeckt« und stellt mir das zweite Stück »Zuckergift« neben das erste.

Ich bin wie erschlagen von so viel Gastfreundschaft und protestiere nicht mehr.

Ich will endlich mit dem Gespräch über den Krieg beginnen, über die Zeit, als mein Vater mithalf, die UdSSR zu überfallen.

Ich bin ohne Dolmetscherin da, denn Lidia ist bis zu ihrer Verrentung Lehrerin für Deutsch an der Pädagogischen Hochschule in Wolgograd gewesen.

Sie macht auf mich einen leidgeprüften, resignierten Eindruck.

Später erzählt sie vom Tod ihrer einzigen Tochter vor zehn Jahren, von der schweren wirtschaftlichen Lage, in der sie sich befindet. Auch von ihrer kurzen Ehe, aus der ihr Mann spurlos verschwunden ist, von ihrer Diabetes.

»Warum essen Sie Zucker?«

»Weil ich keinen Süßstoff habe und weil es sowieso gleichgültig ist.«

Und dann erzählt sie von ihrem Schicksal im Krieg und spricht über ihre Gefühle.

Lidia Saslawskaja

Lidia Saslawskaja wurde 1926 in Dnjepropetrowsk geboren. Der Vater war Metallgießer, die Mutter Apothekerin. Sie hat keine Geschwister. Als sie zu erzählen beginnt, beugt sie sich neben mir auf der Couch nach vorn, wie um etwas abzuwehren.

»Ich war 15, als der Krieg begann. Ich sage nicht, als der deutsche Überfall kam. Nein! Ich frage mich, ob wirklich jemand wissen kann, wer daran schuld war! Wir, die Faschisten oder andere Drahtzieher?« Dabei schaut sie mich fragend an.

»Meine Mutter und ich sollten in den Kaukasus ausgesiedelt werden, da Dnjepropetrowsk stark bombardiert wurde. Ich war darüber sehr froh, denn ich hatte große Angst, in der brennenden Stadt zu bleiben. Ich vergesse das nie. Die Stadt brannte lichterloh, überall Feuer. Der Himmel war rot, morgens, mittags, abends. Der Rauchgeruch schlich sich überall ein.

Ich war erleichtert, als wir mit vielen anderen Menschen im Zug Richtung Kaukasus saßen. Wir hatten nur das Wichtigste mit. Es war im August 1941.

Nach wenigen Stunden Fahrt sah ich über uns ein feindliches Flugzeug.«

Lidia schaut mich mit weit aufgerissenen Augen an.

»Plötzlich warf es Bomben direkt auf uns. Zuerst trafen sie die Lokomotive, die sofort entgleiste. Und dann die Waggons! Mit den Menschen! Mit uns!

Es waren offene Waggons ohne Dach. Können Sie sich das vorstellen? Die Bomben fielen direkt auf die Menschen.

Es brach Panik und Chaos aus. Trümmer lagen überall. Auf uns, neben uns. Teile vom Inventar, Teile von Menschen. Das ging alles sehr schnell. Ich war kaum bei Verstand. Aber meiner Mutter und mir gelang es irgendwie, heil zwischen den Trümmern, den Toten, Sterbenden, Schwerverletzten und wie wahnsinnig schreienden Menschen herauszuklettern.« Lidia spricht jetzt sehr leise, fast tonlos.

»In dem großen Durcheinander sorgte jeder für sich selbst. Ich wurde durch den Instinkt der Selbsterhaltung irgendwie getrieben, aus diesem Inferno einfach wegzurennen. Wie so viele Menschen, rannte ich einfach davon, ohne zu wissen wohin und ohne auf meine Mutter zu achten.

Irgendwann kam dann schließlich das Schreien, Toben, Krachen und Weinen zum Stillstand.

Ich konnte wieder denken und fing an, meine Mutter zu suchen. Ich hatte großes Glück, denn wir haben uns nach einiger Zeit tatsächlich unversehrt wiedergefunden. Aber alles, was wir besaßen, hatten wir verloren. Unsere Kleidung war zerrissen und verkohlt.«

Lidia sieht wohl mein entsetztes Gesicht und fährt fort: »Die Gefühle, die mir aus dieser Situation bewußt sind, waren aber Erleichterung, Freude, Dankbarkeit und ein schmerzhafter Durst.

Dieses Erlebnis ist ein Trauma geblieben.

Ich empfinde noch heute immer Schmerzen, wenn ich etwas trinke.

Nach diesem Erlebnis mit dem Zug hatte ich dauernd schreckliche Angst. Ich klammerte mich an meine liebe Mutter und schluchzte und schrie.

Irgendwann kamen wir dann in ein kleines Dorf. Ich weiß nicht mehr wann, auch nicht wie es an jenem Tag weitergegangen war, wohin wir gebracht wurden nach dieser Katastrophe. Ich habe mich nur an meine Mutter geklammert und hatte panische Angst.

Ich erinnere mich noch ganz gut an das Dorf.

Wir waren dort etwa zwei Jahre zusammen. Mutter war die ganze Zeit über krank und konnte nicht arbeiten. Vermutlich hat sie einen Schock bei dem Angriff auf den Zug bekommen.

Ich war jung und erholte mich ziemlich schnell.

Ich arbeitete auf einer Milchfarm und konnte meiner Mutter jeden Abend eine Milch und Brot ans Bett bringen. Ich war stolz darauf, daß ich für sie sorgen konnte.

Jeden Morgen mußte ich sehr früh und jeden Abend sehr spät etwa drei Kilometer durch die Steppe laufen.

Um diese Zeit war niemand mehr unterwegs. Langsam begann ich, mich von dem furchtbaren Erlebnis mit dem Zug zu befreien.«

Zaghaft lächle ich meine Erzählerin jetzt an. Ich denke erleichtert, wie gut, daß jetzt bessere Zeiten für sie kamen!

Aber Lidia Saslawskaja macht ein schmerzverzerrtes Gesicht:

»Da befiel mich eines Tages wieder Todesangst. Wie gesagt, war ich auf meinem Weg durch die Steppe ganz allein.

Und auf einmal waren da die Wölfe. Die Angst bei ihrem Anblick kann ich noch genau beschreiben. Wie eine Wand fiel sie auf mich und erdrückte mich fast, denn die Wölfe kamen mir nach. Sie liefen in gewissem Abstand hinter mir her. Und ich wußte, der würde schnell kleiner werden.

Ich blieb stehen und sie blieben auch stehen. Noch immer in einiger Entfernung. Dann rannte ich und ich merkte, wie sie auch rannten.

Dann blieb ich wieder stehen. Sie auch!

Dann versuchte ich, ganz langsam zu gehen. Darauf reagierten sie nicht, sondern nur auf das Stehenbleiben.

Ich merkte, wie ich vor Angst schwitzte.

Ich sah keine Chance mehr für mich, taumelte und fiel hin

Mein Herz klopfte so laut, daß ich glaubte, die Wölfe kämen im Galopp heran.«

Jetzt ist Lidia außerstande weiterzusprechen.

Wir trinken schweigend einen Schluck Tee. Nach einer Weile sage ich leise: »Aber schließlich wurden Sie gerettet.«

»Ja. Was für ein Glück geschah mir: Ein Bauer war mit seinem Pferd und Wagen noch unterwegs und kam mir zu Hilfe. Er konnte die Wölfe verjagen.

Er half mir auf den Wagen. Ich war in Sicherheit.

Danach wurde ich lange Zeit krank. Ich war jetzt 17 Jahre alt.

Meine Mutter konnte mir kaum helfen. Es ging ihr immer noch schlecht.

Irgendwann, ich weiß es nicht mehr, stand ich wieder auf. Denn wir wären sonst verhungert.

Es half nichts mehr. Ich mußte wieder zur Arbeit auf die Milchfarm gehen.

Am ersten Tag war ich noch wie gelähmt vor Angst, daß die Wölfe wieder kämen.

Ich ging nicht mehr allein. Es sollten noch einige Kinder mitgehen, die so alt waren wie ich oder jünger.

Ich machte mich mit ihnen auf den Weg durch die Steppe in Richtung Milchfarm.

Stellen Sie sich vor, wie unbeschreiblich erleichtert ich war, als wir dort ankamen, ohne den Wölfen begegnet zu sein!«

Plötzlich spiegelt ihr Gesicht die Erleichterung von damals wider.

Dann schaut sie mich unendlich traurig an und sagt: »Aber dann! Dann erschraken wir Kinder furchtbar, denn wir sahen plötzlich etwas vom Himmel auf uns herunterschweben.

Es war ein Fallschirmjägerüberfall der Wehrmacht, der Faschisten!

Nach ganz kurzer Zeit landeten sie, umzingelten uns, führten uns ab und luden uns in einen Zug. Mich auch!

Alles geschah an einem Tag. Es war im September 1942.

An die wochenlange Fahrt will und kann ich nicht mehr denken. Ich habe grauenhafte Angst gehabt. Es war schrecklich !

So kam ich mit vielen anderen Jungen und Mädchen von Pjatigorsk im Nordkaukasus nach Deutschland! Nach Berlin!

Meiner Mutter konnte ich nicht Bescheid sagen. Sie dachte, ich sei umgekommen.

Erst nach vier Jahren habe ich sie wiedergesehen.

In Berlin arbeitete ich mit anderen Mädchen als Putzfrau im Labor des OT-Lagers (Organisation Todt) Grünau. Ich schlief im Ostarbeiterbarackenlager unweit der S-Bahnstation Reichssportfeld.

Es war eine sehr schwere Zeit für mich. Es ging mir psychisch sehr schlecht. Bei den Bombardements in Berlin 1943 befiel mich wieder diese schreckliche Angst, die Körper und Seele zerstört.

Wir, andere Kinder, Mädchen in meinem Alter aus meiner Heimat, mußten ständig Schäden in der Stadt beseitigen und Trümmer wegräumen. Selbstverständlich durften wir nicht in die Keller während der Bombardements. Wir waren doch slawische Untermenschen!

Dabei habe ich nicht einmal Haß und Wut empfunden, eher eine unbeschreibliche Schwäche, Gleichgültigkeit, Resignation und tiefe Traurigkeit.

Ich war ja Ostarbeiterin. Man hatte doch unsere Heimat überfallen und besetzt. Sie wundern sich, daß ich keinen Haß empfunden habe?

Wen hätte ich hassen sollen?

Ich war gehorsam, fleißig, wurde nicht geschlagen oder mißhandelt.

Darüber konnte ich doch froh sein.

Im Mai 1945 hat mich die Sowjetarmee nach Hause transportiert.

Ich wollte um alles in der Welt meine Mutter wiederfinden. Dieses Gefühl gab mir Kraft.

In Dnjepropetrowsk habe ich sie jedoch nicht gefunden.

Dann fuhr ich schließlich, obgleich ich eigentlich schon aufgegeben hatte, in das Dorf im Kaukasus, wo wir zusammen waren.

Und dort habe ich meine Mutter endlich gefunden.

Sie war dageblieben, weil sie dachte, ich sei sowieso nicht mehr am Leben.

Das war so wunderschön, als ich sie wiedertraf. Ich war so glücklich.«

Hier schweigt Lidia lange.

Ich frage sie: »Lidia, was ist heute mit Ihrer Angst? Sie haben durch die Faschisten so unglaublich viel erlebt und durchlitten, wie kaum eine Frau.«

Sie schaut mich lange an und sagt endlich: »Ich bin heute erstarrt, kalt und ohne Tränen. Ich habe meine Heimat sehr geliebt und alles irgendwie für diese Heimat ertragen, die Kriegserlebnisse weggeschoben und verdrängt. Denn das, was danach kam, war für mich noch schlimmer.

Mein einziges Kind, meine Tochter, war zehn Jahre krank und ist dann doch gestorben, obwohl ich alles Menschenmögliche versucht habe.

Deshalb träume ich vielleicht nicht mehr von den Kriegserlebnissen, wie andere Frauen meines Alters es heute noch tun. Aber jetzt mit Ihnen davon zu sprechen tut mir sehr weh.«

Sie weint und kann sich nicht beruhigen.

»Ich hatte es immer schwer. Auch die Zeit vor dem Krieg war sehr schlimm und wir hatten oft nichts zu essen. Und im Krieg selbst wußte man nie, was der nächste Moment bringen würde.

Wir haben 70 Jahre an den Kommunismus geglaubt und sind betrogen worden. Daß ich das nicht erkannt und nur im Glauben daran gelebt und gehofft habe, bereue ich. Das hat mich wirklich krank gemacht«, sagt sie plötzlich.

»Die Deutschen haben meine Heimat überfallen. Ich bin in ihre Heimat verschleppt worden. Ich habe die Deutschen nie gehaßt, obwohl ich jahrelang von meiner Mutter getrennt war. Ich mußte in Berlin schwer arbeiten. Sie haben mich jedoch nicht schlecht behandelt. Aber ich kann unterscheiden zwischen den Faschisten und dem deutschen Volk.«

Am nächsten Tag rufe ich Lidia an und frage sie nach ihrem Befinden.

Es sei ihr nachts sehr schlecht gegangen, sagt sie.

Sie habe nur noch sterben wollen. Aber jetzt gehe es ihr schon besser. Ich frage sie, ob sie es bereue, mit mir vom Krieg gesprochen zu haben.

Sie sagt: »Es ist gut so. Ich kann wieder weinen. Das konnte ich lange nicht. Und deshalb ist es gut.«

Mit dem Kind über die Wolga

Ich hatte sie bereits im Februar 1991 in Wolgograd kennengelernt. Sie wollte mir beim nächsten Treffen über ihr Leben im Krieg erzählen, als die deutsche Wehrmacht nach Stalingrad gekommen war. Dazu kam es aber erst im Oktober 1994, also über drei Jahre später. Wir hatten uns im Archiv des Wolgograder Museums der Stalingrader Schlacht verabredet. Dort erfuhr ich dann ihre Geschichte.

Lotte Donskaja mit Rosemarie Killius in Wolgograd (im Archiv des Panoramamuseums)

»Ich heiße Lotte Donskaja. Ich war 21, als der Krieg ausbrach. Wir in Stalingrad haben zunächst davon selbst nichts mitbekommen. Wir hörten nur etwas von den Soldaten, die an der Front waren.

Es ging immer so ein Gerücht unter den Menschen um, das besagte, hier wird Hitler nicht herkommen. Hierher wird man ihn nicht lassen. Es ist unmöglich, daß er so weit kommt. Bis nach Stalingrad wird er es nicht wagen ...

Ich war seit 1934 russische Bürgerin. Mit 16 bekam ich meinen Paß. 1934 siedelte ich mit meinen Eltern aus Berlin um. Sie waren polnische

Juden. Dort bin ich geboren und zur Schule gegangen. Deshalb spreche ich so gut Deutsch. Ich heiratete dann in Stalingrad einen russischen Juden. Er war Ingenieur. Und meine Tochter wurde im September 1941 geboren.

Der Krieg fing für mich in Stalingrad so an:

Zuerst habe ich Luftkämpfe gesehen. Im Juni 1942 überschritten dann die deutschen Truppen den Don. Wir sagen hier, dies sei das Datum des Beginns der Stalingrader Schlacht. Ich denke oft daran.

Hier in der Stadt hatten wir zu dem Zeitpunkt noch keine Angst. Für uns war der Krieg einfach weit weg.

Aber dann kam der 23. August 1942, der Tag, an dem es für uns anfing. Ich war in der Nähe des Traktorenwerks am Rande der Stadt, wo wir in einer Siedlung wohnten, und zwar im 4. Stock eines Hauses, dessen Fenster nach Nordwesten gingen. Aus dieser Richtung kamen die deutschen Panzer und ich habe sie durch das Fernglas mit eigenen Augen kommen sehen.

Frühmorgens an diesem 23. August hatten doch unsere Männer noch im Nordwesten der Stadt Tankgräben zur Verteidigung gelegt! Wieso konnten denn die Panzer trotzdem so schnell da sein?

Mein Mann ging auch mit. Aber gegen 10 Uhr kam er schon wieder zurückgerannt und sagte, alle seien jetzt vor dem Tod davongelaufen.

Direkt über ihnen seien ja auch noch Tiefflieger gewesen und hätten sie angegriffen, sagte er erregt. Sie hätten nur noch rennen können.

In unserer Gegend wurde an diesem Tage noch nicht bombardiert. Die Flugzeuge flogen alle ins Zentrum der Stadt. Der Himmel war dunkel von ihnen. Dann ging es los. Wir hörten die Bomben fallen. Die ersten Tage trafen sie immer nur ins Zentrum. Dann wurde in der Nähe unseres Hauses von unseren sowjetischen Kämpfern die Verteidigung aufgebaut, und die Leute mußten ihre Häuser verlassen.

Diejenigen, die in den Tochterwerken des Traktorenwerks arbeiteten, wurden in den Ural oder in den Altai evakuiert, weil die Werke dorthin ausgelagert wurden.

Die Stadtverwaltung von Stalingrad hat zunächst die Bevölkerung in der Stadt gelassen, als sie von den Deutschen bombardiert wurde. Einige hat man später an das andere Ufer der Wolga gebracht.

Es fing mit Luftalarm an. Nach dem 23. August 1942 funktionierte eigentlich nichts mehr, auch kein Radio.

Ich fühlte mich plötzlich ganz allein und mußte weg aus meiner Wohnung. Mein Kind war noch nicht ganz ein Jahr alt.

Und mein Mann war im Werk. Sie mußten dort Tag und Nacht arbeiten. Er konnte nur sehr selten raus.

Und dann kam auch noch der Hunger.

Als der Krieg begann, gab es wenigstens irgendwelche Lebensmittelkarten, aber jetzt, als die Schlacht begonnen hatte, nichts mehr. Es war das reinste Chaos. Und eines Morgens war da, wo ich wohnte, alles leer. Ein paar einzelne Leute schleppten einen Sack Mehl. So was zu sehen ist einfach grotesk.

Ich bin dann zu einer Bekannten gegangen, die etwas weiter südlich wohnte. Näher zum Zentrum hin. Zum Glück.

Denn dann fielen die Bomben aufs Traktorenwerk. Die Gebäude ringsherum stürzten wie Kartenhäuser zusammen.

Wir konnten das sehen. Auch wie unser Haus zusammenfiel. Ich blieb 15 Tage bei meiner Bekannten. Meinem Mann war es gelungen, uns etwas zum Essen zu bringen. Er brachte mir 100 hartgekochte Eier, von denen ich mich die zwei Wochen ohne Brot ernährte, und für das Kind etwas Grieß.

Ich wollte noch einiges aus dem Trümmerberg meiner früheren Wohnung holen, aber es war unmöglich. Und gerade Windeln für das Kind wären so nötig gewesen!

Nach einiger Zeit fing die Stadtverwaltung an, einen Teil der Bevölkerung an das andere Ufer der Wolga zu schaffen.

Das war unglaublich schwierig, denn es wurde überall geschossen.

Da und dort, an verschiedenen Uferstellen, versuchte man, Leute mit kleinen Schiffen zu transportieren. Und wer ein Boot zur Verfügung hatte, konnte die Überfahrt auch allein machen, aber das war eigentlich wie ein Todesurteil.

Denn die Faschisten waren schon am Fluß. Man hätte viel früher mit dieser Evakuierung anfangen müssen.

Direkt unter dem Mamajew-Hügel gab es noch eine Fähre. Und da hat man uns hingehen lassen. Aber zu diesem Zeitpunkt brannte die Wolga bereits.

Wer wollte, durfte trotzdem hin. Viele bekamen das in der ganzen Aufregung überhaupt nicht mit.

Auch ich fuhr also mit anderen aus der Werkstatt meines Mannes auf einem Lastwagen zum Mamajew-Hügel. Ich hatte das Kind auf dem Arm, einen Sack mit ein paar Sachen für mich, ein bißchen Geschirr und Lebensmittel und auf dem Rücken noch einen Rucksack mit Sachen.

Das Ufer ist dort sehr steil.

Die anderen waren meist zu mehreren und halfen sich gegenseitig. Ich war ganz allein mit Gepäck und Kind. Als ich den Sack die lange steile Böschung hinunterrollte, platzte er plötzlich auf und alles fiel den Steilhang hinunter und blieb dort liegen. Helfen konnte mir niemand. Aber Leute nahmen mich mit dem Kind in einem kleinen Boot mit. So kam ich wenigstens hinüber. Zunächst kamen wir auf die Wolgainsel.

Der Fluß ist hier knapp 2 km breit, und jeder denkt, die Insel sei schon das andere Ufer.

Am 8. September 1942 bin ich dorthin gekommen und saß mit vielen anderen vier Tage auf dieser Insel unter freiem Himmel. Dort gibt es zwar verschiedene Ansiedlungen und ein Dorf, aber es war alles voll von Flüchtlingen und von Militär, und ich fand kein Dach für mich und mein Kind. Aus Ästen hatten wir uns eine Art Unterschlupf gebaut.

Das einzige Gefühl, das ich hatte, war die Angst um mein Baby. Was sollte aus ihm werden? Es war kaum ein Jahr alt, konnte noch nicht laufen, machte noch in die Windeln und war andererseits auch nicht mehr so klein, daß man es einfach einwickeln konnte, damit es still war.

Das zweite Gefühl war für mich der Hunger.

Und dann gab es noch ein drittes: Wir hatten im Nu Läuse.

Damals dachte ich immer, ob wohl einmal eine Zeit kommen würde, in der ich keine Läuse hätte. Wenn ich das jetzt so erzähle, muß ich mich kratzen, so stark ist mir gerade dieses Gefühl in Erinnerung.

Wir mußten erst auf der Insel herumsitzen und warten, bis sie Schienen für die Eisenbahn nach Osten, nach Astrachan, gelegt hatten.

Früher fuhr dort keine Bahn. Wenn man hin wollte, mußte man erst nach Norden bis Saratow fahren.

Eines Nachts war es dann soweit. Wir wurden auf einen Lastwagen gesetzt. Irgendwie sollte es über die Achtuba gehen, einen Nebenfluß der Wolga zwischen Insel und jenseitigem Ufer.

Sie ist nicht besonders breit. Es war zwar Nacht, aber durch die Leuchtkugeln der Hitlerarmee hell wie am Tag.

Und dann fielen die Bomben. Immer mehr.

Und es gab doch keine Brücke über die Achtuba.

Aber sie legten lange Bretter und machten eine provisorische, gerade so breit wie die Räder des Lastwagens.

Ich saß mit meinem Kind oben und dachte dauernd, ob ich nicht besser gleich ins Wasser springen sollte.

Die Fahrt war furchtbar. Wir dachten alle, jeden Moment würde der LKW ins Wasser stürzen.

Er mußte nicht einmal von einer Bombe getroffen werden, sondern hätte vielleicht schon durch den Druck seine Spur verlieren können.

Schließlich waren wir dann aber doch drüben.

Auf einem anderen Lastwagen brachte man uns zu den neugelegten Schienen, um uns mit dem Zug durch die Steppe nach Kasachstan zu fahren.

Und, was das Schlimmste für mich war: Ich habe gesehen, wie Menschen brennen!«

Sie spricht jetzt ganz langsam und so leise, als habe sie die Erinnerung eingeholt.

»Die Faschisten warfen Phosphor aus ihren Flugzeugen. Das hat so ausgesehen wie Blätter. Wenn die auf das Steppengras fielen, brannte es. Im September ist das ja ganz trocken und fängt sofort Feuer. Wenn ein Bombenangriff kam, hielt der Zug immer, bis es vorbei war. In den großen Bombentrichtern haben wir uns dann so lange versteckt. Zusammen mit einer jungen Frau. Die konnte sich plötzlich nicht mehr bewegen. Dann kamen die Flammen zu ihr ...

Mich hat das seitdem nicht mehr losgelassen. Ich erinnerte mich, wie ich als Kind mit meinem Vater in Berlin den Film »Im Westen nichts Neues« gesehen habe. Und als der Krieg anfing, habe ich auch gleich an diese Bilder gedacht.

Das werde ich nie vergessen. Aber es ist ja hinterher noch so viel Schlimmes passiert und dadurch manches verblaßt.

Wir fuhren etwa drei Wochen im Zug und kamen erst nach Dscheljabinsk und später nach Swerdlowsk im Ural. Heute heißt es wieder Jekaterinburg.

Mein Mann war nicht dabei. Irgendwann hat er mich dort gefunden.

Während der Fahrt im Zug arrangierte ich mich mit den Leuten. Jeder tat irgend etwas. Ich tauschte Sachen, die ich hatte, gegen Essen. Wir hatten alle großen Hunger, aber wir haben überlebt. Ich weiß nicht wie.

In Swerdlowsk bekamen wir dann Karten für Brot.

Dort wohnte ich mit einer anderen Familie zusammen in einem winzigen Zimmer. Hinter einem Vorhang.

Auch mein Mann kam noch dazu. Er mußte fast Tag und Nacht arbeiten. Ich habe mich zunächst nur um das Kind gekümmert, das sehr geschwächt war. Schrecklich war, daß ich es in ein Kinderheim geben mußte, um etwas dazuverdienen zu können.

Im Heim hat es gleich Diphtherie bekommen. Nach drei Tagen war es tot.

Ich weiß nicht mehr, was in dieser Zeit mit mir geschah. Ich habe das alles völlig vergessen oder verdrängt. Ich weiß auch nicht, wo das Kind sein Grab hat. Irgend etwas war mit mir. Ich habe keine Erinnerung an diese Zeit. Ich weiß auch nicht mehr, was nach dem Tod des Kindes in Swerdlowsk war. Ich weiß eben nur, daß es am 16. Januar 1943 gestorben ist.

Dann kam noch die Trennung von meinem Mann. Wir hatten uns zu lange nicht gesehen.

Ich versuche heute immer, mir diese Erlebnisse wieder ins Gedächtnis zu holen. Aber ich schaffe es nicht. Mir fällt kein einziger Straßenname von Swerdlowsk mehr ein.

Am liebsten wollte ich nach Stalingrad zurückgehen.

Aber das durfte zunächst niemand, weil die Stadt so verwüstet war. Voller Bomben und Leichen.

Dann hieß es, daß man sich in der Landwirtschaft Arbeit suchen könne.

Es gelang mir, in einem Dorf ein paar Kilometer von Stalingrad entfernt, auf einer Sowchose als Buchhalterin zu arbeiten. Das war im Jahr 1943. Von März bis September.

Dann bekam ich Arbeit im Süden der Stadt. Im Bauwesen. Im ganzen bin ich genau ein Jahr außerhalb von Stalingrad gewesen.

Eine Wohnung gab es zunächst in der völlig zerstörten Stadt nicht. Erst wurden die Traktorenwerke Roter Oktober und Dserschinsk aufgebaut und dann die Siedlungen rundherum.

Überhaupt waren alle Einwohner die ersten Jahre nach der Schlacht nur im Bauwesen beschäftigt. Wir lebten zunächst in großen Militärzelten.

Ich denke, ein Drittel der Bevölkerung hatte die Schlacht in den Kellern erlebt und war nicht evakuiert worden, um die Moral unserer Soldaten zu stärken.

Leute aus der Stadt haben die Deutschen nach Westen gebracht. Nicht nach Deutschland, nur nach Westen. Sie sagten zu ihnen: Gehen Sie, wohin Sie wollen, aber stören Sie hier nicht. Ich glaube, sie wollten vielleicht sogar ein bißchen menschlich sein.

Diese Erinnerungen an den Krieg in Stalingrad, an die Schlacht und die Evakuierung lösen bei mir Gefühle aus, die ich nur schwer beschreiben kann. Es ist wohl eine große Wut gegen alle Menschen in der Welt. Sie sind zu dumm, Frieden zu halten.

Aber ich gebe den Männern mehr Schuld als den Frauen, und auch den einfachen Menschen.

Was in Deutschland geschah, habe ich doch auch gesehen. Wie die Leute in den dreißiger Jahren so begeistert von den Nazis waren.

Ich habe den Anfang der Hitlerdiktatur miterlebt.

Deswegen wollte mein Vater ja auch weg. So wie es in Deutschland in den dreißiger Jahren war, ist es heute in den Neunzigern in Rußland. Es gibt auch hier Faschismus.

Alle sind gegen alle. Auch gegen Juden. Immer muß jemand schuld sein. Besonders hier bei den Kosaken. Die sind jetzt sehr aktiv. Aber sie sind Chauvinisten. Keine Patrioten.

Die Erlebnisse, die mit dem Krieg zusammenhängen, waren für mich schwer. Aber nach dem Krieg habe ich beinahe noch Schlimmeres erlebt.

Ich träume oft vom Tod meines Vaters.

Stellen Sie sich vor, meine Eltern wurden 1937 verhaftet, als wir gerade drei Jahre im Land waren. Sie waren 10 Jahre in Sibirien. Dann kamen sie wieder.

Anfang der fünfziger Jahre wurde ich mit meinem Vater und einer Veteranenkommission in die DDR eingeladen.

Mein Vater sah aus wie ein echter Berliner. Dabei war er doch ein polnischer Jude.

Als Gäste der DDR kamen wir mit Honecker zusammen und fuhren in einem Auto durch das ganze Land. Das hat mich sehr beeindruckt.

Und plötzlich starb er. Innerhalb von zwei Stunden. Wir waren gerade in Thüringen. Ich war wie gelähmt.

Davon träume ich noch heute.

Das hat den Krieg ein wenig verblassen lassen.

Und dann noch etwas: Ich hatte eine Schwester, die war zehn Jahre jünger als ich. Sie lebte bis vor zwei Jahren in Nowosibirsk. Nun ist sie nicht mehr da. Dieses Gespräch über die Vergangenheit nimmt mich sehr mit.

Ich könnte heute in die BRD ausreisen, weil ich Jüdin bin und aus Berlin stamme. Ich weiß noch nicht, ob ich es tue. Schließlich bin ich über 60 Jahre in Rußland.

Ich habe gute Gefühle den Deutschen gegenüber. Auf keinen Fall Haß. Ich habe auch die deutschen Kriegsgefangenen nicht gehaßt, die ich dann in Stalingrad nach der Schlacht gesehen habe.

Mehr Haß empfand ich gegen die Russen, die damals meine Eltern verhaftet haben, als wir erst kurz im Land lebten. Gegen die vom NKWD.

Der Krieg war zwar etwas Furchtbares in meinem Leben. Aber nicht so wie für die Frauen, die an der Front gekämpft haben.

Ich kann das nicht anders ausdrücken. Es ist einfach so.«

Lotte Donskaja hat alle ihre Papiere in Berlin wiedergefunden und den Ausreiseantrag gestellt.

Seit Sommer 1996 lebt sie wieder in Berlin.

Hochzeit nach 50 Jahren

Sympathisch sind mir die beiden sofort, als sie mit mir zusammen die Treppe der Musikhochschule hochsteigen und wie ich den Tagungsraum suchen.

Die Frau lächelt mich freundlich an, und wir setzen uns nebeneinander an einen langen Tisch.

Ich bin erst vor wenigen Minuten in dem Inn-Städtchen angekommen.

Bei der historischen Tagung, zu der man mich eingeladen hatte, geht es allerdings nicht direkt um die Person des berühmt-berüchtigtsten Einwohners der Stadt, sondern um seine Schandtaten.

Ich bin in Braunau, im Geburtsort Adolf Hitlers.

Mein Auftrag ist hier, über die zu schwerer Zwangsarbeit nach Deutschland verschleppten Menschen aus Belorußland zu sprechen. Und zwar im Rahmen des Themas: »Zwangsarbeiter, Fremdarbeiter, Ostarbeiter, slawische Untermenschen, Verschleppung ins Großdeutsche Reich, verbotener Umgang.«

Wie haben also polnische und russische Menschen, die während des Zweiten Weltkrieges in der sogenannten Ostmark Zwangsarbeit leisten mußten, gearbeitet, gelebt und gelitten? Vor allem auf österreichischen Bergbauernhöfen?

Viele Zuhörer sind gekommen, alte und junge, Männer und Frauen. Ich wußte, daß man auch ehemalige sowjetische und polnische Zwangsarbeiter und ihre ehemaligen Herren, die Bauern, eingeladen hatte.

Die freundliche ältere Frau neben mir verfolgt sehr konzentriert die Reden und Diskussionsbeiträge. Manchmal flüstert sie mit ihrem Mann.

Dora Mitrofanowna und Alfred Ortner

Mein Blick ruht öfter auf den beiden. Etwas ist mit ihnen. Sie wirken irgendwie anders als andere ihres Alters. Merkwürdig unkompliziert und jung!

Und es fällt mir auf, daß ihre rechte Hand die ganze Zeit schon seine linke umklammert hält.

Wie schön, denke ich, sich nach einem langen Miteinander noch so zu mögen!

Ich bin beeindruckt von der Behutsamkeit, die zwischen ihnen herrscht, so daß ich kaum noch höre, was der Moderator der folgenden Diskussionsrunde eigentlich sagt.

Plötzlich steht die Frau auf. Hand in Hand geht sie mit ihrem Mann zum Podium. Und beide setzen sich dort an den Tisch. Sie scheinen ängstlich, eingeschüchtert, wohl wegen der vielen Zuhörer. Er streichelt die ganze Zeit über ihren Arm und wirft ihr liebevolle Blicke zu. Offenbar beruhigt sie das.

Der Moderator scheint die beiden aufgerufen zu haben, denn er erklärt, sie heiße Fedora Ortner und sei eine ehemalige Ostarbeiterin aus der Ukraine. Sie habe damals, vor 50 Jahren, im Dorf ihres Mannes als Ostarbeiterin gearbeitet.

Und dann erzählen beide von damals. Sie, die Ukrainerin, spricht gebrochen deutsch, er, der Steirer, langsam österreichisch. Er überdenkt jedes Wort genau.

Die beiden seien erst ein knappes Jahr verheiratet, sagt der Moderator zwischendurch. Deshalb also diese Zärtlichkeit im Umgang miteinander!

Ein altes, junges Liebespaar!

Diese Liebesgeschichte, die eher aus dem Märchen als aus der Wirklichkeit zu stammen scheint, rührt das Publikum. Und so werden die beiden alten Leute manches gefragt und antworten höflich lächelnd.

Ich kann das alles nicht richtig einordnen, was da an Privatem vor über hundert Leuten ausgebreitet, bestaunt und bewundert wird.

Ich schaue die beiden immer nur an und beschließe, sie zu bitten, mir ihre Geschichte doch noch einmal und ganz von vorne ohne Publikum zu erzählen. Würden sie einwilligen? Ich bin unsicher. Möglicherweise haben sie es nach dieser Tagung hier in Braunau und den verschiedenen Presseinterviews satt, fremden Leuten immer wieder zu erzählen, was damals vor mehr als 50 Jahren mit ihnen geschah.

Beim Abendessen schaffe ich es, wieder mit ihnen an einem Tisch zu sitzen. Wir fangen an, uns kennenzulernen. Ich spreche von meinen Rußlandreisen und den vielen Gesprächen dort. Und plötzlich sagt Herr Ortner spontan zu mir: »Besuchen Sie uns doch auf unserem Bauernhof in Österreich.«

Es hat dann doch noch zwei Jahre gedauert. Wir bleiben aber in schriftlicher Verbindung. Eines Tages ist es soweit.

Ich fahre in die Steiermark, genau gesagt nach Tanzelsdorf, bei »Groß St. Florian in der Nähe von Deutschlandsberg und weniger als 50 km von der slowenischen Grenze entfernt«, so wurde es mir liebevoll von den beiden erklärt.

In ihrer blitzsauberen, gemütlich eingerichteten Bauernhausküche sitze ich dann mit Dora Mitrofanowna, wie sie eigentlich mit Vatersnamen heißt, bei Kaffee und selbstgebackenem Kuchen. Und sie erzählt mir, wie sie nach Österreich verschlagen wurde.

Sie sei damals, als die Deutsche Wehrmacht die UdSSR überfiel, wie so viele andere aus Weißrußland und der Ukraine, nachts von zu Hause abgeholt und für den Arbeitseinsatz ins Großdeutsche Reich zwangsverpflichtet worden.

Während des Zweiten Weltkrieges erlitten dieses Schicksal mehr als 10 Millionen Menschen. Dora war damals ganze 18. Sie wurde von ihrem Dorf aus über Kiew und Brest nach Deutschlandsberg in der Steiermark verschleppt. Das war im Jahr 1943.

Verzweifelt, hungrig und todmüde kam sie dort an. Ihre Familie wußte nichts von ihrem Verbleib.

»Dann hatte ich Glück, denn ich wurde der Familie F. in Tanzelsdorf zugeteilt.« Ob sie dort einigermaßen höflich behandelt worden sei, will ich wissen.

Mit leuchtenden Augen sagt sie: »Dort war es so schön und es gab so gutes Essen.«

Dann erfahre ich, daß sie dort beinahe »wie eine Tochter« behandelt wurde. Sie hatte auf dem Bauernhof Arbeiten zu verrichten, die sie schon von zu Hause kannte.

Und sie hat sich vermutlich auch sehr angestrengt, um es allen recht zu machen. Sie war für Hof- und Stallarbeit zuständig. Aber gleich vom ersten Tag an durfte sie, was streng verboten war, mit am Tisch essen.

Die Bauernfamilie, besonders die Eltern, seien »so nett« zu ihr gewesen. Natürlich habe sie mitbekommen, daß es nicht allen Mädchen, die mit ihr zusammen gekommen waren, so gut erging. Besonders in den Städten, im Industrieeinsatz herrschten völlig andere Gegebenheiten. Der Familienanschluß bei der Familie F. hat Dora Mitrofanowna sehr geholfen, ihr Heimweh einigermaßen zu ertragen.

»Sonntags gingen wir zusammen in die Kirche«, sagt sie mit einem Lächeln. »Und einmal nahmen sie mich auch nach Graz in den Zoo mit. Sie haben mir eine österreichische Tracht angezogen, und ich durfte kein Wort sprechen.«

Dieser Ausflug in den Zoo nach Graz war für die Familie F. ein ungeheures Risiko, denn Fremdarbeiter durften sich ja nicht aus dem Dorf entfernen.

Und dann erzählt sie, wie sie bei der Feldarbeit oft den Nachbarjungen Alfred gesehen habe. Und sie weiß auch, daß der sich damals schon, obgleich erst 15jährig, in sie verliebte. Er hätte sie immer mal ansprechen und sie einladen wollen, es aber nicht gewagt. Er sei sehr schüchtern gewesen und schließlich erst 15, während sie doch schon 18 war. Sie habe ihn so gern getroffen. Er hätte ja auch nicht mehr wie ein Kind, sondern sehr viel älter ausgesehen.

Und ihr Mann, der gerade vom Stall kurz in die Küche kommt, sagt ähnlich lächelnd wie sie: »Damals war man ja noch viel zurückhaltender. Ein 15jähriger hätte doch niemals eine 18jährige angesprochen.«

Und dann erfahre ich die ganze Geschichte:

Als Dora Mitrofanowna nach Kriegsende wieder nach Hause in die Ukraine fahren kann, ist sie beinahe traurig und überlegt einen Moment, ob sie nicht für immer in Tanzelsdorf bleiben solle. Sie entscheidet sich jedoch für die Heimat.

Und damit verliert Alfred Ortner sie aus den Augen.

Er kann sie aber nicht vergessen und trauert um sie. Er hat sich nie mehr für eine andere Frau interessiert und ist ledig geblieben. Nach dem Tod seiner Eltern hat er den Bauernhof allein weiterbewirtschaftet.

Dora Mitrofanowna kehrt in die Ukraine zurück und heiratet. Sie bekommt zwei Töchter. Von Zeit zu Zeit denkt sie an die Familie F., an ihre Arbeit dort auf dem Feld. Dabei kommt ihr der Nachbarjunge Alfred wieder in den Sinn. Der hatte bestimmt auch längst geheiratet und Kinder wie sie.

Sie hätte gerne etwas aus »ihrem« Dorf, wie sie sagt, gehört, aber es war unmöglich. Durch den Stalinismus, den Kalten Krieg, den Eisernen Vorhang und eine undurchdringliche Mauer nach Westen hin.

Und dann hat sie ja auch ihre eigenen Probleme. Ihr Mann wird krank und stirbt Ende der 80er Jahre.

In der Gorbatschow-Ära hat sie dann einen Brief in die Steiermark geschickt. An ihre Bauernfamilie. Der Brief ist wohl nie angekommen.

Sie schickt einen zweiten, wegen der »besseren Zeiten«: Glasnost und Perestroika. Aber wieder kommt keine Antwort.

Sie hat jetzt mehr Zeit, denn sie ist Rentnerin. Sie nimmt sich vor, noch irgendwann einmal in ihrem Leben »ihr« Dorf zu besuchen.

Sie sagt: »Ich habe einen guten Bauern gehabt. Er und seine Familie waren so liebe Menschen. Ich habe mein ganzes Leben an diese Familie gedacht und wollte sie immer mal wiedersehen.«

Da liest sie eines Tages in der Zeitung, daß ehemalige Zwangsarbeiter von der österreichischen Regierung auf ihre Bauernhöfe von damals eingeladen würden. Sie meldet sich und wird tatsächlich auch eingeladen. Das war 1993. Nach 50 Jahren fährt sie zum zweiten Mal nach Tanzelsdorf, bei »Groß St. Florian in der Nähe von Deutschlandsberg und weniger als 50 km von der slowenischen Grenze«. Sie besucht »ihre« Bauernfamilie und ist überglücklich. Zwei Wochen ist sie dort.

Auch Alfred Ortner ist im Dorf. Am zweiten Tag ihres Aufenthalts hat jemand zu ihm gesagt: »Du, die Dora ist da!«

Er hat all die Jahre immer mal wieder seiner verschwundenen großen Liebe nachgetrauert und sich dann in sein Schicksal ergeben. Es war immer so viel zu tun auf dem Hof.

Eigentlich hätte er auf diese Nachricht hin vor Freude einen Luftsprung machen müssen.

Aber er war wie versteinert.

Die 50 Jahre Sehnsucht, Trauer, Enttäuschung, Resignation, das Warten und bange Hoffen, ob denn nicht ein Wunder geschehe in seinem Leben und *sie* käme, hatten ihn gelähmt.

Seit damals, als er 15 war, hatte er gehofft. Auch noch mit 25, mit 35. Dann wurde er 45. Seine Freunde und Schulkameraden verheirateten bereits ihre Kinder.

Mit 55 gab er alle Hoffnung auf. Es war ja auch kein Lebenszeichen von ihr gekommen. Vielleicht lebte sie längst nicht mehr!

Und jetzt war er 65 und es hieß: Die Dora ist da. Hier im Dorf, im Nachbarhaus, ein paar Schritte von ihm entfernt. Zum Greifen nahe.

Es geht ihm nicht gut in den nächsten Tagen. Er verläßt das Haus nicht.

Er geht nicht zum Nachbarn, da, wo sie ist. Die 50 Jahre überwältigen ihn.

Sie drücken ihn beinahe zu Boden. Er kann nichts tun.

Am Abend vor ihrer Abreise schließlich kommt wieder jemand aus dem Dorf zu ihm und sagt: »Willst du denn der Dora nicht wenigstens jetzt noch guten Tag sagen?«

Da packt es ihn. Er geht hin und sieht sie.

Nach 50 Jahren! Nach einem halben Jahrhundert!

Er geht auf sie zu, nimmt ihre Hand und sagt einfach: »Dora, bitte bleib bei mir!«

Und Dora Mitrofanowna, die dreifache Großmutter aus der Nähe von Kiew, bleibt. Diesmal für immer.

Jetzt ist Herr Ortner mit der Stallarbeit fertig.

Ich bin noch ganz benommen von dieser Lebens- und Liebesgeschichte.

Frau Ortner hat sich in den zwei Jahren gut eingelebt und ist im Dorf geachtet und beliebt. Sie hat in den Junggesellenhaushalt Ordnung, Gemütlichkeit und Geschmack gebracht. Lachend erzählt sie, wie sie erst mal alles umgeräumt hat im Haus, um es schön zu machen. Überall stehen Blumen.

Und vor das Haus hat sie eine Holzbank gestellt. Da sitzen die beiden abends, wenn sie mit der Arbeit in Haus, Hof, Stall und Feld fertig sind, und freuen sich aneinander. »Jeder Tag ist kostbar«, sagt er.

Inzwischen waren beide in der Ukraine zu Besuch. Ob sie manchmal noch von früher, von der Zeit vor 50 Jahren sprechen, frage ich sie.

»Ja«, sagen sie, »daran denken wir oft. Zusammen denken wir und sprechen davon, wie das früher war. Ich habe immer gedacht, Tanzelsdorf ist ein so gutes Dorf mit so guten Leuten.«

»Hat sich Ihre Meinung über die Leute gehalten? Sind das immer noch gute Leute für Sie?« möchte ich wissen.

»O ja«, erwidert sie spontan, »ich sehe die Leute oft. Sie sprechen gerne mit mir. Ich fühle mich hier wohl.«

Und dann möchte ich es noch genauer wissen: »Das ist vielleicht auch so, weil Sie solch einen guten Mann bekommen haben.«

Jetzt lächelt sie still vor sich hin und sagt leise: »Ja, vielleicht. Das ist das Wichtigste. Ich denke, das Schicksal wollte es so. Er hat nie geheiratet, obwohl er natürlich nicht wußte, was wird. Ich möchte gern alles für ihn machen, weil er so lange gewartet hat.«

Wenige Wochen nach ihrer Hochzeit kam Enkelin Olga aus Kiew zur Oma – und blieb auch. Sie hatte sich in den jungen Bauern vom Nachbarhof verliebt. Die jungen Leute wohnen seit ihrer Hochzeit oben, im ersten Stock.

Und da kommt Olga in die Küche. Mit Maria, der drei Monate alten Urenkelin von Dora Mitrofanowna. Großmutter und Enkelin sprechen zusammen russisch. Sie erwarten in wenigen Tagen Besuch aus der Heimat. Die Tochter von Dora, also die Mutter von Olga und Großmutter von Maria, wird erwartet.

Ob sie auch so glücklich ist wie diese beiden frisch verliebten und verheirateten Frauen? denke ich. Die Alte und die Junge. Drei Generationen!

Beim Abschied sagen die Ortners zu mir: »Kommen Sie bald wieder!« Und ich sehe, daß sie es ehrlich meinen. Sie winken mir noch lange nach.

Ich werde gerne hierher zurückkommen. Nach Tanzelsdorf, bei »Groß St. Florian in der Nähe von Deutschlandsberg und weniger als 50 km von der slowenischen Grenze!«

Hat der Krieg nicht auch ein weibliches Gesicht?

Im Mai 1994 war ich mit mehreren Menschen aus drei Generationen in Minsk, der Hauptstadt Belorußlands. Wir hatten uns einem von der evangelischen Kirche von Hessen und Nassau organisierten Seminar angeschlossen.

Ein Jahr vorher waren ehemalige Zwangsarbeiter aus Weißrußland auf Einladung der Stadt Frankfurt in Deutschland.

Nun flogen wir nach Minsk, um unsere neuen alten Freunde wiederzusehen. Wir verbrachten eine Woche gemeinsam mit ihnen in einem Haus außerhalb der Stadt.

Aber nicht nur mit ihnen, sondern auch mit ihren Kindern und Enkeln, denn wir wollten wissen, wie die 50 Jahre nach dem Krieg von den Beteiligten gelebt und verkraftet wurden, wie sie heute leben und welche Zukunftspläne sie haben.

Es ging also nicht nur um Geschichte und um Politik, sondern um das Leben schlechthin.

Wir hatten also drei Generationen beieinander.

Im Mittelpunkt unserer Reflexionen stand jedoch jene, die vom Krieg am unmittelbarsten betroffen war.

Mit allen diesen Menschen wollten wir sprechen, spazierengehen, essen, trinken, eine Woche lang zusammensein, nicht einfach nur zuhören. Wir wollten sehen, was in ihrem Lebensablauf, im Gegensatz zu unserem, anders war.

Das Miteinander dieser drei Generationen aus zwei Ländern war das eigentliche Ziel des Zusammentreffens, nämlich das Zusammentreffen mit denjenigen, die den Zweiten Weltkrieg erlebt hatten, mit den Kindern und Enkeln.

Mein Geschichtskurs war ein Teil der Enkelgeneration.

In unzähligen Gesprächsrunden und Exkursionen mit allen Teilnehmern, den weißrussischen und den deutschen, wurde geweint und gelacht, stundenlang geredet und abends beim Wodka zusammen gesungen.

Und dann kam eines Nachmittags überraschend die Schriftstellerin Swetlana Alexijewitsch in unsere Gruppe.

Allerdings habe sie nicht lange Zeit, hieß es gleich.

Und dabei hatten wir doch so vieles zu fragen und wollten mit ihr über ihre Bücher sprechen.

Ich hatte vorher ihr erstes in Deutsch erschienenes Buch, »Der Krieg hat kein weibliches Gesicht«, gelesen, das mich seinerzeit sehr bewegte.

Dies ging mir durch den Kopf, während ich Frau Alexijewitsch betrachtete.

Sie läßt in diesem Buch russische Frontkämpferinnen zu Wort kommen, die sich freiwillig zum Dienst in den Krieg gemeldet hatten.

Es ist ein erschütterndes Zeugnis menschlichen Leidens.

Solche Erlebnisse dürfen nicht in Vergessenheit geraten. Sie müssen in Erinnerung bleiben und immer wieder an die nächste Generation weitergegeben werden.

Es ist der Schriftstellerin gelungen, die Gefühle aus den einzelnen Gesprächspartnerinnen unglaublich intensiv herauszulocken.

Es ist ein Frauenbuch. Der Frau wird dort ein Denkmal gesetzt.

Nun sitzen wir also dieser Swetlana Alexijewitsch gegenüber.

Im Gegensatz zu den meisten Frauen in der ehemaligen UdSSR ist sie überhaupt nicht geschminkt, diese kleine, unscheinbare Person mit dem blaß und müde wirkenden runden Gesicht.

Wie eine Bäuerin, denke ich.

In großes Erstaunen versetzt uns alle ihre Stimme. Sie paßt nicht zu ihrem sonst so schlichten Äußeren. Diese Stimme ist glockenhell, dabei aber sehr sanft und weich. Merkwürdig singend kommen ihre Worte.

Sie faszinieren uns alle.

Swetlana spricht über ihr letztes Buch, das von Selbstmördern handelt. Sie erwähnt auch noch ein anderes über den Krieg in Afghanistan, in dem sie russische Soldaten zu Wort kommen läßt. Irgendwann sagt sie,

Swetlana Alexijewitsch

daß sie seit vielen Jahren eigentlich ein Buch über die Liebe schreiben wolle, aber das Thema Tod und Leiden sie bisher noch nicht losgelassen hätte.

Nach einer Stunde steht sie auf und sagt bedauernd, daß sie jetzt gehen müsse.

Weil sich ihr Fahrer wohl verspätet hat, nutze ich die Gelegenheit, um ihr noch einige Fragen zu stellen, sozusagen als eine Art kleines Interview über ihre Arbeit und dazu, ob der Krieg nicht auch ein weibliches Gesicht habe. Ich möchte wissen, ob es im Krieg also, im Gegensatz zu Friedenszeiten, zwischen Männern und Frauen oder auch einfach zwischen Menschen nicht besondere Momente der Humanität gibt, warum russische Frontkämpferinnen vom Krieg immer wieder als einer besonderen Zeit der Nächstenliebe, der Schwesternliebe sprechen, die sie nicht missen wollen.

Swetlana Alexijewitsch verweist mich auf das Vorwort ihres Buches.

Und sie sagt: »Das Wissen um die Frau an sich läßt sich mit dem Begriff Barmherzigkeit umschreiben. Sie ist Schwester, Freundin, Ehefrau und vor allem Mutter. Die Frau schützt und schenkt Leben.

Die Frauen fühlten sich verpflichtet, im Krieg zu kämpfen und den Feind, der unsere Heimat überfallen hat, zu töten. Im Grunde ist das aber untypisch für die Frau. Männer stehen so etwas leichter durch.«

Eine Scharfschützin habe ihr beispielsweise gesagt, sie wisse nicht mehr, wie die Frauen das alles eigentlich geschafft hätten.

Und dann schaut Swetlana Alexijewitsch mich nachdenklich an und fragt: »Sind nicht alle unsere Vorstellungen vom Krieg männlich geprägt?«

Ich stimme ihr zu und sage, daß es in den meisten Sprachen sowieso nur männliche Begriffe für militärische Bereiche gäbe. Zum Beispiel die Dienstgrade.

Und dann spricht sie nachdenklich weiter:

»Auch die Erinnerung an den Krieg wird bei Frauen und Männern verschieden ausgedrückt. Das Frauengedächtnis fixiert im Krieg einen Gefühlsbereich, der von den Männern, die der Krieg als Aktion fesselt, meist unbeachtet bleibt. Frauen leiden mehr unter psychischen und moralischen Überbelastungen als Männer, denen es doch mehr um militärgeschichtliche Tatsachen geht.«

Diese Erfahrungen habe ich auch bei anderen Interviews gemacht und frage sie nun, wie sie mit den einzelnen Gesprächspartnern umgeht:

»Swetlana, ich habe Ihre drei Bücher, die bis jetzt auf deutsch erschienen sind, gelesen. Sie handeln mehr oder weniger von der Geschichte.

In ›Der Krieg hat kein weibliches Gesicht‹ kommen Frauen zu Wort, die im Großen Vaterländischen Krieg kämpften. ›Zinkjungen‹ hat den Afghanistankrieg zum Thema, und Sie lassen ehemalige russische Soldaten und deren Angehörige sprechen. ›Im Banne des Todes‹ handelt zwar von der Gegenwart, greift aber sehr stark auf die beiden genannten Kriege zurück.

Alle drei Bücher zeigen vor allem die Sicht der kleinen Leute. Aber auch die Sicht von innen, die psychologische, ist vorhanden. Sie bringen die Gefühle der Menschen sehr stark zum Ausdruck. Fragen Sie eigentlich die Menschen direkt danach?«

Und lächelnd antwortet sie mir, ohne lange zu überlegen, mit ihrer singenden Stimme: »Ich arbeite meistens mit einem Tonbandgerät, so wie Sie jetzt.

Ich suche mir Menschen aus, die in besonderer Weise auf mich wirken, also Menschen, bei denen ich sehe, daß sie Gefühle zeigen können. Das sind nicht sehr viele. Vielleicht jeder fünfte. Das können Männer und Frauen sein.

Ich schreibe also im Stil der Gefühle.

Man kann sagen, daß die Wirklichkeit nicht in ihrer realen Form besteht. Es gibt nur Vergangenes oder Zukünftiges. Das Thema, über das wir vor zwei Minuten sprachen, gehört schon der Vergangenheit an. Drei Menschen, die über ein und dasselbe sprechen, können drei verschiedene Meinungen dazu haben. Das sind dann ihre Gefühle.

Wenn die Menschen mir ihre Geschichte erzählen, frage ich nach Einzelheiten, und dann kommen diese Gefühle ganz von selbst aus ihnen heraus.«

Das kenne ich auch.

Aber weshalb schreibt sie immer wieder über den Krieg?

Und deshalb frage ich sie:

»Es scheint mir, als stechen Sie immer wieder in Wunden mit Ihren Themen. Das tut Ihnen doch auch selbst weh.

Warum machen Sie das? Ist das nicht ungeheuer anstrengend und psychisch belastend? Heißt das für Sie, daß Sie damit als Schriftstellerin Ihre Nische gefunden haben?«

Sie schaut mich verwundert an und sagt ruhig:

»Diese Methode und auch diese Thematik sind für mich notwendig.

So kommen Gefühle wahrhaftig zum Ausdruck. Wenn es sie nicht mehr gibt, dann gibt es auch keine Menschlichkeit mehr.

Es gibt keine andere Möglichkeit, von Leiden zu erfahren, wenn sie nicht erzählt werden.

Und dann leidet man selbst mit«, fügt sie leise hinzu.

»So sehe ich die Welt. Und ich möchte, daß die Tragödie, die damals passiert ist, nicht aus der Erinnerung der Menschen verschwindet.«

Sie meint vor allem das Sterben und Morden durch Hitler im Großen Vaterländischen Krieg, denke ich. Und ich muß sie noch fragen:

»Sie selbst leiden doch sehr stark mit. Wie können Sie diese Anstrengung verkraften? Wie gehen Sie damit um?«

Und mit klugem Lächeln antwortet sie mir folgendes:

»Es gibt für mich zur Zeit keinen anderen Weg.

In unserem Land ist so viel Schreckliches und Unerhörtes geschehen, daß ich mich bis jetzt noch keinem schöneren Thema, wie etwa der Liebe, widmen konnte.

Wir durchleben hier in Belarus eine sehr historische Zeit. In meinem Buch ›Im Banne des Todes‹ habe ich versucht, sie zu verdeutlichen, diese Gegenwart.

Manche Leute haben nämlich Angst vor der Auseinandersetzung mit der Geschichte, und andere machen bewußt die Augen zu. Aber die Zukunft kann man nicht ohne das Wissen um die Vergangenheit aufbauen.«

Wie ist eigentlich ihre Arbeit einzuordnen, frage ich mich schon die ganze Zeit, und deshalb möchte ich noch von ihr wissen:

»Sehen Sie Ihre Arbeit eher als historische oder als literarische?«

Sie meint dazu, daß sich das eine nicht vom anderen trennen ließe, und sagt: »Ich bin froh, daß ich über das, was passiert ist, schreiben und erzählen kann. Ich bemühe mich um einen Stil, der bei den Menschen ankommt. Manchmal bin ich selbst persönlich sehr enttäuscht, daß er auf manche Menschen so gar keine Wirkung hat.«

Und nach diesen Worten steht sie auf, reicht mir liebenswürdig die Hand und sagt, sie sehe ihren Fahrer draußen und müsse jetzt leider das Gespräch abbrechen.

Vielleicht gäbe es ja irgendwann in Moskau oder in Minsk oder in Berlin eine Fortsetzung unseres Gesprächs.

Als ich sie wegfahren sehe, wird mir bewußt, daß ich es soeben mit einem Menschen zu tun hatte, der mir sehr ähnlich ist.

III Dem Terror der Nazis ausgesetzt

Im Ghetto von Lodz fing alles an

Ich kenne sie flüchtig, schon seit Jahren. Ich habe sie schon oft getroffen. Bei Geburtstagsfeiern im Haus gemeinsamer Freunde, bei Konzerten, im Café oder einfach in der Stadt. Aber irgendwie kamen wir uns erst näher nach meiner Israelreise vor ein paar Jahren. Ich wußte, daß sie Jüdin ist, daß sie aus Polen stammt, aber ihre Geschichte, wie sie den Holocaust überstanden hat, erzählte sie mir erst vor ganz kurzer Zeit. Als wir uns wieder einmal begegnen, lädt sie mich spontan zu sich ein.

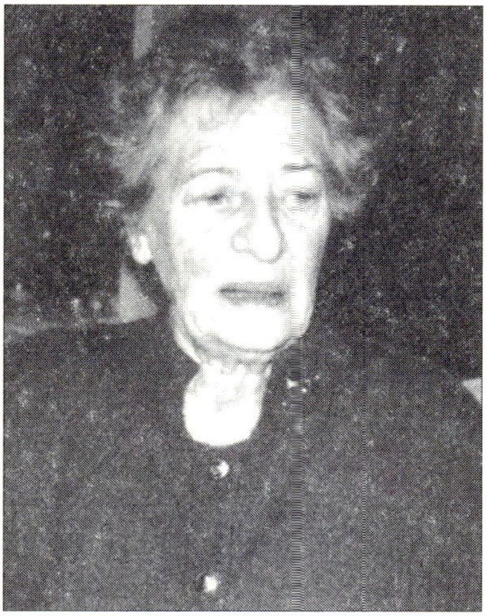

Dorka Sierakowiak

Bevor sie schließlich ihre Geschichte erzählt, bittet sie mich, nicht mit dem richtigen Namen angesprochen zu werden. Ich möge irgendeinen für sie erfinden. Also nenne ich sie Dorka.

Gemeinsam tauchen wir in Dorkas Vergangenheit ein:

Im September 1945 ist sie mit ihrem Mann, einem Polen, nach Frankfurt gekommen. Seitdem lebt sie hier.

Sie ist schon ein Jahr verheiratet, als sie mit 22 in ihrer Heimatstadt Lodz im Januar 1940 ins Ghetto kommt. Dort bleibt sie bis April 1944 und kommt nach zwei Wochen Auschwitz noch ein Jahr ins Lager Bergen-Belsen. Dort wird sie dann von den Engländern befreit.

Wir schreiben das Jahr 1996. Und vor mir sitzt ein Mensch mit einem solchen Vergangenheitsinferno ...

Ich taste mich vorsichtig an das brisante Thema heran. Wie hat sich für eine gutbürgerliche Familie, aus der Dorka stammt, der Krieg, der Überfall auf Polen, bemerkbar gemacht, was war anders von einem Tag auf den nächsten?

Dorka überlegt nicht lange. Ihre Worte kommen so aus ihr heraus, als ob sich nach langer Zeit plötzlich ein Ventil öffnet. Sie spricht überlegt, diszipliniert, in gutem Deutsch, das sie schon in der Schule lernte. Bis zum Abitur. Aber manchmal kommt das, was sie heute noch besonders bewegt, in jenem ungeordneten Deutsch der Ostjuden aus ihr heraus: »Als der Krieg ausgebrochen ist, das hat sich für uns so bemerkbar gemacht, daß wir Juden, welche gewohnt haben in der Stadt, haben wir gemußt umziehen an die schlechtesten Viertel von Lodz, das hat geheißen Balute und mußten unsere Wohnungen verlassen und gehen ins Ghetto. Vor dem Krieg bin ich nie in diesem schlechten Stadtviertel gewesen. Jeder Lodzer weiß, was das ist.

Wir haben gemußt arbeiten im Ghetto. In verschiedenen Ressorten.«

Dorka wechselt in ihr schönes Hochdeutsch. »Das waren früher jüdische Fabriken. Wir mußten für die deutsche Wehrmacht arbeiten. Ich am Anfang im Büro.

Wir haben für Geld einmal in der Woche eine Zuteilung Brot, Kartoffeln und Steckrüben bekommen. Man hatte Ghettogeld. Das war das Runkowski-Geld, nach dem Judenältesten genannt. Damit mußte man die Zuteilungen bezahlen.

Ich hatte vorher mit meinem Mann eine schöne Wohnung und wohnte nicht mit meinen Eltern zusammen. Im Ghetto habe ich aber wieder mit ihnen gelebt, weil ich dort nicht allein bei fremden Leuten sein wollte.

Mein Mann, der kein Jude war, mußte nicht ins Ghetto. Er hat sich aber immer hineingeschlichen, hat sich den Davidstern angesteckt und versucht, uns zu helfen. Er wurde aber schnell denunziert und wegen Rassenschande verhaftet.

Er war in verschiedenen Gefängnissen und ist dort auch gefoltert worden.

Er hätte sich nie von mir scheiden lassen. Er tat alles für mich. Wir haben uns eben sehr gut verstanden. Das war es.

Straße für Straße wurde ausgesiedelt. Soldaten kamen und schauten nach, ob die Wohnungen leer waren. Wir versteckten uns auch mal auf dem Dachboden. Aber sie haben uns gefunden und weggebracht.«

Und sie erzählt weiter von der harten Arbeit im Ghetto und vom großen Hunger. Wenn man besonders schwer gearbeitet hatte, etwa noch zusätzlich Militärhosen gebügelt, dann gab es eine Extraration Suppe und Brot. Als die Mutter, unterernährt, wie sie war, Tuberkulose bekam, übernahm Dorka noch mehr zusätzliche Aufgaben. Aber die Mutter ist trotzdem 1943 gestorben.

Dorkas Mann hätte sie vielleicht vor dem Ghetto schützen können. Aber sie wollte ihre Eltern und ihre jüngeren Geschwister nicht im Stich lassen. In Polen seien die Mischehen nicht so geschützt gewesen wie in Deutschland.

Im Ghetto hat sie vier Jahre gehungert und gefroren und sich nach der Arbeit immer gleich ins Bett gelegt. Der Holzfußboden war schnell verheizt und Wasser gab es in den Häusern nach kurzer Zeit auch nicht mehr. Um seine elende Steckrübensuppe zu wärmen, mußte man sich in einer öffentlichen Küche in die Reihe stellen und warten. Und bis zum erbärmlichen Zimmer im 5. Stock war sie bereits wieder kalt.

Sie meint, daß die Filme gar nicht alles so zeigen, wie das wirklich gewesen ist. Als sie den Holocaustfilm gesehen hat, war sie entsetzt. Da hatte doch tatsächlich einer seine Geige mit ins Ghetto genommen! Dorka kann sich gar nicht beruhigen.

1944 sei ein hoher Offizier in die Ressorts gekommen und habe mitgeteilt, daß sie alle nach Deutschland »zur Arbeit« ausgesiedelt würden. Er sei angeblich ein Schwager von Himmler gewesen.

»Aber alle sind nach Auschwitz gekommen, alle.

Wir haben im Lodzer Ghetto überhaupt nicht gewußt, daß ein Auschwitz existiert. Weil Lodz zum Reich gehörte. Aber ins Lodzer Ghetto sind Tausende gekommen aus dem Protektorat und von anderen Städten. Die wußten es. Wir waren dagegen total isoliert. Wir hatten keine Zeitungen, kein Radio, nichts. Im Gegensatz zu denen im Warschauer Ghetto.«

»Was haben denn die aus dem Protektorat über Auschwitz gesagt?«

»Daß man dort Menschen umbringt. Aber wir haben das nicht geglaubt und gesagt, die spinnen ja.

Wir wurden in Viehwaggons nach Auschwitz transportiert. Ein paar hundert Menschen. In wahnsinniger Hitze. Wir waren sechs, mein Vater, mein kleiner Bruder, meine Schwester mit ihrem kleinen Kind und ihrem Mann.

Da war ein Eimer mit Wasser und man hat uns eine Portion Brot gegeben. Wir standen so gedrängt, daß das Wasser gleich umkippte und das Brot verdarb. Bald gab es auch Tote im Waggon.

Die Strecke von Lodz über Kattowitz nach Auschwitz ist nicht einmal so weit, vielleicht 200 km. Aber man hat uns etwa drei Tage im Waggon dorthin gefahren. Einen ganzen Tag sind wir irgendwo stehengeblieben. Da wurden wir für eine Zeit rausgelassen, und dabei ging uns das, was wir noch hatten, auch noch verloren.

Bei der Ankunft in Auschwitz-Birkenau war dann die Selektion.

Die Männer mußten auf die eine Seite, die Frauen auf die andere.

Von weitem habe ich schon Frauen mit rasierten Köpfen rumlaufen sehen und mit so komischen gestreiften Kleidern. Da haben wir gesagt, um Gottes willen, was ist denn das? Es hat doch geheißen, wir kommen nach Deutschland, um zu arbeiten. Wie hat man uns belogen!

Wir dachten, das muß doch ein Irrenhaus sein, da stimmt doch etwas nicht!

Als man uns reingebracht hat, wurden uns selbstverständlich erst mal die Köpfe abrasiert. Und ich habe so schöne lange blonde Haare gehabt.«

Mit großer Erregung spricht Dorka weiter und verfällt dabei wieder in das typische Deutsch der Ostjuden:

»Wenn sie hat mir den Kopf rasiert, hat sie mich geschlagen, weil ich hab fürchterlich geweint. Ich hatte doch schließlich keine Läuse. Und sie hat mir noch die Schuhe weggenommen. Ich hab sie gefragt, warum nehmen Sie mir noch die Schuhe weg? Wir kommen doch nach Deutschland, da muß ich doch haben meine Schuhe. Ich hab doch eine Woche im Ghetto dafür gehungert.

Wir haben auch nicht so einen Block bekommen zum Wohnen, weil, es war kein Platz für uns. Wenn man hat uns auf ein Feld nebenan geführt, dort hat es fürchterlich geregnet. Und da hat man immer versucht, daß einer auf dem anderen liegt. Weil wir waren doch nicht richtig angezogen. Eigentlich waren wir fast ganz nackt. Ich habe mir gesagt, wenn ich mich noch erkälte und bekomme Lungenentzündung, dann ich bin ganz erledigt. Da sind vielleicht zehn Personen auf mir gelegen. Ich bin etwa 10 bis 12 Tage auf diese Weise in Auschwitz verbracht.«

»War Ihre Familie noch dabei?«

Sie schluckt.

»Also, als die Selektion war, wenn man uns hat separiert in Männer und Frauen, da haben wir schrecklich geschrien. Meine Schwester hat ihr kleines Kind gehabt auf dem Arm. Ihr Mann, ein großer Blonder, war auch dabei. Sie möchten nicht glauben, daß das ein Jude war. Dann habe ich noch mitgekriegt, wie er auf meine Schwester zuläuft und sagt, Ruschka, gib das Kind weg. Wahrscheinlich weil er dachte, daß die Kinder kommen in ein spezielles Lager. Obwohl, er hat gemußt wissen, was passiert. Aber er hat wohl gedacht, wenn sie überlebt, wird sie noch andere Kinder haben. Aber sie hat sich nicht von ihrem Kind getrennt.

Und so ist meine Schwester mit dem Kind in den Ofen gekommen. Meinen Schwager habe ich auch nicht mehr gesehen.

Ich habe geschrien, Papa, Papa, weil ich habe meinen Vater und den Bruder plötzlich aus den Augen verloren.

Das Schreien war so groß, das kann man sich gar nicht vorstellen. Das war alles noch draußen auf der Rampe, bevor man ist reingekommen. Ringsherum Stacheldraht, die Aufseher und Aufseherinnen. Wir haben uns ständig gefragt, wo ist das denn hier eigentlich, wo sind wir?

Dann sagte jemand, guck mal, da ist so viel Rauch! Ich war mit einer Freundin zusammen und haben wir uns ständig an den Händen gehalten und gesagt: Was ist denn das für ein Rauch?«

Sie schreit jetzt.

»Wir haben nicht verstanden, daß das Krematorien sind. Das ist wahr.

Schließlich hat man uns reingelassen ins Lager Auschwitz-Birkenau.

Man mußte nach rechts und links abtreten. Und man hat uns gezählt. So wie Dollars. Nur gezählt, wieviel da sind. Wer nach rechts und warum nach links, kann ich Ihnen nicht mehr sagen.

Ich bin dahin gekommen, wo man uns hat rasiert, wo man uns hat die gestreiften Kleider gegeben. Man hat missen seine persönlichen Sachen abgeben und sich ganz nackt ausziehen.

Man bekam keine Unterwäsche an. Nur das gestreifte Kleid und die Schuhe, die überhaupt nicht paßten und so wehtaten. Sie können sich vorstellen, wie eine Frau sieht aus mit rasiertem Kopf noch dazu. Ich habe mich an meiner Freundin festgehalten und sie sich an mir und sie sagte, bist du das? Wir sahen ganz fremd aus.

Die haben geschrien: Aus, aus. Denken Sie, man hat zu uns gesagt, ziehen Sie sich bitte aus?«

Sie sagt dies noch lauter schreiend.

»Das war doch ein Schock, daß man sich da mußte nackt ausziehen. Das konnte man gar nicht begreifen. So was kann man einfach nicht begreifen. Warum denn ausziehen vor fremde Leute? Und warum vor Männer?

Dann ging es in einen großen Duschraum. Nicht wo war Gas, sondern normales Wasser und keine Seife.«

Jetzt überschlägt sich die Stimme von Dorka.

»Die haben dann aus uns Seife gemacht.«

Fahrig spricht sie weiter:

»Da hat es furchtbar gestunken. Vielleicht war es das Desinfektionsmittel. Man hat sich doch nicht kennen dagegenstellen.

Wissen Sie, heute sagen die jüdischen Kinder in Israel oder sonstwo auf der Welt, wir lassen uns nicht so abschlachten wie unsere Großeltern.

Die 12 Tage in Auschwitz-Birkenau haben wir nicht gearbeitet. Wir sind nur auf der Erde gesessen und haben täglich bekommen ein Stück Brot.

Wo wir saßen, waren auch unsere Toiletten und von waschen überhaupt keine Spur. Deshalb gab es doch Typhus und alle möglichen anderen Krankheiten.

Wir haben auch gesehen dort andere Häftlinge. Aber unsere Gruppe blieb doch immer für sich.«

Ob sie dort in den paar Tagen auch schon etwas von den Tötungen erfahren hätte?

»Wir haben gewußt, daß diejenigen, die bei der Selektion auf die andere Seite kamen, wurden getötet. Überhaupt war der Gestank von den Leichen so stark, daß man es kaum aushalten konnte. Ich bin durch Zufall nicht in das Krematorium gekommen. Warum weiß ich nicht.«

Nach langem Schweigen kommen stockend die nächsten Sätze.

Dorka ist dann mit ihrer Gruppe nach Hamburg-Harburg gekommen. Dort hat man sie in Kasernen untergebracht. Nachts gab es große Bombardements.

Hamburg hatte ein paar hundert Lager. Die Zentrale Neuengamme, das Männerlager, lieferte das Essen und die Kleidung.

Da waren Aufseherinnen, die schlimmer als die Männer gewesen seien.

Nach zwei Tagen kam die Gruppe von 500 Frauen nach Poppenbüttel-Sasel.

Der Chef dieses Lagers in Sasel war ein SS-Hauptmann mit einem schmalen, großen Körper und einem asketischen Gesicht, wie sie ihn beschreibt.

»Als wir zum ersten Zählappell dastanden, sagte er zu uns: Töchter aus Zion, das ist hier kein KZ, sondern ein Arbeitslager. Ich werde versuchen, euch Essen zu geben. Ich verlange von euch Gehorsam und gute Arbeit. Ansonsten werdet ihr hier nur scheißen und essen.«

In Sasel gab es täglich eine dicke Suppe. Und auch Unterwäsche. Grobes Zeug, Hosen und ein Hemd und einen Mantel, denn es war schon sehr kalt. Für die Füße nur Holzschuhe, mit denen sie überhaupt nicht laufen konnte. Sie bekam Schwielen und Geschwüre und riß sich die Haut ab. Zwar hatten die Frauen dort auch für den Winter Strümpfe, aber die rutschten ohne Gürtel immer herunter. Sie sagt fast dankbar:

»Darum hatte sich der Hauptmann gekümmert, das ist wahr, daß wir die Unterwäsche bekommen haben. In den Mantel mußte man sich am Rücken ein Loch ausschneiden und Stoff mit einer anderen Farbe einsetzen, weil, wenn wir wegliefen, man uns von weitem erkennen sollte.

Morgens beim Appell um 5 Uhr wurde man gezählt. Dann gab es verschiedene Arbeiten. Die Frauen haben sich darum geschlagen, weil man bekam extra Suppe dafür.

Ich hatte immer Angst vor Schlägen. Mit Ludka, meiner Freundin, bin ich immer ganz hinten gestanden. In Auschwitz gab es oft keine Suppe mehr, bis ich an der Reihe war. Vorne wollte ich nie stehen, denn die Kapos sind einfach so mit Peitschen durchgelaufen und haben hineingeschlagen in die Reihen. Und ohne Haare so auf die Köpfe schmerzt das noch viel mehr.

Weil ich immer hinten stand, habe ich die schlechteste Arbeit und am wenigsten zu essen bekommen. So mußte ich in Hamburg in bombardierten Häusern die Eisen herausschleppen. Manche Mädchen hatten mehr zu essen. Etwa die, die in Metzgereien arbeiteten, haben abends manchmal ein paar Därme mitgebracht. Das war schon gut.

Wenn die Aufseherinnen uns morgens zur Arbeit durch die Stadt führten, fragten manchmal Leute aus der Bevölkerung, was sind das für welche, die da mit den abrasierten Köpfen? Unsere Bewacherinnen sagten dann, wir wären alle Prostituierte aus Polen. Unter uns waren Lehrerinnen, Historikerinnen, Musikerinnen.

Eines Tages merkte ich, daß zwischen uns tschechische Jüdinnen als Aufseherinnen sich befanden, die ein paar Jahre schon waren in Auschwitz, vielleicht schon seit 1941. Die hatten einige Privilegien bei den Deutschen und trugen graue Kleidung statt gestreifte. Und außerdem hatten sie ihre Haare. Morgens auf diesem Weg, es waren etwa 12 km, hat es immer geregnet und war kalt. Da merkte ich, daß ich mein Augenlicht verliere. Manchmal hat sich alles gedreht. Mir war ganz schwindelig.

Eine von den Tschechinnen fragte mich, ob ich einen Geliebten hätte. Überhaupt waren die Tschechinnen und Slowakinnen sehr gemein und haben uns immer genannt polnische Schweine.

Aber eines Tages nach der Arbeit durfte ich zu der tschechischen Ärztin, die für das Lager zuständig war, und als sie meine Augen untersucht hatte, meinte sie, mir fehle nur Brot. Aber sie könne mir keins geben. Meine Augennerven seien vor lauter Hunger so schwach.

Die älteste Aufseherin war eine Frau Römer, die einzige, die etwas Bildung hatte. Sie war mit einem Offizier verheiratet. Sie hörte eines Sonntags, wie ich singe. Ich hatte damals wohl eine sehr schöne Stimme und habe besonders schön ein Herbstlied gesungen. Da nahm sie mich mit in ihre Unterkunft und gab mir ein Stück Brot mit Wurst. Sie hat mir auch gebracht manchmal Kuchen sonntags, wenn sie aus Hamburg zurückkam. Oder sie hat mich gefragt, wenn ich wieder für sie gesungen hatte, was ich mir wünsche. Und dann hat sie mir mal eine Zahnbürste und Zahnpasta gegeben.

Nach der Befreiung sind wir von den Engländern ganz genau gefragt worden, wie wir behandelt worden sind. Und ich habe gesagt, daß Frau Römer mich gut behandelt hat.

Die Ärztin sagte ihr, sie solle das dem Hauptmann melden, daß meine Augen so schlecht seien. Am nächsten Morgen beim Appell, ich war ja nur eine Nummer, die ich heute sogar vergessen habe, da ruft sie meine Nummer und ich solle aus der Reihe herausgehen. Und die Mädchen sagten zu mir, was ist los? Ich sagte, ich weiß es nicht.

Ich bekam Angst, was mir jetzt wieder passieren würde und dachte, vielleicht sterbe ich ja gleich. Als alle abgetreten waren, blieb ich also stehen und kam diese Frau Römer zu mir und sagte, wie heißen Sie bitte? Ich bringe Sie gleich zum Hauptmann. ›Sie‹, sagte sie wirklich. Nach etwa einer halben Stunde hat sie mich außerhalb des Lagers in einem Gebäude in ein Zimmer gebracht.

Sie ist rausgegangen, als er hereinkam. Ich war bestimmt so weiß wie die Wand. Und da sagt er zu mir, setzen Sie sich doch.

Er fragte: Sprechen Sie Deutsch? Und ich sagte ja. Woher kennen Sie die deutsche Sprache? Ich sagte, ich bin aus Lodz, und schon in der Volksschule hat man Deutsch gelernt. Er fragte: Sind Sie verheiratet? Haben Sie Kinder?

Dann sagte er zu mir, aber eins sollen Sie mir beantworten: Ist es wahr, daß es in Auschwitz Krematorien gibt?

Ich bin sehr erschrocken und wußte nicht, was ich ihm antworten sollte.

Ich habe Angst bekommen.

Er sagte streng: Sie brauchen keine Angst zu haben, sagen Sie es mir.

Und ich sagte schüchtern: ja.

Er darauf: Und für so was halten wir unsere Köpfe hin?

Ich sitze da und kann sagen kein Wort mehr. Mit einmal ruft er die Frau Römer herein und ordnet an: Ab heute bekommt dieser Häftling eine doppelte Ration Brot und Suppe. Sie geht nicht zur Arbeit, bis sich die Augen etwas erholt haben. Sie bleibt aber im Lageraufbau bei den drei Frauen dort.

Er hat nicht Heil Hitler gesagt, auch nicht, als er reinkam.

So bin ich geblieben im Lager.

Lageraufbau bedeutete, daß wir die Betten richtig machen mußten. Die Betten bestanden aus Strohsack und einer Kolter und diese mußte gerade gelegt werden. Ich hatte eine Baracke mit nur 10 Betten. Dann mußten wir den Hof und dann die Toiletten sauber machen. Man mußte aus den Häftlingstoiletten die Fäkalien heraustragen und auf einem Feld vergraben. Das war schwere Arbeit für mich. Schwerer als auf der Baustelle.

Wenn die Wehrmacht uns dort bewachte, ging es nicht so schlimm zu, als wenn die Weiber, die Aufseherinnen, auf uns aufpaßten.

Immerhin war ich im Lageraufbau unter einem Dach, während ich sonst immer bei der Arbeit vom Regen durchnäßt worden war. Nach der Arbeit konnte ich in die Küche gehen, um Kartoffeln zu schälen für die SS-Leute und für uns. Und in der Baracke bei uns durfte ich ab 4 Uhr Feuer machen.

Die Mädchen kamen erst um 6. In unserer Baracke waren wir sehr sauber. Da hatte niemand Läuse.

So habe ich mich etwas erholen können durch die doppelte Ration Suppe und Brot. Ich mußte zwar im Lageraufbau auch schwer arbeiten, aber ich habe dann doch zugenommen und meine Augen wurden wieder gut.

Ich bin dort in Sasel gewesen, bis man uns nach Bergen-Belsen gebracht hat. Der Hauptmann, der so gut zu mir war, bekam nach kurzer Zeit einen Befehl nach der Ostfront. Und nach ein paar Tagen hieß es, man habe ihn erledigt. Die Weiber haben ihn denunziert, weil er war ein anständiger Kerl.

Dieser Hauptmann hat mir das Leben gerettet.«

Jetzt weint Dorka. Und weinend spricht sie weiter:

»Anfang 45 kam ich dann nach Bergen-Belsen. Dort habe ich durch Zufall meinen Mann wiedergetroffen.«

Völlig überrascht bitte ich sie, dies genauer zu erzählen.

»Ich bin dort mit einer älteren Frau auf einer Pritsche gelegen. Sie war auch aus Lodz. Sie war sehr nett zu mir. Sie hat nach der Befreiung dort ihren Bruder wiedergefunden. Da kamen viele Männer hin, um nach Familienangehörigen zu fragen. Eines Tages kam ihr Bruder.

Belsen war das Lager, Bergen war die Stadt. Die ganze Bevölkerung, so haben es die Engländer verlangt, sollte sich anschauen das Lager.

Weil doch niemand angeblich hat etwas gewußt.

Ich war wieder sehr krank, so daß ich keine Kraft hatte, von der Pritsche runterzugehen. Die anderen sagten immer, wenn du liegen bleibst, dann wird es noch schlimmer.

Da kam eines Tages dieser Bruder von meiner Pritschennachbarin und sagte, weißt du, neben mir liegt ein sehr netter Kerl, ein Pole, der aber Paratyphus hat. Er hat eine jüdische Frau, die er irgendwann wiederzufinden hofft.

Ich habe ihn gefragt, wie der wohl heißt. Aber er wußte es nicht.

Und eines Tages kam er plötzlich mit diesem Polen an meine Pritsche.

Es war mein Mann. Ich hatte ja keine Ahnung.

Ich hatte wohl gesagt, daß ich meinen Mann suchen würde, aber ich hatte ihn schon fünf Jahre nicht mehr gesehen und deshalb kaum Hoffnung, ihn noch jemals wiederzufinden. Dieser Pole dachte wohl, ich würde meinen Mann nicht mehr finden. Deshalb hatte er mir einen Heiratsantrag gemacht. Er war Friseur von Beruf. Aber ich hätte ihn sowieso nicht geheiratet.

War das vielleicht ein Geschrei und Geweine, als mein Mann plötzlich vor mir stand! Wir konnten es überhaupt nicht fassen!

Es hat sich dann leider gleich herausgestellt, daß er offene Tuberkulose hat. Und dann mußten wir uns wieder für ein Jahr trennen. Das war so furchtbar.

Als wir uns wiederhatten, sind wir nach Frankfurt am Main gegangen, weil da doch die Amerikaner waren. Wir wollten eigentlich nach USA. Dort lebten zwei Brüder meiner Mutter. Aber wir haben nie von Ihnen Antwort bekommen. Sie wollten wohl nichts zu tun haben mit ehemaligen Häftlingen.

Auf diese Weise sind wir geblieben in Frankfurt.

Nach dem Krieg, es war 1952, habe ich mit meinem Mann jene Frau Römer besucht. Sie hatte von den Engländern keinen einzigen Monat Gefängnis bekommen. Manche viele Jahre. Der Nachfolger des Hauptmanns 18 Jahre und alle anderen Aufseherinnen auch.«

Wie es ihr danach gesundheitlich ergangen sei, möchte ich zum Schluß noch von ihr wissen.

»Nach dem Krieg, und das weiß ich von anderen Frauen, hatten wir schreckliche Schmerzen vor der ersten Menstruation wieder, als ob wir mechten ein Kind gebären. Die haben uns wahrscheinlich schon im Ghetto etwas gegeben. Denn da hatten die Frauen das auch nicht mehr. Aber als das wiederkam, hatten wir geschrien vor Schmerzen.«

Und dann sagt sie noch: »Daß ich heute normal lebe und nicht verrückt geworden bin bei dem allem, das wundert mich doch sehr. Auch daß ich so alt geworden bin. Ich kann es manchmal nicht begreifen.

Aber das Schrecklichste war, als wir gekommen sind nach Auschwitz-Birkenau und haben gesehen, daß man dort Menschen verbrennt! Das war für mich das Schlimmste, was es hat gegeben. Und dann, als sie uns die Köpfe rasiert haben und das Traktieren, das sie mit uns gemacht haben. Als ob wir ein Wurm gewesen wären.

Unsere Würde wurde uns total weggenommen, nicht nur als Mensch, sondern auch die Würde als Frau. Das hat so schrecklich weh getan. Wie mit Vieh sind sie mit uns umgegangen.

Als wir nach Sasel kamen, waren von allen die Haare schon etwas nachgewachsen. Ich habe keine Locken, sondern glatte Haare und sah schrecklich aus. Katastrophal. Aber es gab sehr hübsche Jüdinnen mit ihren kurzen Haaren, auf die die Aufseherinnen eifersüchtig waren. Und deshalb wurden sie von denen besonders gequält.

Wissen Sie, vielleicht tun Schläge doch nicht so weh wie das Moralische. Wenn man sich nicht mehr als Mensch fühlen kann.

Hunger tut weh, aber das ist noch schlimmer. Und es gibt immer noch Deutsche, die sagen, das sei alles nicht wahr. Wie geht das? Was hat er gemacht, der Hitler, mit den Menschen? Wie hat er das bloß gemacht?

Aber ich habe ein großes Wunder erlebt, daß ich meinen Mann wiedergetroffen habe. Und das, was wir zusammen oder er wegen mir erlebt hat, das hat uns so zusammengeschweißt.

Ich lebe jetzt seit vielen Jahren schon ohne ihn. Ich darf und muß mit meinen Erinnerungen leben. Sie sind Freude und auch Qual.«

Dorka ist am Ende ihrer Kräfte. Der Tee ist längst kalt. Das Zimmer auch.

Und mir erst recht.

IV Frauen des 20. Juli 1944

Ich habe meine Freiheit gefunden

Ein außergewöhnliches Leben! Eine außergewöhnliche Herkunft! Eine außergewöhnliche Frau! Was für ein Schicksal!

Gräfin – Künstlerin – Ehefrau eines Juden – Tochter begeisterter Nazis – Schwester eines der Hauptverschwörer des 20. Juli – zweifach Geschiedene – zum Katholizismus konvertierte Ordensschwester.

Die Autobiographie der Tisa von der Schulenburg ist ein historisch-politisches Zeitzeugnis par excellence für das 20. Jahrhundert.

Tisa von der Schulenburg

Vor dem Ersten Weltkrieg, 1904, im Kaiserreich geboren, hat sie die Weimarer Republik, die Nazidiktatur, den Zweiten Weltkrieg, die Teilung Deutschlands, die Bundesrepublik Deutschland und die Vereinigung der beiden deutschen Staaten erlebt.

Zum Zeitpunkt unseres Gesprächs ist sie 92 Jahre alt.

Sie wurde als einzige Schwester von fünf Brüdern in einer hochadeligen Familie auf einem mecklenburgischen Schloß als fünftes Kind eines Generals geboren. Eine psychologisch schwierige Situation: Konfrontation mit den vier älteren Brüdern, aber auch Anpassung. Sie hat keine exponierte Stellung in der Familie. Sie muß kämpfen, um sich zu behaupten. Sie ist künstlerisch hochbegabt. Ihr Weg ist vorgezeichnet. Sie studiert in Berlin.

Die Familie bekennt sich früh zum Nazi-Regime. Die Tochter aber heiratet einen Juden und emigriert schließlich mit ihm nach England. Dort hat sie ihren großen künstlerischen Durchbruch.

Nach ihrer Scheidung kehrt sie für immer nach Deutschland zurück.

Zu ihrer Freude erfährt sie, daß ihr Lieblingsbruder Fritz-Dietloff in jenen Gruppierungen eingebunden ist, die Hitler beseitigen wollen.

Daran hat sie selbst schon 1933 gedacht.

Auch Stauffenberg wird Gast des Hauses sein. Ostern 1944.

Als einer der Hauptverschwörer wird der Bruder, der ihr politisch so nahe steht, 1944 in Plötzensee gehängt. Sie ist bis heute nicht darüber hinweg.

1945, als der Krieg endlich zu Ende ist, sind Eltern und alle Brüder tot.

Tisa von der Schulenburg hat alles verloren: die Heimat, ein eigenes Familienleben. Auch die zweite Ehe ist längst gescheitert.

Mit 46 Jahren beschließt die kinderlose, evangelische Gräfin, katholisch zu werden und ins Kloster zu gehen.

Dort lebt und arbeitet sie als Bildhauerin unter dem Namen Schwester Paula.

Bis heute.

Und dort besuche ich sie.

Ich bin 24 Stunden Gast im Ursulinenkloster von Dorsten in Westfalen.

»Da sind Sie ja.«

Zu meiner großen Überraschung erwartet mich die Gräfin an der Pforte des Klosters. Es ist alles vorbereitet: Für meine Übernachtung steht ein bequemes Zimmer bereit und für ein historisches Gespräch sie selbst, Schwester Paula.

Ich kenne sie von Bildern und einem Film im Fernsehen. Wie agil und munter sie doch noch ist, denke ich, während ich mich beeile, ihrem Schritt in den Eßsaal des Klosters zu folgen. Sie möchte, daß ich, gestärkt durch eine Tasse Kaffee und ein Marmeladenbrot, für das Gespräch gerüstet bin.

In ihrer Werkstatt, wo Hunderte von Arbeiten als Skulpturen, Bilder und Skizzen an den Wänden hängen, herumstehen oder -liegen, setzt sie mir dann erwartungsvoll gegenüber. Vorher bietet sie mir noch einen Campari an.

Damit hatte ich nach dem bescheidenen Geleebrot nicht gerechnet.

Im folgenden fasziniert mich diese alte Dame durch ihr buntes Leben, ihren Durchblick der Zusammenhänge, ihre Herkunft und ihre emotionale Sprache. Den spontanen Dialog mit ihr gebe ich wegen seiner ungewöhnlichen Authentizität an dieser Stelle ungekürzt wieder.

Sie hat Grenzsituationen im menschlichen Dasein erlebt. Dazu gehört auch ihr Eintritt ins Kloster.

Ich beginne das Gespräch unter dem Eindruck dieses Lebens: »Ich weiß aus Ihrer Autobiographie, daß Ihr erstes Leben um die 50 Jahre gedauert hat. Und nun sind Sie schon ungefähr die gleiche Zeit hier im Kloster.«

Laut auflachend erwidert sie: »Etwa, aber man könnte es ein bißchen verkürzen. Ich bin immerhin erst mit 46 eingetreten.«

Nach einer Pause sagt sie ergänzend: »Ich wurde ja bald 47. Also ist es schon ein halbes Leben. Und jetzt bin ich bereits 47 Jahre im Kloster. Das ist tatsächlich das zweite halbe Leben.«

Wieder gibt es eine Pause. Und dann sagt sie: »Fragen Sie soviel wie möglich. Ich spreche schlecht von allein. Das fließt nicht mehr so.«

Wir sprechen über die Anfänge:

»In Ihrem ersten Leben hatten Sie Familie. Sie hatten alles, was Ihnen lieb und teuer war: Luxus, Energie und Kampfgeist. Und in Ihrem zweiten, ungleich bescheideneren Leben ist dies so nicht mehr. Sie haben alles verloren, aber eine starke innere Kraft gewonnen. Fühlen Sie sich jetzt stärker als im ersten Leben?«

»Bestimmt«, sagt sie sehr spontan.

»Also in Berlin, da haben wir 1933 alle Freunde verloren. Und in England 1939, weil ich nicht mehr einreisen durfte, obwohl ich doch fünf Jahre da lebte. Bis Kriegsende bin ich in Mecklenburg gewesen. Alle diese Verbindungen sind eigentlich abgerissen. Und dann gibt es da noch die Zeit im Wohnwagen bei Hamburg, drei Jahre lang.

Aber der entscheidende Schnitt vollzieht sich mit dem Eintritt ins Kloster.«

In einem ihrer Bücher sagt sie, daß sie erst da ihre Freiheit gefunden habe. Ich bitte sie, mir das genauer zu erklären. Und ganz entschieden sagt sie nun: »Daran besteht gar kein Zweifel. Ich bin hier zur Freiheit befreit worden. Das Leben ist gradliniger. Man verfällt nicht *dieser* Illusion und *der* Faszination oder *dem* Reiz. Es bündelt sich hier alles viel mehr. Das Leben hat einen Mittelpunkt bekommen. Ich will gar nicht sagen, daß er durch das religiöse Leben allein bestimmt ist. Aber er gibt dem Ganzen hier einen Sinn. Das ist das bewußtere Leben. Vielleicht nicht gleich am Anfang, aber sehr bald und jetzt nach fast 50 Jahren hat es an Einfachheit noch gewonnen.«

»Würden Sie auch denken, daß Sie Ihre Kunst im Kloster besser entfalten können?«

Ihr Nein klingt sehr überzeugend. Und noch einmal kommt dieses entschiedene Nein: »Vorher hatte man die ungeheure Anregung durch andere Künstler, durch das Leben mit ihnen, besonders in England. Dieses Aufgefangensein in einer Künstlergemeinschaft fällt natürlich in einem Kloster völlig weg.«

Ich spüre so etwas wie Bedauern in ihrer Stimme. Und nun folgt eine sehr persönliche »Lehrstunde« über die Kunst aus ihrer Sicht:

»Die absolute Konzentration steht am Beginn. Sollte sich aber der Mensch in seinem Vorhaben ungehindert durchsetzen, wird das Werk brav und wahrscheinlich Kitsch. Im Laufe eines Prozesses muß es zu einem Bruch, einem Scheitern kommen, ja zum Zerstören, was bei der Arbeit in Holz oder Stein am klarsten zu verfolgen ist. So, als ob ein Dämon dazwischenbricht. Bei dem äußersten Aufwand aller Kräfte, also eigentlich im Erliegen geschieht so ein Durchbruch. Da wo man dann kittet, stehen läßt oder wieder aufbaut, irgendwo da in diesem Ringen vollzieht sich ein Kunstwerk. In der totalen Erschöpfung, im Kampf mit dem Material, im Versuch, die Idee zu retten, geschieht, was sich nicht erklären läßt.

Was mir hier im Kloster ungeheuer hilft, ist, daß mich nichts ablenkt, wenn ich nicht will. Ich kann mich hier wirklich konzentrieren und aus den Anregungen schöpfen, die sich mir bieten.

Auch die schrecklichen Erlebnisse, die meine Familie betroffen haben, konnte ich hier verarbeiten und überwinden. Dieser Schmerz um sie ist überwuchert vom Schmerz über das andere. Durch Auschwitz ist das eigene Schicksal winzig.

Meine Familie ist natürlich ein Teil dieses anderen, und ich denke mit Stolz an meinen Bruder oder an den Vetter meines Vaters, den Botschafter Schulenburg aus Moskau.«

Ich nehme Bezug auf eine weitere Stelle in ihrer Autobiographie: »Sie haben bereits 1933 gesagt, man muß Hitler töten«.

»Ja. Ich wollte das selber tun. Aber ich hatte nicht den Mut, und man hat mich auch davor gewarnt. Irgendwie wußte ich, daß dieser Mann die deutsche Idee verraten wird. Ich sah in ihm und seinen Kumpanen eine Horde von Verbrechern.«

»Sie haben das früher bemerkt als Ihre Familie.«

»Die war ja verblendet.«

»Und Ihr Bruder Fritzi?«

»Der auch. Am Anfang.«

»Und Sie sind ja immer ein wenig die Außenseiterin, die Oppositionelle gewesen.«

»Ich war ja mit einem deutschen Juden verheiratet. Also habe ich vorher schon in Berlin einen Kreis kennengelernt, eigentlich sofort als ich nach Berlin kam, um Kunst zu studieren. Es war die Liga für Menschenrechte. Und das sind eben die ganzen Linksintellektuellen von Berlin gewesen.

Ob Sie nun George Grosz nehmen oder Tucholsky oder Heinrich Mann oder die ganzen fortschrittlichen Schriftsteller, Remarque, man kann sie gar nicht alle aufzählen. Döblin auch, alle jene eben, die sich nicht im Nationalrausch verloren. Und die Bildhauer und Zeichner und Politiker und Zeitungsmenschen. Ich bin sehr dankbar, daß ich mit meinen 21 Jahren in diesen Kreis gekommen bin. Seine Leuchte war natürlich Einstein.«

»Würden Sie sagen, Sie haben überlebt, weil Sie sich nicht so weit vorwagten?«

»Ja, aber das war ein strenger Befehl von meinem Bruder Fritzi, der mich für politisch völlig unzuverlässig hielt wegen meines Temperaments. Ich durfte nie, nie, nie irgend etwas sagen, weil ich ja sonst seine Frau oder seine Kinder oder ihn und den 20. Juli und die Verschwörer, alle in Gefahr gebracht hätte.

Ich war zu spontan. Ich glaube, man würde es mir immer anmerken. Und das wäre natürlich damals besonders verhängnisvoll gewesen.«

»Hat das vielleicht damit zu tun, daß Sie immer gegen die vier älteren Brüder kämpfen mußten?«

»Natürlich. Ich mußte immer kämpfen. Aber ich war schon sehr früh mit Zeichnen beschäftigt und konnte mich damit auch völlig allein unterhalten, während die Brüder sich nur fürs Militärische interessierten.«

»Sie sagen in Ihrem Buch, daß Sie den vieren immer nachlaufen mußten. Sie haben sie aber nie eingeholt.«

»Nein. Ich werde manchmal gefragt, ach wie reizend, Sie haben vier ältere Brüder gehabt, die haben Sie doch sicher verwöhnt? Natürlich war das Gegenteil der Fall. Die waren auch zu jung dafür.

Wir kamen ja fast hintereinander. Nur der Kleine, der fünfte, der zehn Jahre jünger war als ich, der wurde von mir verwöhnt.«

Auf dem Gesicht der 92jährigen spiegelt sich die Erinnerung. Sie ist ganz in dieses Damals weggetaucht und ich bedaure beinahe meine nächste Frage: »Ich möchte doch noch einmal auf Hitler zu sprechen kommen. Sie schreiben, daß Sie ein Medaillon von ihm angefangen haben. Wurde es fertig?«

Mit Entrüstung sagt sie: »Nein. Man kann nicht einen Menschen, den man haßt, künstlerisch gestalten. Ich habe nur damit angefangen, weil ich ja dadurch zu ihm vorgelassen werden wollte. Und weil ich mir einbildete, ich nehme eine Pistole und erschieße ihn. Einfach so. Da war ein richtiger Vetter, der sich gut mit Hitler verstand. Er hatte den schönsten Besitz in Ostpreußen und Hitler war da auch mal zu Besuch. Kurz und gut, dem hatte ich gesagt, ich würde ganz gern ein Porträt von Hitler machen. Er sagte sofort, das könne er mir vermitteln.

Dann war ich bei einem der bedeutendsten Kommunisten in Berlin, dem Kunsthistoriker Eduard Fuchs. Ein hinreißender Mann. Das muß im Dezember 1932/33 gewesen sein. Kurz vor der Machtübernahme. Und der hielt uns einen Vortrag und sagte, alle, die gegen Hitler wären, sollten Geld sammeln, um sein Kommen zu verhindern.

Ich saß am Tisch mit jungen Männern, die alle von der USPD waren. Zu denen sagte ich: ›Ach, man muß ihn einfach erschießen.‹ Und daraufhin hob einer dieser Männer, wohl der Rädelsführer, die Hand und rief: ›Bloß nicht, sonst gibt es eine Legende. Dann werden alle Menschen für ihn schwärmen. Das darf nicht sein. Nein, er darf nicht erschossen werden.‹ Das überzeugte mich.«

»Sie saßen also Hitler nie gegenüber, als Sie mit dem Medaillon anfingen?«

»Nein, ich habe ihn nie gesehen. Ich habe das so für mich gemacht. Es gab ja Photos.«

Und voll Abscheu und Entsetzen fügt sie hinzu: »Nein! Ich weiß nicht, was ich dann getan hätte. Denn ich habe diesen Mann wirklich krankhaft gehaßt, im Gegensatz zu meinen Eltern und den Brüdern. Bis auf den einen.«

»Würden Sie im nachhinein sagen, Sie hätten Ihrer Familie vielleicht die Ehe mit einem Juden nicht antun sollen?«

Sie schaut mich entsetzt an und sagt: »O nein! Nein!«

Und völlig übergangslos lacht sie plötzlich los, wie ein junges Mädchen.

»Ich bin schon früh vergiftet worden, wie man so sagt. Es gab ein Buch von einer Lilly Braun. Die Memoiren einer Sozialistin. Die habe ich mit 12 Jahren gelesen und immer wieder mit dem Willen, genauso zu leben wie sie.«

»Wollten Sie sich gegen die Familie stellen, weil Sie vielleicht das einzige Mädchen waren? Und dazu noch so kunstbegeistert?«

»Das hat sich alles so ergeben, auch meine Ehe mit einem jüdischen Mann.«

»Ihr erstes Leben scheint sehr bunt gewesen zu sein. Sie schreiben von schönen Kleidern, wie es Ihnen ja auch damals gefallen hat, sich hübsch anzuziehen. Sie konnten alles. Sie konnten schon früh Auto fahren, Sie konnten schwimmen, Ski laufen ... Sie taten sehr viele Dinge, die im Klosterleben nicht möglich sind.«

»Da kommt man nicht mehr auf den Gedanken. Weil es wichtigere Dinge gibt.

Es gibt den Versuch der Vertiefung auf den Sinn oder das Ziel des Lebens. Auf Gott.«

»Läßt sich eigentlich Ihre Kunst von Ihrem Klosterleben trennen?«

»Soweit man meine gesamte Kunst als eine religiöse auffaßt, kann man sie nicht trennen. Aber es sind natürlich nur zum Teil religiöse Darstellungen, Zeichnungen oder Reliefs oder auch Sachen, die ich für Kirchen gemacht habe. Genauso stark ist die Darstellung des Leidens in der Welt.«

Ich komme noch einmal auf ihr erstes Leben zurück.

»Was ist das für ein Gefühl für Sie? Gibt es da auch manchmal ein Bedauern, daß alles vorbei ist?«

»Nein!«

»Also überlagert Ihr zweites Leben alles?«

»Ja. Ich kann natürlich sehr schlecht beurteilen, wie ich mich mit 25 Jahren verhalten hätte, wenn ich da ins Kloster gegangen wäre. Das wäre vielleicht schiefgegangen.«

»Sie erwähnen in Ihren Büchern immer wieder, daß Sie in Ihrem Leben kaum etwas ausgelassen haben.«

»Das stimmt.«

»Zum Beispiel sind Sie vielleicht auch die einzige Ordensfrau, die zwei Ehen hinter sich gebracht hat. Sie liebten die Männer und hatten viele körperliche Beziehungen. Das war Ihnen wichtig. Und mit 47 Jahren haben Sie dann alles aufgegeben.«

»Ja. Aber der Zusammenhalt hier ist mir sehr viel wert. Das andere wurde längst ausgelöscht.«

»Sie schreiben auch, daß das Kloster Sie beschützt.«

Jetzt kommen die Antworten fast einsilbig.

»Natürlich.«

»Und Sicherheit verleiht.«

» Sehr stark.«

»Das ist ja auch ein Gefühl für Sie gewesen, das Sie haben wollten.«

»Ja.«

»Kann man sagen, daß das Kloster Ihnen die Familie ersetzt hat?«

»Ja, unbedingt. Wissen Sie, ich habe unendlich an allen gehangen.«

Ich spüre Traurigkeit in der Stimme meiner Gesprächspartnerin und versuche ihren Gedanken eine mögliche Richtung zu geben: »Macht es für Sie irgendeinen Unterschied, wenn Sie an das Ende Ihrer Brüder denken? Ist Ihr Bruder Fritzi für Sie der Held der Familie? Sie denken doch besonders gern an ihn und sind stolz auf ihn.«

Sie nimmt meine Stimmung auf:

»Ich würde nicht das Wort Held gebrauchen, weil ich ihn zu genau gekannt habe. Natürlich waren seine Eigenschaften schon heldisch. Aber es gibt viele Helden. Für mich waren die Arbeitslosen in England ebensolche Helden.

Das Heldische lag in allen Brüdern. Sie waren nur auf der falschen Seite.«

Fast tonlos spricht sie das aus. Und tonlos bleiben auch die folgenden Sätze: »Vielleicht hat mein Gang ins Kloster damit zu tun. Ich wollte nur noch Gott dienen nach allem. Wissen Sie, es ist alles unwichtig, im Vergleich zu einem Menschenleben.

Im Kloster habe ich meine Freiheit gefunden.«

Schwester Paula alias Tisa von der Schulenburg wirkt plötzlich sehr erschöpft. Unser Gespräch hat fast drei Stunden gedauert.

Die Oberin des Ursulinenklosters in Dorsten hat mir abends gesagt, das sei alles sehr anstrengend für sie. Besonders nach diesen familiären und politischen Erlebnissen. Ich fühle mein schlechtes Gewissen. Denn ich hatte, wie mir schien, viel zu ausführlich über das Kloster und über ihre Kunst mit ihr gesprochen.

Mein eigentliches Thema, die Zeit des Nationalsozialismus, den Zweiten Weltkrieg und den 20. Juli 1944, hatten wir zwar auch behandelt, aber hatte ich genug erfahren? Ich wollte sie doch nach dem Besuch Stauffenbergs Ostern 1944 auf dem von ihr verwalteten Gut Klein-Trebbow fragen.

Plötzlich war das aber nicht mehr wichtig. Irgendwie hatte ich genug erfahren. Ich hatte einen Menschen erlebt, dessen Leben sich aus zwei Teilen zusammensetzt. Aus beiden wußte ich nun das Wesentliche. Der eine ist ohne den anderen nicht denkbar.

Ich sehe Schwester Paula nach unserem Gespräch dann nur noch von weitem. Bei der Abendandacht und später beim Essen im Refektorium. Freundliche Schwestern führen mich durch das Kloster. Überall stehen die Kunstwerke meiner Gesprächspartnerin, auch in der Stadt. Auf dem Platz und im Museum. Sie ist Ehrenbürgerin von Dorsten.

Als ich mich von ihr verabschiede, ist sie wie erleichtert. Ich habe das Gefühl, sie ist etwas losgeworden. Etwas, das ihr Leben geprägt hat.

Danach schreibt sie mir lange Briefe.

Und holt als Zeitzeugin darin nach, was ich fragen wollte, auch über den Besuch Stauffenbergs auf dem Gut Trebbow, wo auch ihr Bruder Fritz mit seiner Familie wohnte:

»Ich fragte Stauffenberg Ostern 1944, als er bei Tisch neben mir saß, wann er zu der Überzeugung gekommen sei, daß man handeln müsse? Und er antwortete, die habe er im Herbst 1943 bei einem Aufenthalt in Paris durch Fritzi gewonnen. Kein weiteres Wort darüber, daß er es selbst ausführen wolle. Mein Eindruck von ihm war, blühende Frische trotz der schweren Verwundungen, gespannte Kraft, doch sehr diszipliniert.

Mein Bruder und er sind ja viele Stunden im Wald spazierengegangen, um den ›Wanzen‹ zu entgehen. Und nach dem 20. Juli sagte mir unser Förster, der Ortsgruppenleiter, ins Gesicht, die Herren wären ihm aufgefallen, der Graf hätte einen so jungen Oberst aus dem Generalstab mit einer schwarzen Augenbinde bei sich gehabt. Er hatte ihnen aufgelauert.

Übrigens, in den ersten Jahren nach dem Krieg habe ich kein einziges Wort über meinen Bruder gehört. Man ist einfach darüber hinweggegangen und hat den 20. Juli totgeschwiegen.«

Heute schweigt man ihn nicht mehr tot. Dennoch empfindet Tisa von der Schulenburg die jährlichen Feiern zum Gedenken der Toten des 20. Juli 1944 in der Form, wie sie gestaltet werden, als peinliches Ritual.

Auch das steht in ihren Briefen aus dem Kloster.

Mein Bruder Fabian riskierte viel

Sie ist lebhaft, vital, eine große, auffallende Erscheinung, eine Frau im 93. Lebensjahr, als ich sie kennenlerne. Die Teestunde mit ihr ist beinahe schon Gewohnheit.

Wenn sie von anderen Menschen spricht oder Begriffe wie Ehre, Anstand und Benehmen gebraucht, tut sich eine ganz andere Welt auf.

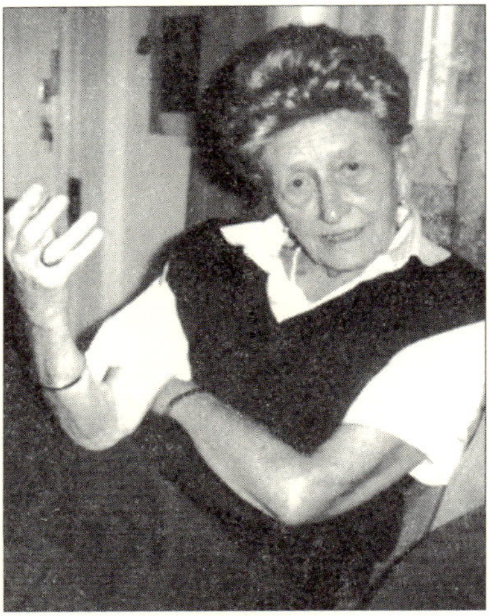

Ursula von Schlabrendorff

Ich habe sie besucht, weil sie so viel erlebt hat in diesen 93 Jahren. Und ich erfuhr, wie unabhängig sie geblieben ist in Wort und Haltung und daß sie deshalb auch nie eine Partnerschaft gesucht hat.

Fabian von Schlabrendorffs Schwester Ursula fasziniert mich im Gespräch durch eine ungewöhnliche Stärke.

Sie hat seinen schon früh beginnenden Kampf gegen die Nazis mitgetragen und entsetzlich mitgelitten, wenn die Gestapo ihn wieder einmal suchte. Nach dem 20. Juli, als er für die Familie erst einmal verschollen war, hat sie sich in Berlin unermüdlich auf seine Fährte gesetzt und schließlich sein Gefängnis ausfindig gemacht. Und dann war sie es, die seine von der Folter blutige Wäsche immer wieder abgeholt hat.

Man spürt, daß dieser Mensch, diese Frau, schon immer das Richtige vom Falschen zu unterscheiden wußte. Anders als andere Frauen, ist und war sie von jeher für andere unbequem.

Der eigenen Mutter schien sie bereits als kleines Mädchen suspekt zu sein.

Es bedrückt sie auch heute noch, daß die Mutter sie abgelehnt hat.

»Mit vier Jahren kam ich zu meiner Patentante, die eine Tochter in meinem Alter hatte. Mutter wollte mich los sein. Ich war überflüssig. Zwei Jahre vor mir, also 1903, wurde eine Schwester geboren und nach mir, 1906, noch eine. Mein Bruder Fabian, der lang ersehnte Sohn, kam 1907.«

Auf meine Frage, ob sie ihre Mutter geliebt habe, sagt sie: »Ich haßte sie, fürchtete sie.

Ich wurde ja ständig weggegeben von zu Hause. Mehr als zehn Ohrfeigen pro Tag waren keine Seltenheit. Sie ärgerte sich über die Fliege an der Wand.

Und ich war daran schuld!

Ich glaube, daß meine Mutter mich verbogen hat, indem sie mir zu verstehen gab: ich kann dich nicht leiden.

Das habe ich schwergenommen und mich oft gefragt, was denn wohl an mir so verachtenswert sei. Ich wollte Mutter doch liebhaben. Sie war meist schroff zu mir und hat mich weggeschickt, wenn ich zu ihr kommen wollte, ihre Nähe suchte. Sie hat nie daran gedacht, daß dieses Kind leidet.«

Über den Vater sagt Tochter Ursula: »Manchmal flüchtete ich zu ihm, wenn ich wieder eine 5 in Französisch hatte. Dann bat ich ihn, es Mutter nicht zu sagen. Und er sagte, komm, wir sagen es ihr gemeinsam. Und er ging mit mir zu ihr und stand neben mir wie die Wacht am Rhein. Wenn er dabei war, schlug sie mich nicht, sondern schimpfte nur.

Vater war ja als kaiserlicher General von 1914-1918 im Krieg und kam todkrank zurück. Er ist 1923 schon gestorben. In seiner Abwesenheit habe ich zu Hause am meisten gelitten.«

Und mit tieftrauriger Stimme sagt sie: »Stellen Sie sich vor, unter der Todesanzeige meines Vaters standen alle Geschwister, nur ich nicht. Da hat meine Mutter mich mal wieder vergessen.

Während des Weltkrieges hatte ich immer Hunger. Aber noch schlimmer war, der Mutter ausgesetzt zu sein. Ich gehöre zu den mißhandeltsten Kindern, die ich kenne. Es tut mir leid, das so zu sagen.

Kurz vor ihrem Tod hat Mutter dann, als ich sie pflegte, wohl einiges eingesehen und gesagt, sie habe mich so schlecht behandelt, ob ich ihr verzeihen könne.

Sie starb Anfang 1944 und hat das Drama um meinen Bruder zum Glück nicht mehr miterlebt.

Er ist der Kronprinz gewesen, der Sohn. Das war gar keine Frage. Mir hat sie immer nur in medizinischen Dingen getraut. Das war mein Beruf. Da konnte sie mich gebrauchen.«

»Welchen Beruf hatten Sie denn?«

»Heute würde man wohl Sozialarbeiterin sagen. Ich hatte mein Säuglingspflegeexamen und mein großes Krankenpflegeexamen und bin dann noch in die soziale Frauenschule der Inneren Mission in Berlin gegangen. 1934 war ich Pflegelehrerin für die Provinz Brandenburg. Die Nazis interessierten sich da noch nicht für meine politische Einstellung, sondern erst 1936, als ich in Pommern arbeitete. Zunächst hatte ich dort in der Organisation der Frauenschaft und des BDM mitzuwirken, weil ich die Ausbildung in praktischer Krankenpflege betreute.

Da machte ich eines Tages bei meiner Vorgesetzten keinen Hehl aus meiner Haltung zu Hitler und setzte dabei voraus, daß sie meiner Meinung wäre. Sie aber ist gleich zur Gaufrauenschaftsleiterin gerannt und hat ihr gemeldet, daß ich gegen den Nationalsozialismus sei.

Nach einer Gerichtsverhandlung wurde ich fristlos entlassen und durfte Pommern nicht mehr betreten. Was aus mir werden sollte, interessierte die nicht.

Ich wußte zunächst nicht wohin. Mutter war entsetzt über mein Verhalten und die Folgen. Sie wollte mich nicht zu Hause sehen.

Ein guter Freund, Nikolaus Christoph von Halem, der gerade aus dem Gefängnis entlassen worden war, in das sie ihn wegen politischer Unzuverlässigkeit gesteckt hatten, nahm mich erst einmal auf.

Mir ging es so schlecht, daß ich ins Wasser wollte.«

Plötzlich fällt meiner Gesprächspartnerin ein Erlebnis aus dem Jahr 1934 ein, das sie mir unbedingt erzählen muß: »Im Jahr 1934 habe ich den Kaiser in Doorn besucht«, sagt sie strahlend.

»Ich war in Holland bei sehr lieben Freunden. Die fuhren mich hin. Ich erinnerte mich zwar, wie mein Vater über ihn sprach. Er konnte diesen letzten Kaiser nicht leiden, aber ich wollte ihn trotzdem sehen …

1918, als der Kaiser nach Holland ging, war das ein tiefer Einschnitt in meinem Mädchenleben. Ich war 13. Das konnte ich nicht vergessen. Die konservativ denkenden Menschen, unter denen ich aufwuchs, sagten, der Kaiser flieht, der ist ein Feigling. *Ich* habe so nicht denken können. Er war für mich ein armer unfähiger Mensch, dem man eine Schuld zuwies, die er nicht tragen konnte. Er hätte nie Kaiser werden dürfen.

Meine Freunde gingen also mit mir hin, warteten draußen und dachten, ich würde nach einer halben Stunde wiederkommen. Aber es dauerte zu meiner Freude viel länger.

Der Kaiser ist mit mir durch das ganze Schloß gegangen, wie ein pommerscher Gutsherr, und hat mir alles gezeigt.

Und dann kam die Kaiserin und lud mich ein, den Tee mit ihr und Seiner Majestät einzunehmen. Und dann fragte er mich, wo ich in Stettin wohne und wen ich dort kenne. Und als ich sagte, ich kenne da noch niemand und hätte auch noch keine Kontakte, schrieb er mir verschiedene Adressen von Leuten auf. Das fand ich sehr nett von ihm. Er hätte es ja nicht tun müssen.«

»Was für Leute waren das?«

»Adlige und Nichtadlige, Leute, die Zugang zum Hof gehabt hatten, Leute mit Beziehungen eben.«

»Gab es Äußerungen über Hitler?«

»Nein. Aber der Kaiser hat schon über seine Hoffnungen, den Thron zurückzubekommen, gesprochen.«

Ich spüre, wie tief dieser Besuch beim Kaiser Ursula von Schlabrendorff beeindruckte. Sie hat sich damit einen Mädchentraum erfüllt.

An dieser Stelle war meine erste Teestunde mit ihr zu Ende. Noch viele sollten folgen. Aber da sprachen wir meistens über ihren Bruder und die Ereignisse um den 20. Juli 1944.

Der Deutsche Widerstand ist ohne Fabian von Schlabrendorff undenkbar.

Es war, als hielt er die wichtigen Fäden in der Hand und nur er könne die notwendigen Leute zusammenbringen. Dieser Mann hat wie durch ein Wunder die Zeit der Verfolgung und Verurteilung überlebt und ist 1980 mit 73 Jahren innerhalb von drei Tagen an den Folgen eines Fenstersturzes gestorben.

Seine Schwester schildert mir sein Schicksal so: »Mein Bruder wurde ja 1934 schon von den Nazis verfolgt. Nachts kamen SA-Leute, um ihn zu suchen. Aber sie fanden ihn nicht. Er hatte sich gut versteckt. Jede Nacht woanders.«

»Wann haben Sie erfahren, daß Ihr Bruder an der Verschwörung gegen Hitler beteiligt ist?«

»Erst im Juli 1944. Denn als das Attentat am 20. Juli passierte, war mir klar, daß Fabian darin verwickelt sein mußte.«

»Warum?«

»Weil ich viel von ihm wußte und mit ihm geteilt habe. Er war Henning von Tresckows Adjutant und zu der Zeit schon 37. Mein Bruder ist nie für Hitler gewesen, von Tresckow schon. Es hat aber nicht lange gedauert, bis er begriffen hat, daß Hitler den Osten, die Polen und die Juden vernichten würde. Das Militär sollte vor allem im Krieg gehorchen und für ihn sterben.

Bei der Taufe der ältesten Tochter meines Bruders habe ich Henning von Tresckow auch selbst kennengelernt.

Der Widerstand meines Bruders begann etwa, als er 17 war.

Noch auf dem Gymnasium hat er das Buch ›Mein Kampf‹ gelesen. Aber nur die ersten 200 Seiten, dann hat er es angewidert in die Ecke geschmissen und sich trotzdem jedes Wort genau gemerkt. Er schloß daraus, daß Hitler unser Untergang ist. Das war 1925.

1933, als Hitler an die Macht kam, sagte mein Bruder, das ist einer, der uns ins Verderben führt. Fabian hat das ganz frei geäußert, überall, wo er sich befand.

Er wählte deshalb Jura, um unabhängig sein zu können. Er wollte niemals einen Eid auf Hitler leisten. Und er wollte ganz bestimmt nicht in die Richterlaufbahn, sondern als selbständiger Anwalt arbeiten.

Schon als junger Student in Halle lieferte er sich wegen seiner Gesinnung mit anderen Studenten Straßenschlachten. Immer wurde er von den Nazis verfolgt, aber nie von ihnen gefaßt. Er war immer schneller als sie. Ich wußte viel von dem, was mein Bruder gegen die Nazis getan hatte, welche Reisen er gemacht hatte, um Leute aufzuklären, oder daß er vor Studenten gesprochen hatte, um ihnen klarzumachen, was der Nationalsozialismus bedeutet. Daß man dagegen sein muß. Daß er das Vaterland zerreißt.

Mein Bruder wußte, daß er gesucht wurde, daß er auf der Liste stand.

Als er dann zur Wehrmacht kam, war das ein relativ sicherer Ort für ihn. Da konnte die Partei ihn nicht so leicht finden. Ab 1936 gab es das Ersatzheer. Dort strömten die Männer hin, weil sie dann von der Partei verschont blieben.«

Nun möchte ich mit meiner Gesprächspartnerin noch näher über den 20. Juli sprechen. Wie spielte sich dieser Tag für sie ab?

Und jetzt überstürzen sich die Worte: »Da war ich bei Freunden auf einem Dorf. Es waren Lautsprecher aufgestellt. Die Leute standen zusammen. Viele sagten ›unser armer Führer‹, andere ›schade‹. Und am Abend hörte ich Hitlers schreiende Stimme mit jenen Worten, die wir alle kennen.

Mein Bruder hat das im Feld natürlich gewußt. Er lag bei Smolensk. Henning von Tresckow hatte kurz nach dem gescheiterten Attentat an der Front Selbstmord begangen und sich vorher noch von Fabian verabschiedet.«

»Wann wurde Ihr Bruder eigentlich genau verhaftet?«

»Am 17. August. Von der Front weg. Er wurde ins Gestapogefängnis in Berlin eingeliefert und dort der Mißhandlung, der Folterung sowie den psychischen Qualen voll ausgesetzt.

Zu der Zeit war ich noch in Detmold und habe dort den Haushalt meiner Mutter aufgelöst. Am 30. August kam ich auf der Reise nach Berlin, wo ich eine Stelle hatte, durch Magdeburg. Zu einem Bruder meiner Mutter. Ich kam ganz überraschend. Und der sagte, weißt du, was mit Fabian ist? Sie haben ihn eingelocht. Und *ich* dachte, er sei noch an der Ostfront!

Mich riß es fast in Stücke. Sofort fuhr ich nach Berlin weiter zu meiner Schwester, die mit mir zusammen wohnte. Ich fragte sie, ob sie etwas wüßte. Aber sie hatte keine Ahnung. Auch nicht, in welchem Gefängnis Fabian säße. Wir beschlossen deshalb, von einer Haftanstalt zur andern zu gehen, um herauszubekommen, wo er war. Wir taten so, als ob wir ihm Wäsche bringen wollten. Aber überall hieß es, nein, hier haben wir keinen Schlabrendorff. Und so sind wir durch mehr als zehn Gefängnisse von Berlin gezogen, ohne ihn zu finden.«

»Haben Sie seine Verhaftung erwartet oder wurden Sie davon völlig überrascht?«

»Ich habe gedacht, irgendwann kriegen sie ihn.

Als wir so 16 bis 17 Anlaufstellen durchhatten, blieb nur noch eine übrig: das Gestapogefängnis im Reichssicherheitshauptamt in der Prinz-Albrecht-Straße. Da sind wir zuletzt hin.

In der Abteilung 4 schrie uns der Kommissar Habecker an: ›Jetzt wagen Sie es, hierherzukommen, warum kommen Sie nicht eher?‹

Das hat mich vor Zorn fast umgebracht. Zehn Tage hatten wir gebraucht, um dieses Gefängnis zu finden.

Ich sagte mit wütender Stimme zu ihm: ›Wir wissen das erst seit vier Tagen! Und Berlin hat viele Gefängnisse!‹

Der merkte gleich, mit mir ist nicht gut Kirschen essen, und gab mir zu verstehen, daß mein Bruder sofort frische Sachen brauche und

Schuhe. Er sitze noch immer in seiner Uniform herum. Es ginge ihm nicht gut, er müsse auch etwas zu essen haben.

Wir hatten aber keine Wäsche für ihn, sondern die war ja bei seiner Familie in Pommern.«

»Als Sie schließlich das Gefängnis des Bruders fanden, haben Sie da gleich gefragt, ob Sie ihn sehen dürfen?«

»Nein. Das erste Mal habe ich mich nicht getraut. Ich habe sofort mit der Mutter meiner Schwägerin telefoniert. Die aber meinte, sie schicke nichts, denn wir wollten unserem Bruder nur zur Flucht verhelfen. Und daran wolle sie nicht beteiligt sein. Die Frau meines Bruders war inzwischen in Bayern und der Haushalt meines Bruders noch in Pommern. Nun tat Eile not:

Ich bestand darauf, ein Paket mit Taschentüchern, Halbschuhen, Hemden und Unterwäsche sofort an mich zu schicken.

Jeden Tag bin ich zum Gefängnis gegangen, aber ich habe nicht gewagt, zu fragen, ob ich ihn sehen könne, weil es noch keine Verhandlung gab. Es war alles so unheimlich.

Ich habe immer mit demselben Mann, diesem Habecker, gesprochen. Der haßte mich wie ich ihn.

Nach acht Tagen kam also dieses Wäschepaket. Es war aber nur ein Hemd drin, eine Hose, ein Paar Socken und viele Taschentücher. Ich habe die Sachen dann jede Woche hingetragen und immer alles für ihn gewaschen.

Eines Tages sah ich, daß die Wäsche voller Blut war. Und da begriff ich die schreckliche Wahrheit: Fabian war gefoltert worden.

Ich bin sofort mit dieser blutigen Wäsche zu seinem Offizialverteidiger gegangen. Der hat mich zwar beinahe die Treppe hinuntergeworfen, aber er hat sie wenigstens gesehen, diese Wäsche.«

»Haben Sie die Wäsche dann gleich gewaschen?«

»Ja.«

»Wäre es nicht sinnvoll gewesen, sie erst mal als Beweismaterial aufzuheben?«

»Das wäre es zweifellos, aber ich habe auch das nicht gewagt. Sie können sich diese Ängste, von denen man umgeben war, nicht vorstellen.

Weil ich Fabian jetzt endlich selbst sehen wollte, dachte ich mir folgendes aus: Ich sagte zu Kommissar Habecker, daß ich Schwierigkeiten mit meiner Wohnung hätte und meinen Bruder fragen wollte, was ich da machen könne.

Nun hatte ich einen echten Grund. Und ich bekam tatsächlich einen Besuchstermin.

Dann kam der Tag. Mein Bruder wurde geholt, und wir konnten miteinander reden.«

»Wann hatten Sie ihn das letzte Mal gesehen?«

»Auf der Beerdigung unserer Mutter. Im März 1944. Jetzt war November.«

»Hatte er sich verändert?«

»Ja. Er sah entsetzlich abgemagert aus. Seine Jacke schlotterte. Und seine Hände waren so dürr, daß es einem weh tat, sie zu drücken.«

»Hat man ihm die Mißhandlungen angesehen?«

Ursula von Schlabrendorff spricht jetzt sehr langsam, fast wie abwesend.

»Nein. Die Folterungen bezogen sich auf die unteren Gliedmaßen. Auf Unter- und Oberschenkel. Aber ich begriff in diesem Moment, daß es dieser Habecker war, der ihn so gefoltert hatte. Der saß die ganze Zeit dabei. Wir mußten vorsichtig sein. Ich wollte ja wiederkommen.

Ich war so froh, daß mein Bruder überhaupt noch lebte.

Ich habe in dem Moment sehr stark empfunden, daß es für mich niemand sonst auf dieser Welt gibt als diesen Bruder. Ich konnte mir keinen anderen Menschen vorstellen, den ich so liebgehabt hätte. Aber er hätte diese Gefühle nie so angenommen von mir, wenn ich sie ihm gesagt hätte. Er war eher ein rationaler Mensch. Später, als alles vorbei war, habe ich ihn einmal gebeten, seine Beine zu zeigen. Denn ich wollte sehen, ob da Narben sind. Ihm kamen die Tränen. Was ich sah, war immer noch grauenhaft.«

»Wie lange hat denn dieses erste Treffen gedauert?«

»Etwa 20 Minuten. Das ist plötzlich ganz lang, wenn man das nicht sagen darf, was man möchte.«

»Kam denn seine Ehefrau jemals dorthin?«

»Wenn ich sie nicht gezwungen hätte, wäre sie nicht gekommen. Ich wußte, daß sie schwanger war, ihr viertes Kind erwartete.«

»Wie viele Male haben Sie den Bruder vor seiner Verhandlung sehen können?«

»Drei- oder viermal.«

»Und wann sollte dann endlich die Verhandlung sein?«

»Am 3. Februar 1945. Das hatte ich durch den Pförtner des Volksgerichtshofes gehört. Fabians Verhandlung war mehrfach verschoben worden.

Schon im Dezember 44 sollte mein Bruder verhandelt werden. Aber Freisler hielt so lange Reden, daß eben nicht drei Fälle am Vormittag drankamen, sondern nur einer.«

»Hatten Sie das als Überlebenschance für Ihren Bruder gesehen? Haben Sie gehofft, dann ist der Krieg vielleicht schon zu Ende und die Nazis sind weg?«

»Ich hatte keine Hoffnung. Ich ahnte, daß er mit dem Tode bestraft würde. Ich wußte doch um all die anderen Toten, um die Urteile des Volksgerichtshofes. Die Namen der Verschwörer waren bekannt. Moltke war ja im Januar 1945 noch umgebracht worden.

Mit dem Kreisauer Kreis hatten wir nichts zu tun. Die wollten ja Hitler nicht töten. Wir aber sagten, wenn dieser Kerl nicht tot ist, sind die deutschen Soldaten an ihren Eid gebunden.«

»Wie konnte Ihr Bruder diese ganzen Prozesse eigentlich psychisch durchhalten?«

»Mein Bruder war psychisch sehr sensibel, aber auch ungewöhnlich tapfer.

Er hat sich selber dazu erzogen, Schweres zu ertragen. Er sagte immer, ich muß das lernen. Als er zum ersten Mal bei Gericht die Todesstrafe miterlebte, es muß 1929/30 gewesen sein, konnte er drei Tage nicht sprechen. Da war er noch Student.«

»Die wievielte Verhandlung war für ihn am 3. Februar 1945?«

»Die fünfte. An dem Tag sollte das Urteil gesprochen werden. *Ein* Fall war schon abgehandelt. Da kamen zwischen neun und halb zehn Bombenströme auf Berlin zugeflogen.

Deshalb zog sich das gesamte Gericht in den Luftschutzkeller zurück, Roland Freisler mit Fabians Akten unter dem Arm. Alle waren in demselben Luftschutzkeller. Als die Bombe das Volksgericht traf, brach sie durch bis nach unten. Und ein dicker Balken fiel auf Roland Freisler und erschlug ihn.

Mein Bruder stand neben ihm.

Gegen 18 Uhr bin ich hin und sah, daß der Volksgerichtshof abgebrannt war. Und davor stand eine Gruppe Menschen. Auf die bin ich zu und fragte, was mit den Gefangenen passiert sei. Ach, denen geht es gut, hieß es. Die sitzen wieder in ihrem Kittchen. Daraufhin bin ich eilig ins Reichssicherheitshauptamt gerannt und über den Zaun geklettert. Ich wollte hinten rum, um an die Zellenfenster heranzukommen. Und im Gebüsch stand ein Aufseher und fragte mich: ›Zu wem wollen Sie denn, junge Frau?‹

Und dieser Mann ging doch tatsächlich noch an diesem Abend zu meinem Bruder und sagte ihm, daß seine Schwester ihn schön grüßen ließe.«

»Haben Sie da auch erfahren, daß Freisler nicht mehr lebt?«

»Das hing irgendwie in der Luft.

Und ich bin dann gleich nach Zehlendorf zu meiner Schwester gefahren und habe geschrien, daß Fabian lebt. Es war wirklich wie ein Gottesurteil.

Dieser Angriff hat sechs Stunden gedauert. Alle im Keller konnten erst gegen 16 Uhr wieder nach oben gehen, nachdem man sie ausgegraben hatte. Sie waren ja verschüttet worden. Die Häftlinge wurden sofort zu Fuß abtransportiert, zur Kette aneinandergeschlossen. Und so mußten sie über die Straßentrümmer steigen.«

»Waren Sie nie im Gerichtssaal dabei?«

»Nein, ich habe einfach Angst gehabt, daß sie mich dann mit hineinziehen. Ich wundere mich noch heute, daß die mich nicht verhaftet haben.

Zu dieser Zeit war ich Fürsorgerin für die Belegschaft eines Bekleidungshauses. Und ich saß dort mit den anderen bei diesem schrecklich langen Bombenangriff im Keller. Wir hatten Verwundete und Sterbende und auch viel Sachschaden. Dabei habe ich ständig an Fabian gedacht und mich gefragt, ob er wohl noch lebt.

Die nächste Verhandlung für ihn fiel auf den 16. März. Am Abend dieses Tages rief mich sein Offizialverteidiger an und sagte mir, daß Fabian freigesprochen sei.«

»Von wem wurde er freigesprochen?«

»Vom Nachfolger Freislers, Dr. Krohne. Der hatte ja im Luftschutzkeller seines Hauses von meiner Arbeitskollegin die ganze Geschichte, die ich dieser Frau erzählt hatte, zufällig mitgehört. Auch daß Fabian gefoltert worden war.

Ich hatte schon Schuldgefühle wegen meiner Schwatzhaftigkeit. Aber in diesem Fall hat der liebe Gott es so gefügt. Der Folterer, dieser Habecker, war vernommen worden vor der Verhandlung und hatte nicht leugnen können. Das Blut, das der Verteidiger gesehen hatte, hatte gewirkt. Freisler hätte das nie und nimmer beeindruckt«, sagt meine Gesprächspartnerin sehr leise.

»Mußte denn dieser Kommissar Ihren Bruder nicht foltern?«

»Nein, das tat der von sich aus. Mit Vergnügen. Natürlich aus politischen Gründen. Man wollte ihn zwingen zu gestehen. Fabian ist mehrere Male auf grausame Weise gefoltert worden, aber er hat alle Kraft zusammengenommen, um nichts zu sagen. Auch nicht unter der furchtbaren psychischen Folter, als man ihn mit dem wieder ausgegrabenen Leichnam seines toten Freundes Henning von Tresckow konfrontierte. Er hat nur zugegeben, gewußt zu haben, daß eine mögliche Gefangennahme von Hitler in Erwägung gezogen worden sei, mehr nicht.

Dieser Habecker hat diese Aufgabe übernommen, weil er foltern konnte und weil er foltern wollte. Das Foltern war Gewohnheitsrecht, aber eigentlich gegen geltendes Recht. Dieser Dr. Krohne war ein ganz anderer als Freisler. Menschlich und sensibel. Er sagte, nein, Foltern können wir nicht durchgehen lassen.

Es war ja öffentlich abgeschafft worden. Es war also aktenkundig. Obgleich die Gestapo immer gefoltert hat.

Dieser Habecker war ein Mann, der im Laufe der Monate aus seiner Abneigung heraus ein gewisses Vertrauen zu mir gefaßt hatte.

Der hat mir mal erzählt, daß es ihn glücklich machte, die Leute zu quälen.«

Und sie sagt in mein fassungsloses Gesicht hinein:

»Habecker stammt vom Land. Und dort war die Schwester von Fabians Schwiegermutter Gutsfrau. Sie hat die Dorfbewohner immer wieder in ihrer bigottfrommen Art dazu gezwungen, in die Kirche zu gehen. Das kann auch eine Qual sein.

Mein Bruder ist also wegen erwiesener Unschuld freigesprochen worden. Aber das hat sich die SS nicht gefallen lassen. Die sagten zu ihm: ›Wir werden Sie nicht erhängen, sondern erschießen.‹ Als ich am nächsten Tag zu seinem Gefängnis kam, war er nicht mehr da.«

»Wann haben Sie ihn dann wiedergesehen?«

»Nach dem 3. Februar 1945. Vielleicht noch zweimal bis zu seinem Verschwinden. Bis es hieß, der braucht nichts mehr zu essen und zu lesen. So eine Mitteilung bedeutete, er ist bedürfnislos geworden durch den Tod. Die SS hatte ihn ja mitgenommen.

Ich habe damals Unendliches getan, um ihn wiederzufinden. Ich habe ihn überall gesucht. Auch bei diesem Oberst Müller, der die Toten von der SS registrierte. Nirgendwo fand ich ihn. Das war entsetzlich und gehört zum Schlimmsten in meinem Leben. Nie habe ich so viel riskiert, nie jemand so geliebt wie meinen Bruder.

Während ich ihn noch suchte, kamen die Russen nach Berlin. Es war der 25. 4. 45, als sie zu uns ins Haus kamen. Die kämpften nach Uhrzeit, nach dem Achtstundentag. Morgens um 7 Uhr wurde begonnen, nachmittags um 16 Uhr war Schluß.«

»Was haben Sie für Erlebnisse mit den Russen gehabt?«

»Die suchten zunächst nach Wertsachen, nach Geld, Gold, Uhren. Die hatten Uhren an, dicht bei dicht, bis oben hin und rissen einem noch die eigene vom Handgelenk. Ich habe es geschafft, nicht vergewaltigt zu werden, wenn Sie das meinen.«

»Wann haben Sie dann Ihren Bruder wiedergesehen?«

»Am 12. Juli 45 auf einer Landstraße bei Coburg. Ich war mit meiner Schwägerin mit dem Rad unterwegs. Da bremste plötzlich ein Jeep neben ihr, die hinter mir fuhr. Ich schaute mich um, und da lag sie in den Armen eines Amis und ließ sich küssen.

Ich stand da wie eine Salzsäule, habe geguckt und war wütend. Ich bin dann auf diese Gruppe zu, und da hat der küssende Mann seinen Kopf gehoben, gegrinst, mir zugenickt und ist weggefahren. Das war mein Bruder Fabian. Ich war wie vom Donner gerührt.«

»Warum ist er denn nicht auch zu Ihnen gekommen und hat Sie umarmt?«

Sie sagt: »Ach, er hat doch kaum Gefühle zeigen können. Meine Schwägerin rannte zu ihrem Rad und raste dem Jeep hinterher.

Ich konnte das nicht. Ich war wie gelähmt. Dann ging ich langsam nach Hause. Da stand der Jeep im Hof. Mein Bruder war mit seiner Frau bereits zu seinen Kindern und zu den Schwiegereltern vorgefahren. Die hatten ja alle in dem Haus meiner Mutter Zuflucht gesucht. Später kam Fabian auch zu uns. Er sah ganz verwandelt aus, trug weiße Hosen.

Ich hatte ihn zuletzt im März im Volksgerichtshof gesehen. Von dort war er durch Böhmen nach Flossenbürg zur Hinrichtung gebracht worden.

Weil dann schon die Amerikaner kamen, ist die SS geflüchtet. Die Gefangenen hat man noch nach Dachau gebracht. Von da kam er erst in ein KZ nach Innsbruck und weiter nach Oberitalien, wo er von den Amerikanern befreit wurde.«

Jetzt lehnt sich Ursula von Schlabrendorff erschöpft zurück. Dieses Schicksal des Bruders belastet sie immer noch stark. Man sieht es ihr an.

»Wie ging dann Ihr eigenes Leben weiter?« frage ich sie nach langem Schweigen.

»Ich war bei der Bundesbank Betriebsfürsorgerin.«

»Wie ist das denn heute für Sie, wenn Sie sich in die Zeit vor 50 Jahren zurückversetzen?«

»Damals war ich 40. Da steht immer mein Bruder für mich im Mittelpunkt. Und ich bin so stolz auf ihn. Und wenn einer, dann hat er bewiesen, was man mit Charakter erreichen kann.«

»Haben Sie heute das Gefühl, allein zu sein?«

»Ja, aber das ist immer nur vorübergehend. Ich bin nicht wirklich allein. Meine Neffen, die Söhne meines Bruders, bedeuten mir sehr viel. Es hätte mir alter Jungfer nichts Schöneres passieren können als diese vier Neffen. Und daß diese Jungens, die jetzt ausgereifte Männer um die 50 sind, mich gerne haben, ist so schön. Wer hat es so gut wie ich?«

Aber dann sagt sie doch noch das:

»Die zwölf langen Jahre mit Hitler haben mich schon irgendwie verbogen.

Die Verfolgungen fingen ja schon 1928 an. Es war eine verheerende Zeit für sehr viele Menschen, auch für mich. Das prägt.«

Und dann sagt sie aus einer Mischung von Bedauern und Selbstzufriedenheit: »Ich bin Jahrgang 1905. Als die Nazis kamen, war ich bereits fertig ausgebildet und berufstätig. Ich bin vielleicht nie eine Frau für Männer gewesen. Vielleicht war ich zu selbständig ...

Ich wundere mich manchmal darüber, daß ich doch noch so gern lebe. Trotz allem. Vielleicht bin ich froh, daß ich diese furchtbare Zeit damals so gut überstanden habe, daß ich diesen Hitler bewältigt habe.«

Ich weiß, wen ich vor mir habe: Eine mutige Frau. Eine starke Persönlichkeit. Ursula von Schlabrendorff hat fast ein ganzes Jahrhundert durchlebt und durchlitten. Ihr gehört meine uneingeschränkte Hochachtung.

Mein Vater Carl Goerdeler

Im Jahr 1995 haben wir uns in der Gedenkstätte Hadamar kennengelernt.

Wir waren beide als Referentinnen zu einer Tagung über den Deutschen Widerstand eingeladen. Meine Aufgabe bestand darin, die verschiedenen Widerstandsgruppen vorzustellen. Marianne Meyer-Krahmer ist ebenso Zeitzeugin wie Augenzeugin und sprach vor allem als

Tochter über ihren Vater, den ehemaligen Leipziger Oberbürgermeister Carl Goerdeler.

Sie ist Historikerin. Als solche fiel sie mir gleich auf durch ihr engagiertes Sprechen und ihre genaue Kenntnis der Sachverhalte.

Ein Jahr später besuchte ich sie in ihrem Haus hoch über dem Neckar zwischen den Weinbergen.

Marianne Meyer-Krahmer geb. Goerdeler

Marianne Meyer-Krahmer hat intensive Erinnerungen an ihren Vater Carl Goerdeler, der als Mann des 20. Juli in Plötzensee gehenkt wurde.

Sie war immerhin schon 25, hatte ihr Studium beendet und stand kurz vor ihrer Heirat.

Sie charakterisiert ihn folgendermaßen:

»Mein Vater war wirklich ein homo politicus. Nicht erst in der Nazizeit gab es bei uns zu Hause politische Gespräche, sondern schon viel früher. Sogar in den Ferien, wenn wir alle zusammen waren, auch mit dem jüngeren Bruder meines Vaters, der später mit ihm sein trauriges Schicksal geteilt hat. Wir verbrachten mit ihm und seiner Familie immer die Ferien in einem sehr schönen Haus, das meiner Großmutter gehörte. In Rauschen, an der Kurischen Nehrung. Das Politische gehörte bei uns einfach dazu. Und mir hat schon sehr früh dieses unangepaßte Wesen meines Vaters sehr viel bedeutet.«

Ich bitte sie, diesen letzten Satz genauer zu erklären:

»Am 2.12. 36 trat mein Vater auf eigenen Wunsch von seinem Amt zurück. Bis dahin war er Oberbürgermeister der viertgrößten deutschen Stadt. Er hatte ja unter Brüning schon ein ministeriales Amt als Preiskommissar gehabt. Da gehörte er ins Kabinett.

Für kurze Zeit hat er dieses Amt bei Hitler noch übernommen. Ich habe gut in Erinnerung, wie er mit meiner Mutter darüber sprach. Und ich weiß, wie er nach Beginn der Naziherrschaft immer am Grübeln war, ob er weiter ein Amt ausüben solle, das er nicht mit seinem Gewissen vereinbaren könne. Als mein Vater zurücktrat, war ich, 17jährig, noch vor dem Abitur.«

Was hat dies für die Schülerin bedeutet? Hat sie das damals verstanden?

»Das Klima der Anspannung«, sagt sie, »ist mir noch sehr bewußt.

Das Mendelssohndenkmal war sozusagen der Aufhänger für seinen Rücktritt.

Er befand sich gerade zu einem Vortrag in Schweden. Und an dem Tag, als er zurückkam, stand in der Zeitung, das Mendelssohndenkmal vor dem Leipziger Gewandhaus sei entfernt worden. Ich weiß noch, wie aufregend das war, denn mein Vater hatte alles dafür getan, daß es bleiben sollte.

Der getaufte Mendelssohn war für die Nazis eben Jude. Und er spielte für Leipzig eine große Rolle, weil er der Wiederentdecker von Johann Sebastian Bach war.

Mein Vater hatte den Nazis immer gesagt, daß dieser Mann eine Kulturerscheinung sei. Und Leipzig wäre eine Stadt von Barbaren, wenn man das Denkmal entferne.

Bis dahin konnte er sich durch solche Worte Rückendeckung aus Berlin holen. Die Nazis hatten ja so eine Imagepflege und wollten nach außen nicht als Banausen gelten. Aber in Vaters Abwesenheit ließ sein Stellvertreter, ein überzeugter Nazi, das Denkmal entfernen.

Er trat also zurück, als er erfahren hatte, was gegen seinen Willen geschehen war. Diese Haltung hat mir damals sehr imponiert. Ich erlebte sehr viele, die ihr Mäntelchen wendeten. Die sich anpaßten, buckelten und dienerten. Ich glaube, wenn man so jung ist, aber wach genug, da imponiert einem so ein Vater, wenn er ein großes Amt zurückgibt. Ich wußte auch, daß er leidenschaftlich gern Bürgermeister war.

Er sollte ja Kanzler werden, wenn das Attentat geglückt wäre. Ob ihm das genauso entsprochen hätte?

Es hat auf mich großen Eindruck gemacht, daß jemand nicht wegen Geld und Ruhm im Amt bleibt.«

Und dann spricht sie darüber, wie sich das Leben zu Hause in Leipzig abgespielt hat, als der Vater zum Oberbürgermeister gewählt wurde.

»Im übrigen habe ich mich nicht nur an ihm, sondern an beiden Eltern orientiert. Es ist fast schade, nur von dem Vater zu sprechen. Ich hätte mir diesen Vater in seinen Gesprächen und Überlegungen nicht ohne meine Mutter vorstellen können. Das Vertrauen, das meine Eltern verband, gehört zu seinem Leben. Daß ich studiert und promoviert habe, verdanke ich fast mehr meiner Mutter.

Bis 1930 lebten wir in meiner Geburtsstadt Königsberg. Dann kamen wir nach Leipzig.

Dort hatte Vater entschieden, daß ich auf ein öffentliches Gymnasium gehen sollte. Jedoch ein Kind aus jenen Kreisen, in denen ich aufwuchs, ging auf ein privates Gymnasium. Bis zur Mittleren Reife bin ich niemals mit Kindern zusammengewesen, deren Eltern nicht Akademiker waren.

Eigentlich lehnte mein Vater alles Elitäre bewußt ab. Er kam nicht aus der Oberschicht. Deshalb hatte er auch mit dem Kreis um Moltke gewisse Schwierigkeiten.

Heute wird das sehr politisch gedeutet. Ich sehe das eher soziologisch.

Mein Vater war fern von der Welt dieser jungen Adligen aufgewachsen. Er kam aus einer 6-Kinder-Familie. Da hatte man zu sparen. Er war ein Mensch, der die einfachen Dinge liebte. Er sagte oft, er habe zu wenig Zeit mit seinen Kindern verbracht.

Vater kam bisweilen in unser gemütliches Wohnzimmer und sagte zu uns fünf Kindern: ›Also, jetzt spielen wir eine schöne Partie Bridge.‹

Seine warme Stimme, die alles abschütteln konnte, habe ich heute noch im Ohr. Er war ein Meister darin, uns dieses Gefühl von Geborgenheit zu geben.

Die drei Brüder waren ja dann in der Nazizeit immer weniger präsent. Mein jüngerer Bruder wurde, als ich Abitur machte, Offizier. Damit ging er in eine Art innere Emigration. Er sagte, wenn er Jurist werde, müsse er sich anderen Zwängen unterwerfen!«

Ich frage sie nach ihren Schulfreundinnen.

»Gab es unter ihnen Jüdinnen oder überzeugte BDM-Mädchen?«

»Von jüdischen Freundinnen kann ich nicht sprechen, denn in meiner Klasse gab es keine. Leipzig war eine auch soziologisch klar gegliederte Großstadt. In unserem Wohnviertel gab es keine Juden.

Aber in Königsberg – noch vor der Nazizeit – waren wir durch meinen Großvater sehr mit einer jüdischen Familie befreundet. Leipzig hatte eine eigene jüdische Schule. Die wohlhabenden Juden schickten ihre Töchter auf Privatschulen. Als ich 1935 in die Oberstufe kam, waren die Leipziger Juden schon zum großen Teil emigriert.

Meine beste Freundin war im BDM. Ich bin aber durch den Einfluß meiner Eltern, ohne die ich dieser Nazizeit so gut nicht standgehalten hätte, da nie eingetreten.«

Und dann analysiert sie die Entscheidung ihrer besten Freundin für den BDM: »Die Faszination der Nazizeit, die ja von vielen wahrgenommen wurde, konnte mich nicht erreichen, weil ich in einem grüblerischen Elternhaus aufwuchs. Es gehört schon eine gewisse Prädisposition dazu, um dafür aufnahmebereit zu sein.

Meine Freundin war ein Einzelkind. Ihr Vater lebte mit seiner Familie als ehemaliger aktiver Offizier des Weltkrieges gekränkt im 3. Stock einer Großstadtwohnung. Nicht gerade ärmlich, aber ohne Garten und ohne Balkon. Ich dagegen wuchs in einem großen Haus mit großem Garten auf und verbrachte die Ferien an der See in völliger Freiheit und Harmonie mit vielen Verwandten.

Mein Vater und sein Bruder hatten zwei Schwestern geheiratet, und wir waren mit den Großeltern eine riesige, wunderbare Familie. Uns boten deshalb die Nazis mit ihren Zeltlagern und Ausflügen nichts Besonderes. Aber meine Freundin begeisterten sie. Ich glaube nicht, daß es so sehr die Ideologie war, der sie natürlich auch verfiel. Wir hatten keine politischen Gespräche miteinander und machten uns gegenseitig keine Vorwürfe. Mein kritisches Elternhaus bewahrte mich davor.

Mein Vater hat an meinen ältesten Bruder am 23.1.1933 geschrieben, jetzt helfe nur eine große Koalition, um die Nazis zu bändigen. Er hat vielleicht am Anfang, wie viele andere, das System unterschätzt. Viele Leute dachten, es sei kurzlebig, trotz der Erfahrung mit dem Ermächtigungsgesetz.

Aber was zum Beispiel Röhm betrifft, so habe ich genau gespürt, daß Vater sehr zornig war darüber, daß man diesen Mann so infam der Rechtlosigkeit preisgab.

Und 1936 war für meinen Vater der Zeitpunkt gekommen. Er trat von seinem Amt zurück.

Da ist ein Brief, den er 1943 geschrieben hat und in dem er sich auch auf die Juden bezieht und fragt: ›Wird die Welt uns je verzeihen können?‹«

»Ging es Ihrem Vater bei dieser Frage um die allgemeine Gerechtigkeit oder eher darum, wie man mit den Juden umging?«

»Um beides. Ich weiß zum Beispiel, daß er darüber wütend war, daß Menschen, mit denen man eben noch verkehrt hatte, plötzlich so diskriminiert wurden. Meine Eltern wußten wenig von der wirklich jüdischen Kultur. Es gab jedoch einfach eine Fairneß den Juden gegenüber.

Und nun zu Ihrer Frage nach der Gerechtigkeit allgemein:

Vater war ja Verbindungsmann zum Militär. Und in einem Brief von ihm steht, daß die Verantwortlichen dort überhaupt nicht mit ihrem Gewissen vereinbaren können, was sie den Russen, den Polen und den Juden antun. Aber er konnte schon auch einmal von ›polnischer Wirtschaft‹ sprechen, wenn sie durch den polnischen Korridor fuhren.

Aber deshalb, und das war der Inhalt seines Briefes, brachte man sie um Himmels willen doch nicht gleich um.

Nach dem Rücktritt meines Vaters hat Hitler ihn aber nicht so im Auge behalten, wie wir fürchteten. In dieser Zeit knüpfte er Verbindungen zu Bosch, der eigentlich der Financier des Widerstandes war. Aber auch wir, die Familie, verdanken Bosch sehr viel. Er hat uns nach dem Krieg sehr unterstützt. Für die Juden, die ins Ausland wollten, hat Bosch eine Million Reichsmark bereitgestellt.

Mein Vater hätte sich in eine gutbezahlte Finanzposition begeben können.

Jetzt wird es aber viel risikoreicher, denn jetzt geht er ins Ausland und klärt die Verantwortlichen dort über die Machenschaften Hitlers auf.

Ich weiß noch, wie bestürzt er 1936 anläßlich der Olympiade darüber war, daß das Ausland sich nicht mehr von Hitler distanzierte. Es ist kein Zufall, daß das Jahr 1936 für seinen Rücktritt so maßgebend war.

Und dabei habe ich doch einen so vergnügten Vater gehabt. Er hat uns auch auf eine besondere Weise einen Sinn für Freiheit vermittelt. Nicht durch Worte, aber wir merkten, wie sehr er es genoß, die Zwänge des Berufslebens los zu sein. In den Ferien zum Beispiel liefen wir ganz anders angezogen herum und konnten vom eigenen Garten aus an den Strand gehen. Vater und Onkel spielten und tauchten mit uns im Meer, und wir machten Waldwanderungen. Mein Vater konnte so vergnügt sein dabei, ganz frei von allen Konventionen. Er war dann ein ganz anderer Mensch.«

»Da wurde ja dann ab 1937 bis zu seinem Tod 1944 diese Lebensfreude ganz entsetzlich getrübt.«

Sie nickt mir zu und sagt: »Das stimmt. Da begann die sorgenvolle Zeit für ihn. Sie ging schon los, als mein Bruder Offizier wurde und die drei Brüder ins Feld mußten für ein System, das eigentlich nur noch bekämpft werden konnte.

Und ab 1941 habe ich meinen Vater nur noch verzagt und traurig erlebt. Ihm ist da etwas auferlegt worden, was ihm furchtbar schwer gefallen sein muß. Man kann das auch ganz persönlich sehen. Dieser Kampf gegen Hitler war auch ein Kampf für seine Kinder.

Die Nazis haben es gut verstanden, immer mehr Menschen in den BDM zu holen. Und so wurde man mehr und mehr isoliert.

Ich höre heute noch meinen Vater sagen: ›Kind, wenn das für dich schwierig wird, dann trittst du in diesen BDM ein. Ich will nicht, daß ihr leidet. Wir Alten haben den Hitler nicht verhindert, wir haben das zu erledigen.‹

Ende 1941 hat mein Bruder an Geiselerschießungen in Frankreich teilnehmen müssen. Darauf hat er für seine Offizierskollegen ein Protestschreiben verfaßt. Mein Vater wurde darüber informiert, daß ein Kriegsgerichtsprozeß gegen den Bruder laufe. In einer Mischung aus Ärger und Angst um ihn hat Vater dann alle seine Verbindungen zu hohen Militärs spielen lassen. So blieb die Sache beim Kriegsgericht und wurde nicht der Gestapo übergeben.

Vater hatte ein gutes Gespür dafür, daß ein Aufstand gegen Hitler von unten nicht zu schaffen war. Daß dies ganz vorsichtig vorbereitet werden müsse mit genauen Überlegungen, was danach kommt. Er hatte ein großes Wissen darüber, wie ein Staat ganz schnell aus den Fugen geraten kann. Deshalb spielten die Danach-Pläne eine so große Rolle.«

»War Ihr Vater sicher, daß das Attentat klappen wird? Hat er sich darüber vorher geäußert?«

»Er hat es gehofft. Er hatte sicherlich Schwierigkeiten mit Stauffenberg als Person. Der war 15 Jahre jünger und Vater galt damals schon als der Alte. Aber ich glaube, er hat schon auch befürchtet, daß es schiefgehen könnte.

Stauffenberg war ja so behindert. Aber er muß ein hochbegabter Stratege gewesen sein. Ich kann es nicht hören, wenn Leute heute sagen, der hätte sich selber mit in die Luft sprengen sollen.

Stauffenberg war doch so wichtig in Berlin nach dem Attentat.

Was ich sehr respektiere an ihm, ist, daß er später im Gefängnis geschrieben hat, daß sie zusammenstanden, auch wenn es mit Stauffenberg Spannungen gab. Es war ein Zweckbündnis, das sie geschlossen hatten. Sie wollten das gleiche. Und es blieb ja auch nichts anderes übrig. Es gab ja immer wieder die Befürchtung, daß gar nichts versucht würde, Hitler irgendwie zu beseitigen.

Vater sagte manchmal, die Deutschen gingen eines Tages barfuß auf der Autobahn nach Hause, so viel ließen sie sich gefallen. Um weiteres Morden zu verhindern, nahmen die Verschwörer eine Riesengefahr auf sich.

Interessant ist, daß heute alle Forscher schreiben, nach dem 20. Juli wären noch einmal so viele Menschen umgekommen wie in den fünf Kriegsjahren zuvor. Wir wissen, daß es wahnsinnige Durchhaltekämpfe gekostet hat. Mein Vater wollte nach dem ersten nicht noch einen Sohn verlieren und noch einen.«

»Wann haben Sie Ihren Vater zuletzt gesehen?«

»Er ist am 17. Juli 1944 untergetaucht. Das weiß ich genau, weil er zu uns kam und sich sozusagen verabschiedet hat. Das haben wir gespürt. Er hatte meiner Mutter auch die Schlüssel hingelegt.

Es gab ja schon vor dem 20. Juli einige Prozesse: Moltke, Dohnanyi, Oster, Bonhoeffer, Reichwein, Leber waren ja schon im Gefängnis. Auch der Name meines Vaters fiel in diesen Prozessen bereits. Einige wußten, sein Haftbefehl ist schon ausgestellt, aber noch nicht unterschrieben. Von ihnen wurde er gewarnt.

Ich war mit meiner Mutter zu Hause in Leipzig allein, als Vater sich, was er noch nie getan hatte, hinten durch den Garten ins Haus schlich. Ich erinnere mich, wie er den Abend in seinem Zimmer verbrachte und seinen Schreibtisch sorgfältig aufräumte.

Und dann, so gegen 6 Uhr morgens, kam er in mein Zimmer und verabschiedete sich von mir. Es wurde nicht viel geredet, aber es lag schon ein sehr großer Ernst über dem Ganzen.«

»Können Sie sich entsinnen, was er zuletzt gesagt hat?«

»Sie werden sich wundern, aber ich habe meine Mutter nie danach gefragt. Sie ist 1961 gestorben und war hier in Heidelberg sehr traurig. Vor allem hat sie so an dem Verlust Ostpreußens gelitten.

Wo mein Vater zunächst hinging, weiß ich nicht, denn wir wurden dann auch gleich verhaftet.

Wir kamen ins Gefängnis und dann in verschiedene Lager. Am 21. Juli war bei uns schon die Gestapo im Haus und hat meine Mutter und mich bewacht. Zudem hoffte sie auf das Erscheinen meines Vaters.«

»Da war nun ein Tag vorher das Attentat geschehen. Hatten Sie das im Radio gehört und geahnt, daß Ihr Vater etwas damit zu tun hat?«

»Sofort wußte ich das. Im Radio habe ich es nicht gehört, aber es gab am nächsten Tag ein Sonderblatt, wo alles drin stand. Ich wußte ja, worum es ging. Als ich die Namen von Stauffenberg und die der übrigen las, war mir klar, daß mein Vater dabei war, als sie versuchten, diesen Hitler zu beseitigen.

Durch die Hilfe eines befreundeten Arztes gelang es mir, meine Mutter, die ja sehr viel wußte, in ein Krankenhaus bringen zu lassen.

Ich kam dann allein am 28. Juli 1944 ins Gefängnis, in Einzelhaft.

Ich habe die angefleht, daß noch jemand zu mir in die Zelle käme, denn ich konnte es allein kaum verkraften. Ich *konnte* es einfach nicht. Es war furchtbar.

Morgens um 6 wurde die Pritsche an die Wand geschlossen, der Kübel stand daneben. Ich sehe auch noch diesen kantigen Hocker vor mir, auf dem ich 12 Stunden, von morgens 6 bis abends 6, zu sitzen hatte.

Nachts wurde ich gefesselt, und die Glühbirne ließen sie an. Das war für mich das Schlimmste, in dieses grelle Licht schauen zu müssen.

Selbst bei geschlossenen Augen sah ich es. Ich lag ja auf dem Rücken und die Hände wurden mir auf dem Bauch zusammengekettet.

Ich kann seitdem nachts keinen Lichtschimmer mehr ertragen. Es muß stockdunkel sein.

Ich habe damals kennengelernt, was Angst ist, das kann ich Ihnen sagen.

Vielleicht war ich deshalb in meinem Beruf so erfolgreich, weil die jungen Leute spürten, daß ich wußte, was es heißt, Angst zu haben. Dieses Gefühl ist mir geblieben, bloß niemandem angst machen. Sie demütigt so furchtbar.

Nach etwa vier Wochen kam dann meine Mutter zu mir in die Zelle, da der befreundete Arzt sie nicht länger im Krankenhaus behalten konnte.

Als sie da war, wurde ich nicht mehr gefesselt.

Sie stellten es dann so dar: Ich sei vorher gefesselt worden, damit ich keinen Selbstmord beginge. Und das Licht sei gut für mich gewesen, damit sie immer reinschauen könnten, wie es mir ginge. Ich wußte nie, ob die mich zu irgendeinem Geständnis weichklopfen wollten oder nicht.

Ich wurde nur ein einziges Mal verhört.

Da war mein Vater noch nicht gefunden. Aber sie hatten ja inzwischen so viele Leute in den Gefängnissen, die viel kompetenter in den Auskünften waren als ich. So bin ich denen dann ziemlich schnell gleichgültig geworden.

Inzwischen wurde mein Vater steckbrieflich für eine Million gesucht. Ich habe damals immer geleugnet, irgend etwas gewußt zu haben. Sie wollten moralische Demütigung. Hinterher dachte ich manchmal, du hast dich ja gar nicht bekannt zu diesem Vater!«

»Sie waren also ab dem 28. August 44 neun Monate in Haft, bis die Amerikaner Sie befreiten?«

»Ja. Ich hoffte immer, früher freizukommen. Aber es gab kein Entrinnen.

Mein Verlobter war kriegsverletzt und hatte es durch seinen Kommandeur fertiggebracht, nach Leipzig verlegt zu werden. Das war sehr wichtig für uns. Nicht nur durch seine Besuche an sich, sondern er hatte uns auch immer etwas zum Essen reinschmuggeln können. Ohne ihn wäre es mir gesundheitlich noch schlechter ergangen. Es war nicht einfach für ihn, und er hatte vorher durch Leute, die auch schon aus politischen Gründen im Gefängnis waren, die Privatadresse meiner Wärterin herausbekommen.

Er brachte uns Weißbrot und mein geliebtes Strickzeug. Das war die Rettung für mich. Ich durfte ja nichts tun, und dann hat er mir noch einen Band Rilke-Gedichte beschafft. Wenn Sie so gar nichts tun dürfen, nimmt der Tag kein Ende. Man hört ständig Stimmen. Man glaubt, zum Verhör gerufen zu werden, und ist dauernd in Angst, jede Sekunde.

Als Mutter zu mir in die Zelle gelegt wurde, war sie noch unter dem Einfluß von Opiaten, die man ihr im Krankenhaus gegeben hatte, um sie verhörunfähig zu machen. Bis das überwunden war, war sie fast wirr und hörte dauernd Geräusche.

Die Nazis verstanden es wirklich, Menschen ganz fürchterlich zu quälen und zu demütigen.

Eines Tages warfen sie uns die Zeitung in die Zelle, in der das Gerichtsurteil meines Vaters stand: Tod durch Erhängen.

Ich schlug wie eine Wahnsinnige an die Tür und schrie, aber sie reagierten, indem sie sagten, wir müßten das lesen. Ich wollte es zunächst meiner Mutter gar nicht zeigen. Es war grauenhaft. Ich kann das nie vergessen.

Nach dem Prozeß im September 1944 wurde Vater dann im Februar 1945 hingerichtet.

Er hat fünf Monate mit dem Todesurteil gelebt. Er war ja auf der Flucht und ist schließlich in der Nähe seiner Heimatstadt gefunden und von einer Frau namens Helene Schwarzer denunziert worden. Sie hatte ihn erkannt, als er in Konradswalde etwas essen wollte.

Wir wissen alle nicht, warum er dahin gegangen ist. Ich meine, er wollte an die russische Front, weil er dort Offiziere kannte. Warum er nicht in die Schweiz gegangen ist, wissen wir nicht. An der Schweizer Grenze hatte er sich 1938 schon mal verborgen, als es da bei der Planung des ersten Putsches so eine schwierige Zeit gab. Ob er dachte, es renkt sich wieder ein, es gibt einen Aufstand? Er hat nichts aus dem Gefängnis an uns schreiben können.

Er verbrachte diese Monate in totaler Einsamkeit und mußte jeden Tag denken, heute können sie mich aufhängen. Das haben die Nazis auf infame Weise verstanden. Sie verhörten ihn noch endlos. Immer wieder. Seine Gefängniszeit muß qualvoll für ihn gewesen sein.

Meine Mutter und ich kamen dann in die Nähe von Danzig. Von dort sind wir durch Umwege nach Buchenwald geschleust worden.

Wieder in eine Extrabaracke. Hinter fünf Toren. Wir wurden immer gesondert gehalten, warum, wissen wir nicht. Aber diese elende Angst werde ich in meinem Leben nicht los. Obwohl wir in den KZs immer anders behandelt wurden. Wir mußten nicht arbeiten und wir mußten nicht hungern.

Ich halte die These für möglich, daß Himmler, dieser Hund, dachte, wenn ich nur die als Geiseln behalte, komme ich am Ende noch ungeschoren davon. Ich kenne auch die Version, daß Hitler erfuhr, Goerdeler lebt noch, und daß er dann schließlich gesagt hat, man solle jetzt Schluß mit ihm machen.

Von Buchenwald kamen wir nach Dachau. Wieder Extrabehandlung, Extrabaracke. Wir sahen nichts vom übrigen Lager. Von dort wurden wir dann wieder wegtransportiert in die Dolomiten. Und dort kamen dann die Amerikaner. Im Mai 1945. Der Krieg war zu Ende.

Wir hatten sehr zu kämpfen. Der Vater war tot.

Es war uns alles weggenommen worden.

Meine Mutter bekam vier Jahre keine Pension. Wir lebten im Monat von 100 Mark, die uns die Amerikaner gaben.

Mein Vater hatte als Urteil nicht nur, daß er gehängt wurde, sondern auch, daß wir nichts behalten durften. Wir bekamen auch nichts zurück.

Ich bin behütet aufgewachsen. Meine Eltern hatten ein gastliches Haus geführt. Und als wir im Gefängnis waren, haben sich aus der High-

Society Leipzigs gerade noch fünf Menschen um uns gekümmert. Das war es.«

»Hat Ihr Vater Ihnen irgendwann einmal aus dem Gefängnis schreiben können?«

»O nein. Das war nicht Nazi-Art. Die sagten eher zu ihm: ›Herr Goerdeler, nun sagen Sie mal kräftig aus, denn Ihre ganze Familie sitzt im KZ.‹ Aber schreiben durfte er uns nicht.«

»Wann haben Sie den Tod Ihres Vaters erfahren?«

»Ganz endgültig erst, als wir befreit waren.

Vorher hatte mein Verlobter immer mal Sprecherlaubnis bei uns. Er machte sich schon lange große Sorgen und bemühte sich dann sogar um eine Stelle für mich. Denn wir sollten später ja von irgend etwas leben können.

Wir dachten immer an die Freiheit, als wir noch in Haft waren. Aber daß wir in größter Not zu leben hätten, daran dachten wir nicht. Und dann bekam er eines Tages noch in Leipzig von der Gestapo einen Anruf, er solle für warme Sachen sorgen, wir kämen weg, wir würden abtransportiert.

Als er die Sachen brachte, flüsterte er mir zu: ›Der Vater lebt noch, haltet durch.‹

Das hat uns unwahrscheinlich geholfen. Und erst als wir dann befreit wurden und alles zu Ende war und wir nichts mehr hörten, da ahnten wir, daß er tot ist. Wir wußten auch nicht, daß sie den Onkel inzwischen auch umgebracht hatten. Einen Monat nach seinem Bruder.

Der Neuanfang war unwahrscheinlich zwiespältig. Ich heiratete dann bald und wurde in dieser Ehe sehr glücklich.«

»Wie haben Sie als Geschichtslehrerin dieses Thema behandelt? Wie konnten Sie darüber eigentlich sprechen nach Ihren furchtbaren Erlebnissen?«

»Das hat mich sehr mitgenommen, aber da bin ich wohl die Tochter vom Vater.

Er hat immer in dieser absteigenden Linie seines Lebens und Hoffens, seines wachsenden Unglücklichseins, seine Kraft behalten. Auch bei mir gab es so eine Kraftquelle.

Ich habe diese BDM-Mädchen dann bereits 1946 unterrichtet. Ich sagte mir, du erzählst denen, wofür wir gestanden haben.«

»Hatten Sie Kontakte mit Familien der anderen Männer des Widerstandes? Etwa mit Stauffenberg?«

»Nein, überhaupt nicht. Es mag bei diesen adligen Kreisen anders gewesen sein, die ja im vorhinein schon mehr Verbindung miteinander hatten. Das war bei uns nicht der Fall.«

»Es heißt ja immer, Ihr Vater war Verbindungsmann zwischen den Kreisauern und dem militärischen Widerstand. Können Sie dazu etwas sagen?«

»Mit den Kreisauern hat es nur zwei Treffen gegeben. Es gab ja die Kreisauer und den Goerdeler-Kreis. Und die waren sehr vernetzt. Politisch war mein Vater engstens mit Joseph Kaiser verbunden, in dessen Wohnung auch die großen Treffen stattgefunden haben. Und schon aus dienstlichen Gründen kannte Vater ja die ganze Szene innerhalb des Militärs.«

»Ist er irgendwann einmal mit Hitler zusammengekommen?«

»Ich glaube zweimal. Einmal als mein Vater Hitler in Leipzig offiziell empfangen mußte. Das kann etwa 1935 gewesen sein. Ich habe Hitler nicht sehr überzeugend erlebt. Der guckte meine Mutter ziemlich unsicher an. Vater fand das völlig absurd, von Hitler fasziniert zu sein.«

»Welche Rolle spielte der Widerstand im Geschichtsunterricht nach 1945?«

»Von oben her, von der Schulbehörde, gab es ein Bestreben, die Nazisache nicht zum Tabu werden zu lassen.

Wir lebten nach der Befreiung in einem württembergischen Dorf, wohin uns die Amerikaner brachten. Dort galten wir als Vaterlandsverräter. Ich habe meinen schlimmsten Sommer 1945 erlebt, zwar frei, aber geächtet. Es war die Gesellschaft, die uns feindlich behandelte.

Die verantwortlichen Politiker haben nicht tabuisiert. Die Gesellschaft aber hat das nicht mitgetragen.

Was Moltke sich so sehr wünschte, nämlich einen tiefen Läuterungsprozeß, fand nicht statt.

So hatte ich es im Grunde noch immer mit Nazieltern und Nazikindern zu tun. Allerdings war es für viele nicht opportun, sich jetzt noch zum Nazitum zu bekennen. Das kam erst später.

Zunächst konnte ich erzählen, wie ich es erlebt hatte. Und diese 18jährigen hörten mit Interesse zu.

Später merkte ich, daß die Eltern und Großeltern ihren Kindern nichts erzählt hatten. Aber diese jungen Menschen haben schon von selbst begriffen, was da alles gewesen ist.

Es ist mir gelungen, daß sie mich achteten, daß sie das nachvollziehen konnten, was ich erlebte. Ich habe nichts sehr dramatisch erzählt und in den 40 Jahren meines Berufslebens nicht eine einzige Nazihaltung mir gegenüber erlebt. Sie hatten wohl Respekt vor dem, was mir widerfahren war, und nahmen es mir ab.

Ich gab mir sehr viel Mühe, den Kindern begreiflich zu machen, daß sie nicht so schnell die Eltern verurteilen sollten. Sie sollten überlegen, wie sie sich selbst in so einer Situation verhalten hätten. Es hat mir sehr geholfen, daß ich ihnen von mir persönlich erzählen konnte.«

Und dann erklärt mir diese Tochter in einfachen Worten den Nationalsozialismus: »Wir bringen ja heute in unserer historischen Beurteilung schon die Extrakte. Ich denke, in der NS-Zeit ist alles viel subtiler abgelaufen. Die haben den Kindern auf den Zeltlagern nicht gesagt, wir sind die Herrenmenschen.

Das ist das Schwierige, dieses System in seiner Wirkungskraft zu begreifen.

Wissen Sie, mein Vater und sein Bruder lehnten den Opportunismus ab.

Es war nicht unbedingt so, daß die gleich antinazistisch waren. Es gab Dinge, die tat man nicht. Eine Partei, die einen zwang, in sie einzutreten, wie es meinem Onkel passierte, die war eben nicht in Ordnung. Er wurde dann deshalb nicht mehr Bürgermeister in Marienwerder. Solche Dinge haben mich als Jugendliche geprägt. Die Ideologie war nicht immer laut und durchdringend, sondern hat sich auch zurückhaltend geäußert, so daß man manches gar nicht sofort merkte.

Und es gab ja auch den Versailler Vertrag, und viele dachten, der Hitler kämpft ja auch gegen dieses Unrecht. Die Demütigung der Deutschen durch das Ausland konnten viele, auch mein Vater, mittragen.

Und Fragen kamen auf: Warum durften die Deutschen keine Kolonien mehr haben, während die Engländer welche hatten? Das war der Nährboden, auf dem ein Hitler wachsen konnte. Aber man durfte ihm doch deshalb nicht einfach alles überlassen. So dachte mein Vater. So dachten viele. Er war verzweifelt über die Wendung dieser Dinge. Raum, um beispielsweise Rußland zu erobern, kam sowieso nicht für ihn in Frage.

Die Nazis haben ihre Karten ziemlich klar und deutlich auf den Tisch gelegt. Aber erst 1942. Die Leute haben zwar von Auschwitz nichts gewußt, aber daß die Synagogen brannten, das hätte reichen müssen.

Der Kampf gegen Hitler hat doch schon 1937 in Deutschland angefangen.

Von Auschwitz nichts gewußt zu haben ist nicht so signifikant. Jeder hat mitbekommen, wie die Juden an den Rand gedrückt wurden.

Wissen Sie, was ich den Historikern zum Thema Widerstand vorwerfe, ist eigentlich, daß in ihrer eigenen Zunft wenig Widerständisches vorhanden ist. Die machen ja auch politische Meinungen und sollten sich nicht immer die Leute des Widerstandes vornehmen und sagen, der hat das und das falsch gemacht, das und das fehlt. Sie zählen ständig die Minuspunkte und die Defizite auf. Das macht mich verletzlich.

Warum kehren die nicht vor der eigenen Tür und fragen sich, was ihre Zunft, was ihre Väter eigentlich dazu geleistet haben!

Bloß keinen Nachteil haben, seinen Posten behalten«, sagt sie voller Wut.

Und dann scheint es mir, als wäre alles draußen: der erschreckende Bericht eines Lebens unter einem verbrecherischen Diktator, ein tragischer Vaterverlust und die Ohnmacht, ein solches Geschehen der Nachwelt begreiflich zu machen.

Und mir wird am Beispiel dieses Frauenschicksals einmal mehr bewußt: Es läßt sich tatsächlich nicht begreifen.

Ich bin stolz auf ihn

Ich lerne Sabine Reichwein bei den Gedenkfeierlichkeiten zum 20. Juli 1944 in Berlin kennen. Mit ihrer Mutter Rosemarie hatte ich zu der Zeit bereits über den Vater und Ehemann Adolf Reichwein gesprochen. Hellhörig geworden, interessierte ich mich für den Lebensweg der Tochter. Sabine ist das vierte Kind von Adolf Reichwein und hat kaum Erinnerungen an den Vater. Dennoch ist er für sie immer irgendwie präsent gewesen.

Da ist es wieder, dieses Vater-Tochter-Problem. Die vaterlose Tochter.

Das Hitler-Regime hat den Vater umgebracht. Er hat diesem Regime getrotzt. Dafür wurde er gehängt.

Für die Nachkommen – und nicht nur für sie – gibt es jedes Jahr eine Feier, um das Gedenken an die Opfer wachzuhalten.

Sabine sagt dazu: »Diesen schönen Sonntagsreden folgen niemals die entsprechenden Taten.

Sabine Reichwein

Wir haben uns natürlich auseinanderentwickelt, auch in politischer Hinsicht, denn die Mehrzahl der Kinder stammt aus konservativen Kreisen und ist sehr rechts, während wir schon früh als links verschrien waren. Wir waren die sogenannte linke Reichweingruppe.

Der Bundeskanzler hat uns 1994 als Redner sehr mißfallen, weil wir den Eindruck hatten, daß er unsere Feier als Wahlkampfveranstaltung mißbrauchte.

In diesem Jahr sprach Jutta Limbach, die Vorsitzende des Bundesverfassungsgerichts. Sie ist in besonderer Weise nicht nur auf den 20. Juli eingegangen, sondern auch auf die anderen Gruppen, auf die Einzelkämpfer, auf die einfachen, mutigen Menschen, die durch Zivilcourage und Standhaftigkeit vielen geholfen haben. Auch Georg Elser hat sie erwähnt.

Ich gehe deshalb zu den Feierlichkeiten am 20. Juli, weil ich meine 92jährige Mutter begleiten möchte. Ich möchte sie unterstützen, an ihrer Seite sein. Ich kann aber nie in diesen Raum gehen, wo die Galgen hängen. Das kann auch meine Mutter nicht. Deshalb ist mir auch die Teilnahme an den Gottesdiensten dort nicht möglich.«

»Ist nicht für Sie persönlich der 20. Oktober, an dem Ihr Vater umgebracht wurde, der eigentliche Tag der Trauer?« sage ich.

»Ja, denn hinter dem 20. Juli konnte ich nie richtig stehen.

Als ich klein war, habe ich vielleicht eher an diesen Tag gedacht. Ich kann mich an ein Beispiel erinnern, als ich 12 war:

Von Freunden meines Vaters wurde ich mit in die Ferien nach Dänemark genommen, und es kam der 20. Juli. Ich zog mich von allen zurück und habe da abseits still für mich getrauert. Das war so ein Rückzug, ein Damit-allein-sein-Wollen.

Später konnte ich mich dann nicht mehr richtig damit identifizieren. Mein Schulrektor hat an diesen Feiern immer teilgenommen. Für ihn war das ein wichtiges Datum. So ein bißchen habe ich mich damals als Schulmädchen geehrt gefühlt, daß er dabei war.«

»Wie ist das für Sie gewesen, wenn Sie bei Freundinnen waren, die ihren Vater hatten?«

»Ich empfand dann den Verlust des Vaters noch stärker und habe die anderen immer beneidet. Am meisten litt ich während der Pubertät darunter. In dieser Zeit suchte ich besonders die Nähe der anderen Väter.«

»Wann haben Sie eigentlich erfahren, daß Ihr Vater tot ist?«

»Als ich drei war. Es ist mir gesagt worden. Aber ich habe es nicht begriffen.

Nachdem meine Mutter uns eine Zeitlang erzählt hatte, er sei krank, hat sie es meinen älteren Geschwistern und mir schließlich doch gesagt.

Ich erinnere mich, daß ich es erst gar nicht wahrhaben wollte. Ich hatte auch Träume, er würde wiederkommen.«

»Was bedeutete denn für das zweijährige Mädchen das Wort Vater? Daß die Mutter mehr Zeit hat, daß im Haus mehr Ruhe herrscht, wenn der Vater da ist?«

»Daß im Haus alles klappt, dafür sorgte sowieso schon immer unsere Mutter. Ich habe meinen Vater ja kaum erlebt. Er war doch so viel unterwegs. Ich hatte also sehr wenig von ihm. Im Grunde kann ich mich nur auf die Aussagen meiner Mutter stützen. Oder zum Beispiel auf einen Brief, den er über mich an meinen Großvater geschrieben hat. Ich habe diesen rührenden Brief noch.

Der eigentliche Vaterbegriff hat sich für mich nur aus anderen Vätern entwickelt, die ich erlebt habe.«

Ich stelle ihr nun eine ganz persönliche Frage, die mich selbst auch beschäftigt hat: »Wie war das für Sie, wenn Sie den Vornamen Ihres Vaters in der Schule nennen mußten?«

Und ich erzähle ihr, daß ich mich als kleines Mädchen immer geschämt hätte, den Namen meines Vaters, der auch Adolf hieß, zu nennen. Ich hatte irgendwie begriffen, daß man sich für diesen Namen schämen mußte.

Sie nickt und lächelt.

»Es ging mir ähnlich. Ich habe dann versucht, das ein wenig ins Lächerliche zu ziehen, denn ich wollte nicht, daß er mit jenem Adolf Hitler irgend etwas zu tun haben könnte.

Freunde haben den Namen dann amerikanisch ausgesprochen, um sich auch von ihm zu distanzieren.

Ich bin oft gefragt worden, ob ich nicht darüber traurig wäre, daß mein Vater mich im Stich gelassen habe.

Da antwortete ich immer, er könne doch nichts dafür, daß man ihn umgebracht hätte.«

Ich denke einen Moment nach. Damit kann *ich* natürlich nicht dienen.

Mein Vater hat sich für den Führer zur Eroberung von »Lebensraum im Osten« freiwillig an die Front gemeldet. Er ist nicht zurückgekehrt. *Ich* bin auch traurig, aber anders.

Und dann möchte ich noch mehr über diesen Vater Adolf Reichwein wissen.

Was hat sie für ein Gefühl, wenn sie an ihn denkt?

»Er war manchmal den Menschen gegenüber sehr gutgläubig. Er hat zum Beispiel dem kommunistischen Spitzel Rambow vertraut. Das tat Julius Leber nicht, der da mehr Erfahrungen hatte, denn er saß ja schon im KZ. Der hatte ein feineres Gespür.

Mein Vater war auch ein Abenteurertyp. Er war mutig, hat etwas riskiert und dieses politische Ziel sehr zielstrebig verfolgt.

Hinterher weiß man immer alles besser, und es gibt ständig im Leben Situationen, wo man sich sagt, ach hättest du doch nicht. Man kann nicht immer in Angst leben und deshalb Dinge nicht tun. Er mußte es tun und ich werfe es ihm nicht vor. Ich hätte genausogut meinen Vater im Krieg verlieren können wie Sie.«

Und weil wir gerade dabei sind, unsere Befindlichkeit miteinander zu vergleichen, setze ich hinzu:

»Mir war das alles mit meinem Vater äußerst peinlich, besonders nach ihm gefragt zu werden. Auch, daß er im Krieg geblieben ist. Diese Peinlichkeit hat aber bei Ihnen eine andere Bedeutung als bei mir. Ich habe als kleines Mädchen oft gedacht, warum setzt der mich ins Leben und läßt mich dann allein.«

Und sie ergänzt: » ... oder hat kein Interesse an mir.«

»Und warum opfert er sich für diesen Mörder so auf«, führe ich ihren Gedanken fort.

Und, daß ich immer noch diese gräßliche Stimme im Ohr hätte, die bei uns zu Hause ständig aus dem Radio kam. Wo ich doch dachte, das sei mein Papa, der da spricht. Dann dieses Bild an der Wand, von dem ich auch dachte, das sei er. Meine Mutter sprach ja vom Adolf. Und daß ich ganz erstaunt war, als jemand zu mir sagte, das sei der Adolf Hitler und nicht mein Papa.

Sabine Reichwein wird jetzt betont langsam: »Also peinlich waren mir auch bestimmte Dinge. Als Kind wußte ich lange nichts, denn Mutter hat mit uns über diese ganzen Ereignisse nicht gesprochen. Wir haben uns das alles teilweise aus Büchern selbst erarbeiten müssen! Sie war nach dem Krieg sehr unglücklich über die politische Entwicklung und hatte Angst, es könne alles umsonst gewesen sein.

Es wurden ja so ganz andere Wege eingeschlagen, als die Kreisauer sich das im europäischen Sinn überlegt hatten!

Trauer, Resignation und Verzweiflung spielten da mit, weil etwa 10 Jahre nach dem Krieg der Deutsche Widerstand totgeschwiegen wurde.«

Das Feindbild mußte gewahrt bleiben. Und so war es auch mit den Alliierten.

Sie begreife auch nicht, warum sich die Frauen der Verschwörer damals nicht zusammengetan hätten nach so viel Leid.

Aber das liege wohl in der Rolle der Frau von damals. Ihre Mutter sei überzeugt gewesen von ihrem Mann und sage auch heute noch, daß alles, was er tat, gut und richtig gewesen sei. Offenbar dachten auch die anderen Frauen ähnlich. Und deshalb gab es kein Miteinander.

Das sei doch das Ziel der Frauen von damals gewesen, Männer zu heiraten, die man als Frau bewundern konnte.

Aber es waren ja auch wirklich außergewöhnliche Männer in außergewöhnlichen Situationen.

Für Sabine Reichwein ist es ein Phänomen, daß ihre Mutter sich in den 10 Jahren, die sie mit ihrem Mann zusammengelebt hat, völlig unterordnete, obwohl sie vorher eine ganz selbständige Frau war, übrigens nach 1945 auch wieder.

Und zum Schluß unseres Gesprächs sagt diese Tochter mit einem seltsam echt klingenden Stolz: »Ich finde alles richtig und gut, was mein Vater getan hat. Und ich hätte ganz sicher versucht, in ähnlichen außergewöhnlichen Situationen genauso zu handeln.«

Das Opfer war umsonst

Sommer 1995 in Berlin. Ein heißer Sommer. Der 51. Jahrestag des Attentats auf Hitler ist da. Dieses Ereignis nötigt mich geradezu nach Berlin. Es drängt sich mir auf. Ich kann nicht anders. Also fahre ich, trotz bleierner Hitze. Im ICE herrscht Eiseskälte. Ich habe Sandalen an. Schuhe und Strümpfe sind im Koffer. Ich schaue ständig auf die Uhr. Endlich fährt der Zug in Berlin-Bahnhof Zoo ein.

Ich genieße die Wärme und das Menschengewühl dort.

Am nächsten Tag friere ich wieder, aber diesmal aus einem anderen Grund. Es ist der 20. Juli 1995. Mitten beim Gottesdienst in der Vollstreckungshalle Plötzensee sehe ich sie. Die Haken, die Fleischerhaken! An der Decke am Fenster. Hier wurden sie lebendig gehenkt, bis sie erstickten. Hier wurden sie dabei von mehreren Seiten gefilmt.

Mittags bei der Kranzniederlegung im Bendlerblock bin ich immer noch völlig vereist. Erst beim Mittagessen mit den Angehörigen wird es besser.

Ich lerne Frau Reichwein kennen. Eine rüstige alte Dame. Sie schreibt mir ihre Adresse auf einen Zettel, damit ich mich mit ihr irgendwann verabreden kann.

Bei der offiziellen Gedenkfeier am Nachmittag ist mir immer noch kalt, und abends bei den Nonnen im Kloster Carmel Regina Martyrium kann ich kaum am Essen teilnehmen. Aber dieses Gedenken muß sein. Es erinnert an alle jene, die sich Hitler entgegengestellt haben. Es muß sein. Auch um der Hinterbliebenen willen.

Eine von ihnen ist die Witwe von Adolf Reichwein.

An einem Samstagnachmittag fahre ich zu ihr – zu Rosemarie Reichwein.

Sie ist schon 92. Man sieht es ihr nicht an. Sie ist geistig und körperlich frisch und beweglich.

Sie hat sich nicht so gegen die ungerechte Behandlung im Nachkriegsdeutschland gewehrt wie andere.

Frau Reichwein hat vor allem die Existenz im Sinn gehabt, Beruf und Familie.

Gespräche über ihren Mann, den Geschichts- und Pädagogikprofessor Dr. Adolf Reichwein, und seine engen Verbindungen zum Kreisauer Kreis sowie Interviews mit ihr gibt es erst in den letzten Jahren.

Es war ihr ganz recht, daß sie anfangs nicht so viel darüber reden mußte.

So richtig stolz auf die Tat ihres Mannes konnte sie nicht sein.

Denn der Deutsche Widerstand wurde bis zum Ende der 50er Jahre totgeschwiegen. Die Alliierten wollten nicht, daß etwas darüber berichtet würde. Aus dem deutschen Volk sollte nichts Positives an die Öffentlichkeit kommen. Das hätte sehr gut funktioniert, sagt sie.

Rosemarie Reichwein mit Tochter Sabine

Warum haben sich die Frauen des 20. Juli nach dem Krieg nicht zusammengetan? Warum sind sie nicht den Behörden die Türen eingelaufen? Schließlich sind doch ihre Männer umgebracht worden!

Das liege noch in der Rolle der Frau von damals. Man wartete höflich und war außerdem mit der Organisation des Alltags beschäftigt.

Sie hätte ihren Mann immer bestätigt: »Es ist gut, daß du es tust.« Und das war genug Unterstützung für ihn. Und obwohl sie damit rechnen mußte, daß es ihn vielleicht das Leben kosten würde, stand sie hinter ihm und stärkte ihm den Rücken.

Erst seit sie in den Achtzigern ist, habe sie so richtig angefangen zu sprechen und ihr Leben aufzuschreiben.

Das hat ihrem Selbstvertrauen sehr gutgetan. Und seit diesem Zeitpunkt tritt sie mehr in der Öffentlichkeit auf als früher. Sie spricht über diese Zeit damals, aber auch über ihre politischen Vorstellungen heute. Auch in ihrem eigenen Leben hat sie Bedeutendes geleistet. Die Einführung der Bobath-Methode in der Heilgymnastik für spastisch gelähmte Kinder geht auf sie zurück. Dafür hat sie zu ihrem 75. Geburtstag eine Bundesverdienstkreuzmedaille bekommen.

Die gelernte Gymnastiklehrerin stammt aus einer preußischen Beamtenfamilie. Ihr Mann war Professor für Geschichte und Staatsbürgerkunde und bildete Lehrer aus. Er war der Sohn eines Dorfschulmeisters.

Wenn sie sich heute eines der letzten Bilder von ihm anschaut, sieht sie einen jungen Mann, der nicht nur ihr Sohn, sondern sogar ihr Enkel sein könnte. Was sie dabei empfindet?

Frau Reichwein lacht laut auf bei meiner Frage und nickt mir zu.

»Ich habe schon versucht, ihn mir auch alt vorzustellen, schon so im Vergleich zu seinen Freunden, soweit die noch leben oder gelebt haben und alt geworden sind. Ich kann ihn mir eigentlich ganz gut alt und weißhaarig denken. Seine Einsatzbereitschaft und seine Lebendigkeit, die würde er auch im Alter behalten haben. Das prägt ja den Menschen, das bleibt.«

Ihre Stimme wird leicht und hell, wie die eines jungen Mädchens. »Daß man doch mal probiert nachzudenken, wie wäre denn das, wenn er ....da sind ja nun 50 Jahre darüber gegangen. Ob er überhaupt noch lebte, das ist auch die Frage. Er wäre ja jetzt 96.«

Sie sagt: »Ich denke oft an ihn. Das ist eine innere Verbindung. Die hört nie auf. Gerade in bezug auf die Familie. Was würde er jetzt zu diesem oder jenem sagen?

In den letzten Jahren werde ich mehr nach ihm gefragt. Der Widerstand wurde ja zunächst totgeschwiegen.

Auch die Kinder waren wenig interessiert, allzuviel vom Vater zu erfahren. Ich habe immer gesagt, da müssen erst die Enkel kommen.

Und die Enkel sind interessiert. Die sind neugierig und wollen was wissen. Die fragen unbefangener. Kinder sind ja noch betroffen, weil der Vater sie alleingelassen hat und so weiter.«

Ich möchte wissen, ob sie gern von ihrem Mann spricht. Nein, das könne sie nicht sagen. Nur wenn sie gefragt werde, wenn sie aufgefordert werde. Von sich aus habe sie das nie getan. Das liege ihr einfach nicht. Sie rede auch nicht viel von ihren Kindern. Andere täten dies, sie nicht.

Ihre Kinder finden auch, daß sie viel zu kritisch sei. Aber so sei eben ihre Natur.

»Aber was Ihren Mann betrifft, waren Sie da auch sehr kritisch? Sie standen doch voll und ganz hinter ihm«, frage ich sie.

»Naja, eine gewisse Kritik hat man doch. Er war ja sehr offenherzig und leichtgläubig und optimistisch und glaubte immer an das Gute im Menschen.

Ich fand es ganz schlimm«, sagt sie, »daß er nachher nur die schlechten Seiten erleben mußte, daß er im Gefängnis keinen Menschen hatte, mit dem er wirklich sprechen konnte. Zu seinem Rechtsanwalt hatte er überhaupt kein Vertrauen.

Mein Mann sprach manchmal unbefangen vor Leuten, von denen er gar nicht genau wußte, ob die auf seiner Seite stehen.«

Mich interessieren ihre Kontakte zur Gräfin von Moltke.

»Das hatte sich von ganz alleine ergeben, weil sie uns eingeladen hatten, als wir ausgebombt waren, bei ihnen im Schloß zu wohnen.

Und dieses gemeinsame Nebeneinander hat uns sehr zusammengebracht. Das war gerade das Jahr, als unsere Männer verhaftet wurden und wir Sorge hatten, Kontakt zu ihnen zu behalten. Sie war für mich immer ein Beispiel, weil Moltke ja zuerst verhaftet und schon seit Januar 1944 in Schutzhaft war. Er war dann einer der letzten, die im Januar 1945 umgebracht wurden«, sagt Frau Reichwein mit trauriger Stimme.

Hat sie dabei ein Gefühl von Bitterkeit, daß die einen früher, die anderen später hingerichtet wurden?

Sie wird nachdenklich.

Das habe damit gar nichts zu tun. Im Gegenteil. Sie habe die bedauert, die noch warten mußten. Auf die Hinrichtung warten, das fand sie viel schlimmer, als wenn es gleich passiert wäre.

Er sei ja doch im Gefängnis schlecht behandelt worden und hätte üble Typen vor sich gehabt. Und dann drohte der Winter. Es war ja schon Ende Oktober.

Da mußten sie ja noch zusätzlich frieren. Da habe sie einen Moment gedacht, wenn schon, dann besser gleich. Sie habe den Tod ihres Mannes gleich am 20. Oktober erfahren.

Sie sei direkt rausgefahren nach Plötzensee und habe den Pförtner gefragt, ob die Leute, die heute gekommen seien, noch lebten.

»Nein, wenn das die Gruppe ist, die heute nachmittag gekommen ist, von denen lebt keiner mehr«, erwiderte der.

Damit wußte sie, daß sofort vollstreckt worden war.

Sie habe ihn nicht einmal mehr sehen dürfen.

Aber einmal habe sie eine Sprecherlaubnis durchgesetzt. Da sei er noch mit den Kommunisten zusammen in Brandenburg-Görden im Zuchthaus gewesen.

Da hatten sie die zusammen mit ihm untergebracht, weil sie annahmen, es sei eine gemeinsame linke Gruppe. So wurden also Leber und Reichwein zu den Kommunisten gezählt.

Nachher hätten sie die beiden abgesondert, und dann sei ihr Mann in die Lehrter Straße ins Gefängnis gekommen.

Und Brandenburg-Görden, das dem Polizeipräsidium Potsdam unterstand, nannte sich da schon Volksgerichtshof.

Und sie sei eben hingegangen und habe gebeten, ob sie eine Sprecherlaubnis kriegen könne. Da gerade eine Vertretung da war, die wohl nicht so genau Bescheid wußte, hatte man ihr die Sprecherlaubnis gegeben.

Bloß nachher im Zuchthaus wollte man sie nicht reinlassen.

Das sei eine politische Gruppe, da dürfe keiner ran, hieß es. Die dürften überhaupt keine Kontakte haben.

Aber schließlich habe man sie doch reingelassen.

Und das war das einzige Mal, wo sie mit ihm sprechen konnte, und da merkte sie, daß er von dem mißlungenen Attentat am 20. Juli und der Hinrichtung all seiner Freunde gar nichts wußte.

Sie hatte einen Brief in der Hand mit Trauerrand, der war von einer anderen Freundin, deren Mann gefallen war, und er sagte: »Was ist denn das, was hast du denn da?« Und sie benutzte einen Decknamen, um ihm beizubringen, daß Peter York von Wartenburg nicht mehr lebte, und sagte: »Magda von Klein-Öls.« Das war der Name des Yorkschen Gutes. Und der Name von Peter Yorks Frau ist Marion.

Da habe er sofort gemerkt, wen sie meinte. »Sie ist jetzt Witwe«, habe sie gesagt.

Und da sei er wie versteinert gewesen.

Ihr wurde klar, daß er in diesem Moment zum ersten Mal erfahren hatte, daß das Ganze mißlungen war.

»York und die anderen sind am 8. August in Plötzensee hingerichtet worden, und ich war am 10. August in Brandenburg-Görden. Dadurch konnte ich ihm sagen, daß seine Freunde nicht mehr leben.

Er war ja schon am 4. Juli verhaftet worden und hatte von Stauffenberg und dem mißlungenen Attentat am 20. Juli also tatsächlich nichts erfahren.

Er wäre sonst nicht so geschockt gewesen.«

Der Beamte, der dabeisaß, habe sich sehr gewundert und gefragt: »Was haben Sie denn da eben gesagt?«

Ich frage sie: »Frau Reichwein, haben Sie das Gefühl, daß Sie heutzutage noch mehr über Ihren Mann sprechen, viel mehr noch über ihn informieren müßten?«

»Da muß man immer dranbleiben, weil die nachwachsende Jugend nicht informiert wird und daher auch nicht interessiert ist. Man muß schon dafür sorgen, daß man sie interessiert, daß das nicht vergessen wird. Das ist wichtig.

Ich gehe immer darauf ein, wenn ich gebeten werde, etwas zu sagen. Ich dränge mich nicht nach vorne, aber ich nehme Gelegenheiten wahr. Also hier in Berlin hat mich auch mal eine Schule im Märkischen Viertel gefragt, ob ich kommen würde.

Da war ich zusammen mit Herrn Ossip Flechtheim, der die Judenfrage vertrat, und ich sprach über den Widerstand.

Aber die Schüler hatten keine Ahnung und wußten nichts vom 20. Juli 1944.«

Sie erklärt mir die Situation. Es sei auch kein Wunder, denn die Besatzungsmächte hätten jegliche Literatur, jedes Wissen zum Thema Widerstand unterbunden. Es sei einfach verboten gewesen, über Widerstand zu reden.

Sie habe sich da sehr unwohl gefühlt.

Als sie mit ihren Kindern zu Freunden nach Schweden reisen wollte, hätte man sie erst trotz Visum nicht aus Deutschland rausgelassen. Und sie merkte dann, daß es daran lag, daß alle Deutschen für die Besatzungsmächte schuldig waren, schuldig sein mußten.

Sie sei gegen Wände gelaufen. Bis zum Ministerpräsidenten in Schleswig-Holstein, der zu den Kreisauern gehört hatte, und selbst der sagte zu ihr, er könne ihr leider nicht helfen. Sie müsse sich die Erlaubnis bei der Besatzungsmacht holen, und das seien die Amerikaner. Da sie ziemlich hartnäckig gewesen sei, habe sie sich tatsächlich durchgesetzt und dabei gemerkt, was für ein Widerstand zu überwinden war. Ja sogar gegen die Leute, die zum Widerstand gehört hatten.

Ob sie durch das sture Verhalten der Alliierten auch wirtschaftlich benachteiligt worden sei, will ich von ihr wissen.

»Zunächst ja. Ich mußte 10 Jahre auf die Zahlung der Pension meines Mannes warten. Jeder fragte mich, was ich dabei gedacht habe, so lange zu warten. Ich sagte: ›Ich dachte, das geht nach dem Alphabet und ich bin mit R nicht sogleich dran.‹« Sie lacht laut über ihr damaliges geduldiges Ausharren.

»Ich habe mich damit abgefunden und habe gearbeitet, damit ich meine Familie erhalten konnte. Die Freisler-Witwe war natürlich mit F vorher dran.

Da ist vieles falsch gelaufen, und es lag daran, daß die Besatzungsmächte viel zu schnell eine Entnazifizierung erlaubten. Es ging dann darum, daß man sich ausweisen konnte, daß man nicht zu den Nazis gehört hatte.«

Macht sie jetzt eher den Amerikanern Vorwürfe oder allen vier Besatzungsmächten? Da sagt sie: »Die haben in der Beziehung alle vier am selben Strang gezogen.«

In den anderen Zonen und Sektoren sei es dasselbe gewesen. Und deshalb konnte die heranwachsende Jugend auch nichts erfahren.

Wer hat sich seit 1945 für das Schicksal von Rosemarie Reichwein interessiert?

Als einer der ersten sei der Historiker Kurt Finker aus Potsdam gekommen, und zwar zu einer Zeit, als man noch rüberkonnte. Das war noch vor der Abgrenzung.

Und da ist dann auch das erste Buch erschienen über Moltke, ihren Mann und den Kreisauer Kreis. Und auch über Stauffenberg. Aber das waren so kleine Auflagen, die sofort vergriffen waren.

Darauf hat dann der Film angefangen, sich zu interessieren, und da kamen Filmleute aus Babelsberg und wollten mit Freya von Moltke, Marion York und ihr einen Film drehen.

Sie hatte den Eindruck, daß im Ostsektor der Stadt Berlin viel mehr über den Widerstand geredet wurde als im Westen. Sie sei aber froh, daß sie nicht in der zweiten Diktatur habe leben müssen.

»Das war ja absolut eine Diktatur nach dem Muster von den Nazis. Das ist ja unmöglich, was da passierte«, sagt sie mit Entsetzen.

Sie habe 10 Jahre lang von 210 Mark im Monat für fünf Personen gelebt. Damit konnte sie gerade die Miete zahlen.

»Hat Sie das nicht wütend gemacht gegen diesen Staat?« frage ich sie.
»Und wie! Ich war und bin sehr böse. Und ich frage mich allen Ernstes, ob sich denn das alles überhaupt gelohnt hat!

Das Opfer der Männer des 20. Juli ist doch im Grund völlig umsonst gewesen. Finden Sie nicht auch? Von den Ideen und Plänen der Kreisauer hat sich nichts, aber auch gar nichts erfüllt.«

Rosemarie Reichweins Stimme ist hart und traurig zugleich.

Ich bleibe ihr die Antwort schuldig. Vielleicht hat sie auch keine erwartet.

V Jüdinnen im besetzten Frankreich

Mit der Metro in den Kreißsaal

Als ich neben der kleinen Frau auf der Couch in ihrem Wohnzimmer sitze und in ihr freundliches, von schweren Zeiten zerfurchtes Gesicht schaue, möchte ich alle Fragen auf einmal stellen.

Etty Gingold mit ihrem Mann Peter

Etty Gingold überlegt sich sehr genau, was sie sagt: »Ich mache nicht das ganze deutsche Volk verantwortlich für das, was geschehen ist. Bevor ich nach dem Krieg nach Deutschland gekommen bin, war ich der Überzeugung, daß es nicht nur Nazis, sondern auch vernünftige Deutsche gibt. Denn dafür zeugen auch die vielen Opfer, die Deutsche in KZs und im Widerstand gebracht haben. Man kann nicht das ganze deutsche Volk in einen faschistischen Topf werfen. Das habe ich nie gemacht.«

Da habe sie aber eine freundliche Einstellung gegenüber den Deutschen, denn es gab doch keine Entnazifizierung im wahrsten Sinn des Wortes, sage ich.

»Es wäre für mich keine Genugtuung gewesen, wenn man noch ein paar Faschisten mehr hingerichtet hätte«, antwortet sie.

Zunächst erzählt sie mir eines ihrer schrecklichsten Erlebnisse aus dem Krieg: »Es war im Sommer 1940. Ich erwartete ein Kind und wir lebten in Paris. Mein Mann war schon von den Franzosen interniert worden. Angehörige des Feindes wurden eben interniert. Ich war damals noch nicht Deutsche, sondern Rumänin, sonst wäre ich mitinterniert worden.

Die Franzosen haben aber auch darauf Rücksicht genommen, daß ich ein Kind erwarte. Also bin ich in Freiheit geblieben und habe mich so durchgeschlagen.«

Und ihr Mann Peter, ein liebenswürdiger alter Herr, fügt erklärend hinzu: »Das waren Internierungen für alle Ausländer, die während des Krieges aus Deutschland kamen. Es war völlig gleichgültig, ob es Emigranten oder Nazis waren, die dort als Geschäftsleute wohnten. Es betraf sie alle. Bis auf schwangere Frauen. So ist Etty dem Ganzen entkommen.

Das ist so üblich im Krieg. Es ist eine gewisse Kontrolle. So war das auch in England, daß Menschen von dem Land, mit dem man im Krieg lag, interniert wurden. Denn es könnte sich ja um Spione handeln. Auch wenn sie Kommunisten waren.«

»Aber die Geschichte von der Geburt muß jetzt zuerst erzählt werden«, sagt Etty Gingold ungeduldig.

»Mit so einem Bauch habe ich mich auf den Weg gemacht, als die Wehen kamen.« Sie macht einen riesigen Halbkreis. »Es war furchtbar, denn niemand war da.

Es passierte kurz vor dem Einmarsch der Nazitruppen in Paris. Die Bevölkerung war in den Süden geflohen.

Man hat im Radio so viel geschildert, was sich alles abspielen würde, wenn sie kämen. Kein Stein würde auf dem anderen bleiben.

Man nannte diese Periode ›Débâcle‹. Die Leute haben sich mit ein paar Gepäckstücken auf den Weg gemacht, ohne zu wissen wohin, nur raus aus Paris. Die meisten Geschäfte hatten geschlossen, ebenso öffentliche Einrichtungen. Ich hörte, daß selbst Krankenhäuser evakuiert worden waren.«

Ich sehe, wie erregt sie ist, und frage sie:

»Wußten Sie denn, in welches Krankenhaus Sie noch gehen konnten?«

»Ja, denn ich war dort schon angemeldet.

Ich hatte nun aber befürchtet, daß dieses Krankenhaus, wie so viele andere, ausgelagert war. Sie können sich meine Angst vorstellen, daß der Moment der Geburt käme und niemand wäre da, um mir zu helfen.«

Diese Angst scheint sie beim Erzählen noch einmal zu durchleben. Denn ihre Stimme zittert plötzlich: »Ich machte mich auf den Weg, als das Fruchtwasser abging. Wehen hatte ich noch nicht. Ich wußte nicht, ob noch eine Metro fährt. Zu Fuß hätte ich es nicht geschafft, das war mir klar.

Aber tatsächlich, sie fuhr! Und nach einer halben Stunde war ich dann im Krankenhaus, dem einzigen, das es noch gab. Dort hat man dann versucht, die Sache zu beschleunigen, damit die Wehen schneller kommen. Das hat dann aber noch fast zwei Tage gedauert, bis es soweit war.

Danach fühlte ich mich doch sehr allein.

Die haben dort die Frauen schon nach drei Tagen mit den Neugeborenen weggeschickt, denn sie konnten sie nicht länger verpflegen.

Aber da es bei mir zu Komplikationen kam, bin ich neun Tage im Krankenhaus gewesen, und als ich ging, hat man mir das Kind in Watte und Papierwindeln eingewickelt. Ich mußte dann nach Hause laufen. Man hat ja in solchen Situationen unheimliche Kräfte.«

»Wußten Sie zu dieser Zeit, ob Ihr Mann noch lebt?« frage ich sie.

»Nicht genau«, sagt sie. »Er hatte mir aber ein ganz liebes Telegramm geschickt. Das Furchtbare für mich war dann, als ich in meine leere Wohnung kam.

Die Leute waren ja alle weggelaufen. Es gab rundherum keine Geschäfte mehr. Man konnte wirklich verzweifeln.

Nachdem ich das Kind versorgt hatte, legte ich mich schließlich ins Bett, denn ich wußte nicht, was ich machen sollte.

Nach ein paar Stunden klopfte es plötzlich an der Tür. Und stellen Sie sich vor, da stand meine Freundin! Ich war nicht mehr allein

Das ist einer der wunderbarsten und unvergeßlichsten Momente meines Lebens gewesen. Meine Verzweiflung fiel schlagartig von mir ab.

Diese Freundin hatte schon einen Platz im Zug gehabt, um mit den anderen Leuten nach Süden wegzukommen. Sie wollte sich aber vor der Abfahrt noch schnell erkundigen, wie es mir ginge. Und als sie erfuhr, daß ich ganz allein sei, hat sie auf ihr Vorhaben, nach Südfrankreich zu fliehen, verzichtet, blieb und kam zu mir!

Das war wirkliche Solidarität. Noch heute ist diese Frau meine beste Freundin.«

»War das Ihr schrecklichstes Erlebnis im Krieg?« frage ich sie, beeindruckt von dieser Geschichte.

Sie erwidert darauf nach kurzem Zögern: »Ach, es gab so viel Schreckliches.

Es war auch traurig für mich, als ich meine zweijährige Tochter weggeben mußte.

Wissen Sie, in unserem Haus wohnte ein Metroschaffner, der immer, wenn er vom Frühdienst kam, erzählte, was auf den Straßen von Paris so los war. Daß sie alle Juden verhaften. Da habe ich mein Kind geschnappt und bin abgehauen.

Ich hatte viele Freunde und Bekannte. Aber in diesem Fall ging ich mit dem Kind zu einer befreundeten Concierge. So eine hat ja viele Möglichkeiten. Sie weiß immer, was im Haus los ist.

Das war nun ein sehr vornehmes Haus, wo es Dienstboten-Mansarden gab. Diese standen zu der Zeit leer, eben weil so viele Hausbewohner geflüchtet waren. Sie hat mir sofort eine davon gegeben und mich auch oft zum Essen eingeladen.«

Ob denn der Weg dorthin für sie nicht sehr gefährlich gewesen sei. Die Nazis hätten sie doch jederzeit schnappen können?

Sie meint darauf, daß sich die ganzen Schikanen mit der Okkupationsbürokratie erst nach und nach einstellten.

»Was haben Sie für Ihre schwierigste Zeit in Paris gehalten und warum?«

Sie sagt: »Das begann 1942. Da hieß es, alle Juden, ob Kinder, Frauen oder Alte, seien abzuholen und zu internieren. Als diese Razzien begannen, stand eines Morgens eine meiner französischen Freundinnen vor der Tür und sagte mir, da sie nicht gefährdet sei, wolle sie mein Kind abholen und zu sich nehmen.

Trotz allem Trennungsschmerz war ich froh, das Kind in Sicherheit zu wissen. Ich konnte untertauchen, den Wohnort wechseln, mich anders bewegen, also auch besser politisch agieren.«

Ihre braunen Augen funkeln jetzt. Sie ist voll und ganz bei ihrer Sache, nämlich dem politischen Kampf gegen die Nazis. Und sie schildert diesen Kampf so: »Unsere deutschen Freunde waren zunächst noch fast alle interniert. Diejenigen, die davon verschont waren, taten sich zusammen und überlegten, was zu machen sei.

Ich habe mich immer gehütet, in die Nähe solcher Szenen zu kommen, wo Juden zusammengetrieben und auf Lastwagen verladen wurden.

Ich hatte Glück und konnte mich immer wieder da und dort verstecken. Da ich politisch tätig war, mußte ich öfter meinen Wohnsitz wechseln.

Andere Juden, die ihre gefährliche Lage nicht wahrhaben wollten, wurden leicht gefunden und konnten widerstandslos abtransportiert werden.

Später hatte ich auch falsche Papiere.

Ich würde sagen, die politische Arbeit rettete mir das Leben.

In unserer Organisation war eine Gruppe nur damit beschäftigt, Papiere für die Illegalen zu besorgen. Nach ganz kurzer Zeit hatte ich auch solch ein Papier, das mir sehr half, vor allem bei den Razzien.

Ende 1942 erlebte ich einmal, daß Gendarmen, als sie meine Kennkarte sahen, zu mir sagten, mein Ausweis sei sehr gut gemacht, aber sie suchten nicht mich, sondern bestimmte Einbrecher. Das war in einem Dorf, in dem gerade ein solcher Einbruch geschehen war. Diese Gendarmen standen auch auf unserer Seite, das wurde mir durch diese Bemerkung klar.«

»Wie konnten Sie diese permanente Angst nur aushalten? Das kann man sich heute überhaupt nicht vorstellen«, frage ich.

Sie sagt darauf ganz ruhig: »Man gewöhnt sich an alles, auch an Angst, und man muß, was ganz wichtig ist, versuchen, diese Angst zu unterdrücken, damit man nicht auffällt. Wenn Gendarmen vor Ihnen stehen und sagen ›Ihre Papiere bitte‹ und Sie fangen an zu zittern, dann sind Sie im Grunde schon verloren. Man muß seine Geistesgegenwart behalten und so tun, als ob überhaupt nichts wäre.«

»Kann man das lernen?«

»Das kann man trainieren. Das muß man sich jeden Tag immer wieder vorsagen.«

»Man riskiert also ständig sein Leben?«

»Ja. Unentwegt.«

Jetzt schaltet sich Peter Gingold ein und sagt zu ihr: »Du mußt auch erzählen, daß du gleich, nachdem du mit dem Kind aus dem Krankenhaus gekommen warst, mit deiner politischen Arbeit begonnen hast.«

»Ja«, sagt sie, »ich habe gleich angefangen, Flugblätter zu verteilen.«

Ich bin neugierig und möchte wissen, für welches Aktionsfeld die bestimmt waren.

Sie habe überall da, wo deutsches Militär gewesen sei, in Kasernen, überall wo deutsche Soldaten untergebracht waren, Flugblätter verteilt.

Auf ihnen stand: »Nicht auf das französische Volk schießen, tötet Hitler, geht zurück in euer Land, beendet den Krieg.«

»Und das Kind? Hatten Sie das inzwischen allein zu Hause gelassen?«

Ich versuche, mir diese Situation zu vergegenwärtigen.

»Ja. Aber da es in jedem französischen Haus eine Concierge gab, habe ich ihr jedes Mal Bescheid gesagt und meine Wohnungstür nie abgeschlossen.

Ich sagte immer, ich müsse mal weg, und bäte sie, nach dem Kind zu schauen. Das tat ich auch, wenn ich einkaufen ging. Die Frauen mochten das Kind alle sehr und taten mir deshalb den Gefallen gern. Auch als ich anfing, den Judenstern zu tragen, schaute sie nach dem Kind. Sie wußte vorher gar nicht, daß ich Jüdin war.«

»Das verstehe ich nicht«, sage ich. »Warum haben Sie sich durch den Judenstern in Paris eigentlich verraten?«

»Das habe ich nicht. Aber es bestand die Tendenz, möglichst lange legal zu bleiben. Und wenn man das bleiben wollte und in seiner Wohnung weiterleben, dann mußte man alles mitmachen, was die Behörden einem vorschrieben.

Als die Deutschen als Besatzungsmacht etabliert waren, hieß es, alle Juden müssen sich melden. Und dann ist man eben hingegangen und hat den Stempel in den Paß bekommen. Ich bekenne, daß das von mir ein großer Fehler war.

Aber ich war allein, mein Mann nicht da und alle unsere Freunde waren interniert. Ich tat es, um nur die Legalität zu erhalten. Und in meinem Geburtsschein, in meinen Papieren stand, daß ich israelitischer Abstammung bin. Natürlich habe ich mir später gesagt, daß ich eine Idiotin war, dorthin zu gehen.«

»Aber, was ich nicht verstehe«, frage ich: »Warum haben Sie den Judenstern getragen, wenn Sie auf die Straße gingen?«

»Weil ich korrekt sein und legal bleiben wollte«, sagt sie einfach.

Jetzt gerate ich ziemlich aus der Fassung und frage sie, ob sie denn nicht wußte, was die Nazis mit den Juden vorhatten.

Beinahe vorwurfsvoll sagt sie: »Was sie wirklich mit ihnen vorhatten, das konnte kein vernünftiger Mensch ahnen. Wissen Sie, einmal, als ich Metro fuhr, kam der Schaffner ganz verschämt zu mir und bat mich, in den letzten Waggon umzusteigen, in dem ausschließlich den Juden die Fahrt erlaubt war. Solche Demütigungen nahm man mit in Kauf. Nach dem Vorfall in der Metro habe ich den Judenstern abgemacht und nicht wieder getragen. Ich besaß ja dann sowieso meine falschen Papiere.«

Da es nicht einfach war, französische Pässe zu stehlen, die dringend für die Herstellung der falschen Papiere gebraucht wurden, erzählt sie mir jetzt die Episode, wie sie zu ihrem Ausweis kam: »Ich hatte mir eine Putzstelle gesucht, was ziemlich einfach war, denn es gab viel Bedarf. Die Dame, bei der ich mich meldete, wollte keine Papiere sehen. Ich sagte ihr meinen falschen Namen und sie war einverstanden.

Eines Tages sah ich in der geöffneten Schreibtischschublade ihren Paß liegen. Ich zögerte etwas und nahm ihn dann. Man muß doch weiterleben! Sie konnte sich sowieso leicht einen neuen besorgen.

Die Pariser Kennkarten waren bei den Illegalen sehr beliebt, denn man konnte sie nicht nachmachen. Und wenn man eine von einer anderen Person in die Finger bekam, bedeutete das schon ein Stück Sicherheit. Es war für mich in diesem Fall eine Erleichterung.

Unsere Organisation wusch den Namen aus, setzte einen anderen ein und gab sie mir. So hatte ich endlich einen Ausweis.

Ich bin dann noch einige Male zu dieser Frau gegangen und habe auch gehört, wie sie zu ihrer Tochter sagte, sie wisse nicht, wo sie ihren Ausweis hingelegt hätte. Aber für sie war das überhaupt kein Problem.«

Etty Gingold hat insgesamt 12 Jahre in Frankreich gelebt. Von 1933 bis 1945. Und etwa vier Jahre war sie ohne ihren Mann. Allerdings lebten seine Eltern und Geschwister auch in Paris.

Sie habe dort nicht nur schreckliche, sondern auch sehr gute Zeiten verbracht. Besonders bis zum Kriegsausbruch, obwohl man sich schwer durchschlagen mußte.

Aber für sie sei doch die schrecklichste Zeit vor und nach der Geburt ihres Kindes gewesen, als sie so allein war, sagt sie nachdenklich.

»Natürlich gab es einige wenige Lichtblicke, zum Beispiel als die Freundin vor der Tür stand oder als mein Mann plötzlich abends – das Kind war ca. 5 Monate alt – unverhofft nach Hause kam. Das war im Oktober 1940.

Mein Mann war von der Résistance zur Arbeit an einem deutschen Militärflughafen nach seiner Flucht aus dem Internierungslager nach Paris eingeschleust worden, um Dokumente zu beschaffen.

Irgendwann hat er dann einen Wink bekommen, daß er aufgefallen war und sofort untertauchen müsse.«

Ihre Stimme wird schleppend, als sie mir dann erzählt, daß sie nur sehr ungenau gewußt hätte, wo ihr Mann eingesetzt gewesen wäre.

In der Zeit des Alleinseins habe sie sich nur noch als unwillkommene Ausländerin gefühlt. Nicht speziell als Jüdin oder Rumänin. Kurz nach ihrer Niederkunft sei sie sogar zur rumänischen Botschaft gegangen und habe dort gefragt, ob sie nicht zu ihren Eltern nach Rumänien könne. Aber das war nicht möglich. Denn da kamen ja schon die Deutschen als Besatzungsmacht und die Grenzen waren zu.

Zu diesen Ängsten um ihre eigene Identität, um ihren Mann und das neugeborene Kind sowie vor dem Alleinsein sei noch hinzugekommen, daß sie Geld verdienen mußte. Sie habe Schneiderarbeiten mit ihrer Nähmaschine gemacht.

Ich frage mich, wie dieser Frau heute zumute sein muß, wenn sie das alles noch einmal durchlebt.

Und mühsam sagt sie jetzt: »Ich frage mich heute, wie ich das alles schaffen konnte. Aber man entwickelt in solchen Situationen übermenschliche Kräfte. Und besonders wegen meines Kindes, für das ich dasein mußte. Ich mußte durchhalten. Und die Zugehörigkeit zur Gruppe, zur kommunistischen Partei hat mir auch sehr geholfen. Ich träume auch noch ab und zu von damals.«

Über ihre politische Arbeit erfahre ich noch folgendes:

»Wir machten für die deutschen Soldaten eine deutsche Zeitung mit dem Namen ›Volk und Vaterland‹, um sie über Hitler und seine Verbrechen aufzuklären und um sie zu überreden, die Kämpfe einzustellen. Das war schon in der Zeit, als die Nazis eine Niederlage nach der anderen hinnehmen mußten. Besonders nach Stalingrad. Es gab da auch so ein besonderes Erlebnis mit ihnen.

Ich wohnte ca. 30 km außerhalb von Paris. Und weil die Züge nicht mehr fuhren, mußte ich das gedruckte Zeitungsmaterial mit dem Fahrrad nach Paris bringen.

Eines Tages begegnete mir eine Gruppe Soldaten, die zu flüchten versuchten und deshalb Leuten auf der Straße die Fahrräder abnahmen.

Ich solle absteigen, sie brauchten das Fahrrad, sagten sie. Ich hatte ja das illegale Material in der Tasche. Also überlegte ich nicht lange und gab ihnen mein Rad. Ich war froh, daß sie mich sonst in Ruhe ließen.«

Ihre Aufklärungsarbeit über Hitler, die sie vorher erwähnt hatte, will ich noch einmal genauer von ihr wissen und ob sie auch über das Schicksal der Juden im Osten aufgeklärt hätten.

»Darüber wußten wir nichts. Nur, daß sie in den Osten zur Arbeit evakuiert wurden. Wir merkten natürlich, daß täglich Bekannte von uns verschwanden und niemand wiederkam. Wir hatten keine Ahnung, warum.

Von Auschwitz haben wir ja erst viel später erfahren.

Dachau war nur als Arbeitslager bekannt. Aber über Vernichtungslager wußten wir nichts.«

Abschließend frage ich Etty Gingold, ob sie irgend etwas bereue, wenn sie heute so an alles zurückdenke. Und sie sagt, wie entsetzt über sich selbst: »Ich würde natürlich den Judenstern nicht mehr tragen. Man lernt aus Erfahrungen. Spontane Entscheidungen mußten oft getroffen werden.

Ich würde alles wieder so machen. Ich kann keine gravierenden Fehler erkennen. Es war für mich selbstverständlich, daß man gegen den Hitlerfaschismus angehen muß. Nicht nur, weil ich Jüdin bin, sage ich das. Ich hätte in jedem Fall dieses Regime bekämpft.«

Und sie wendet sich jetzt mir voll zu und sagt mit energischer Stimme: »Sie müssen an die junge Generation weitergeben, sich rechtzeitig zu wehren und sich nicht alles gefallen zu lassen. Man muß gegen Ungerechtigkeiten Widerstand leisten.«

Und dann erinnert sie an das Berufsverbot, unter dem ihre eigene Tochter als Lehrerin lange leiden mußte. »Es ist doch unglaublich, wenn junge Menschen, die sich politisch betätigen, egal in welcher Richtung, ihren Beruf deshalb nicht mehr ausüben dürfen. Die persönliche Freiheit und Einstellung wird hier einfach nicht respektiert. Auch die Menschenrechte werden verletzt.

Wissen Sie, die Erfahrungen und Erlebnisse in Paris haben mich stark gemacht. Ich war ein unpolitischer Mensch damals in Rumänien. Erst in Paris wurde ich kritisch und wach.

Es war eine sehr wichtige Zeit für mein Leben und ich habe dort viel ausgehalten und gelernt, daß man kämpfen muß, daß man sich nicht alles gefallen lassen kann und darf. Ich erinnere an unsere jüdischen Bekannten, die politisch nicht in einer Gruppe eingebunden waren. Die haben herumgesessen und gewartet, bis man sie abgeholt hat, weil sie auch nicht wußten, wohin.

Ich habe gelernt, daß man sich um andere kümmern muß, dann ist man nicht allein und braucht nicht allein zu kämpfen. Denn das schafft man nicht.

Man muß in einer Gruppe oder Partei organisiert sein, um die Situation zu erkennen und Hilfe zu bekommen.

Uns ist nach Kriegsende gesagt worden, daß es in der DDR, also in der östlichen Landeshälfte, genügend Menschen gäbe, die Antifaschisten seien. Deshalb sollten wir in den Westen gehen. Da brauche man Antifaschisten, um ein neues demokratisches Deutschland aufbauen zu helfen.

Und wir haben bewußt alle Schwierigkeiten und Repressalien auf uns genommen.

Es war für uns eine verkehrte Welt, als sie unsere Tochter aus dem Schuldienst geworfen haben. Die Faschisten bekamen ihre Ämter, und die Kinder von jüdischen Antifaschisten wurden entlassen.

Ich wollte nach dem Krieg in die DDR gehen, aber für meinen Mann kam nur seine Heimatstadt Frankfurt in Frage. Ich wäre nach dem 8. Mai 1945 auch in Paris geblieben, weil ich dort gute Freunde hatte und die Franzosen als sehr positiv erlebte.

Aber für meinen Mann stand fest, daß er nach Deutschland, nach Frankfurt am Main gehen würde. Da ich mit meinem Mann zusammensein wollte, mußte ich mich entscheiden. Ich entschied mich für ihn.

Seine ganze Familie ist jedoch in Paris geblieben.«

Ich frage Peter Gingold nach seinen Beweggründen.

Er sagt, und sein Lächeln wird immer breiter: »Ich wollte ein demokratisches Deutschland im Westen aufbauen helfen. Heißt es nicht bei der Trauung in der Kirche, daß die Frau dem Mann dahin zu folgen hat, wohin er gehen will?«

Dieses Lächeln überträgt sich schließlich auf mich. Vorher war mir alles andere als danach zumute gewesen …

Auschwitz entkommen

Anläßlich der Feierlichkeiten zum 8. Mai 1995 im Verlagsgebäude der ehemaligen Ostberliner Zeitung »Neues Deutschland« in Berlin treffe ich sie: die Jüdin Lilli Segal. Zu diesem Zeitpunkt ist sie 82 Jahre alt.

Lilli Segal

Eine lebhafte, große, weißhaarige Frau sitzt an meinem Nebentisch. Sie wirkt viel jünger in ihrem langen, hellen Kleid im Stil der 70er Jahre mit Halsborte und Gummibündchen an den Handgelenken und den passenden Sandalen.

»Das ist Lilli. Sie war in der Résistance und ist aus einem Lager geflohen. Mit ihr mußt du sprechen, wenn du etwas über Frauen im Widerstand erfahren willst«, sagt der Freund, der dabei ist.

Es ist nicht leicht, an Lilli Segal heranzukommen. Ich muß lange warten, bevor ich die ersten Worte mit ihr wechseln kann.

Ständig ist sie von Freunden aus alter und neuer Zeit umringt. Schließlich sitze ich an ihrem Tisch.

Sie beeindruckt mich durch ihre wache Offenheit.

Und so kommt der folgende Dialog zustande: »Frau Segal, was

bedeutet für Sie der 8. Mai 1995? Was für Erinnerungen weckt er in Ihnen?«

Spontan antwortet sie mir mit lauter, kräftiger Stimme: »Also in meinem besonderen Fall ist der 8. Mai 1945 für mich nicht der Tag der Befreiung. Also bedeutet mir auch der 8. Mai 1995 nicht übermäßig viel. Da sind für mich andere Daten wichtiger.

Zum Beispiel der Tag, als ich im Dezember 1944 die Schweizer Grenze überschritten hatte, nachdem ich aus einem deutschen Lager geflohen war.

Im Mai 1945 war ich bereits wieder in Frankreich, wo ich vorher lebte, und hatte dort meinen Mann und mein Kind schon wiedergefunden.

Eigentlich waren dies *meine* beiden Befreiungen.

Ein wirklicher Tag der Befreiung konnte für mich der 8. Mai 1945 deshalb nicht sein, weil viele meiner Kameradinnen aus dem Lager zu dieser Zeit noch nicht wieder nach Frankreich zurückgekommen waren.

Also, ich kann nicht sagen, daß dieser 8. Mai für mich ein Tag der Freude gewesen ist. Das ist auch heute für mich lediglich ein Datum, an dem die Alliierten es gemeinsam fertiggebracht haben, die Faschisten zur Räson zu bringen«.

Noch intensiver frage ich jetzt: »Würden Sie sagen, daß der 8. Mai 1945 das Ende des Alptraums Krieg bedeutete?«

»Ich sehe das nicht so«, sagt sie kurz, fast unwirsch.

»Nach dem, was ich in den letzten Jahren erlebt habe, auf keinen Fall.

Ich meine die Verniedlichung der Lager und die Lüge um Auschwitz.

Das alles ist schlimmer geworden und hängt damit zusammen, daß immer weniger Zeitzeugen vorhanden sind, die darüber berichten könnten. Und die Jungen, was wissen die schon von dem, was wirklich geschehen ist.«

»Die Zeitzeugenbefragung ist ja eine relativ neue Methode der historischen Forschung. Sie ist höchstens 10-15 Jahre alt. Was glauben Sie, warum hat man die Zeitzeugen nicht schon früher reden lassen?«

Mich interessiert ihre Meinung dazu. Sie denkt laut: »In einigen Ländern, wie Frankreich und England, ist das eigentlich schon immer gemacht worden. Aber die Hemmung war groß in Deutschland, das alles noch einmal aufzureißen. Es gab ungeheuer viele psychologische, ökonomische und auch historische Dinge, die dazu geführt haben, daß vieles nicht gesagt worden ist. Auch schon deshalb, weil ein Teil der Papiere, überhaupt der Dokumente, einfach versteckt war.

Ich denke da beispielsweise an die Frage der Zigeuner. Ich weiß positiv, und das habe ich soundsooft überprüft, daß neben unserem Lager, nur durch einen Stacheldraht getrennt, ein Zigeunerlager war, als ich am 3. August 1944 nach Auschwitz kam.

Dort waren Zigeunerinnen, die mit ihren Kindern unter sehr viel schlechteren Bedingungen lebten als wir. Wir haben ihnen manchmal etwas zu essen durch den Zaun geschoben. So schlimm war es.

Ende August 1944 habe ich dann gesehen, wie das Lager aufgelöst wurde. Die Frauen mit den Kindern wurden in irgendwelche Autobusse gepackt. Wir haben zweieinhalb Tage die Schornsteine der Gaskammern brennen sehen.

Und sie sagten uns, es wäre nur Stroh und anderes, aber es war uns ganz klar, warum die Schornsteine brannten.

Und über diese unzähligen Zigeunerinnen und Kinder, die da umkamen, gibt es bisher keine Papiere. Nur über jene, die aus Deutschland deportiert wurden.

Über diesen Sachverhalt ist in Auschwitz und anderswo nichts aufbewahrt worden.

Ich habe auch nach 1945 versucht, schriftliche Aussagen über diese Zigeunerinnen zu finden. Ich habe mit Spezialisten der Sinti und Roma gesprochen. Wir konnten zwar unsere Beobachtungen zusammenbringen, aber nichts Schriftliches über diese Gruppen.«

Und dann erzählt Lilli Segal, eine Berlinerin jüdischen Glaubens und Tochter aus sogenanntem gutem Hause, wie sie Auschwitz erlebte:

»Ich wurde weniger schlecht behandelt als zum Beispiel die Juden, die aus Polen kamen. Gut behandelt wurde da sowieso keiner.

Weil man uns zur Arbeit brauchte, hat man uns hygienisch und auch im Hinblick auf Essen das Nötige gegeben. Und selbst dort war es so, daß man weniger beschimpft und mißhandelt wurde, wenn man gut Deutsch konnte.

Ich hatte in einem Block die Kranken zu pflegen. Draußen mußte ich nicht arbeiten.

Mir war bereits klar, was mit mir passieren würde, als ich nach Auschwitz kam.

Ich hatte nämlich in Frankreich, wo ich mit meinem Mann lebte und wo wir studierten, im Winter 1943 im englischen Sender eine Rede von Thomas Mann gehört. Darin berichtete er zum ersten Mal ganz genau, daß es in Auschwitz Gasöfen gäbe. Und zwar hatte ein Eisenbahner, der

Züge dorthin brachte, von der Schweiz aus darüber berichtet. Thomas Mann gab das dann im englischen Radio wieder.

Ich erinnere mich noch, wie er am Schluß sagte: ›Und das war einmal mein Vaterland.‹ Diese Rede hatten wir vervielfältigt und sie sowohl vor den deutschen Kasernen als auch unter den Franzosen in Paris verteilt.

Aus hundert Gründen waren wir davon überzeugt, daß die Juden, die zur Deportation anstanden, getötet und vernichtet wurden.

Ich bin 1944 aus dem Militärgefängnis in das Lager Drancy bei Paris mit ungefähr 20 jüdischen Personen zur Deportation nach Auschwitz gebracht worden.

Nicht nur durch die Gespräche, auch aus anderen Erlebnissen war es mir zu diesem Zeitpunkt klar, daß dies das Ende bedeutete. Ich erinnere mich noch genau an die Fahrt dorthin.

Vorne im Autobus saß ein französischer Fahrer, und hinten standen ein deutscher SS-Mann und sein Gehilfe, ein deutscher Halbjude.

Im Wagen gab es noch ein paar Juden mit einem J an ihrer Kleidung und einige meiner Kameraden.

Da habe ich zu denen gesagt: ›Wir kommen jetzt nach Drancy. Ich schlage euch vor, daß wir versuchen zu fliehen. Der Chauffeur wird sicherlich nicht dem Deutschen helfen. Der SS-Mann wird bestimmt schießen. Ich weiß nicht, ob ich so schnell laufen kann, aber der größte Teil von uns hat die Chance, in Paris zu entkommen.‹

Sie sagten: ›Du bist wohl verrückt. Wo man uns doch bis jetzt nicht erschossen hat, und wo wir doch im Untergrund gegen die Deutschen gearbeitet haben, da willst du fliehen. Und in ein paar Monaten werden wir befreit sein.‹ Also konnte ich natürlich auch nicht wegrennen, denn sonst wären sie dran gewesen.

In Drancy gab es eine deutsche Jüdin namens Rothschild, die mit einem deutschen Genossen verheiratet war und ein Kind hatte. Bis dahin hatte man sie und das Kind nicht deportiert. Jetzt fehlten dem Kommandanten ein paar Leute zur Vervollständigung seiner Liste und darum nahm er sie und sagte ihr, sie könne das Kind auch mitnehmen.

Ich redete eine ganze Nacht auf sie ein, sie solle doch das Kind um Himmels willen in Frankreich lassen. Ihr Mann würde es bestimmt holen oder irgendwelche Bekannten würden sich kümmern. Es war in den letzten Julitagen 1944. Sie nahm das Kind mit und beide kamen um.

Es war den Leuten einfach nicht klarzumachen. Es wollte keiner glauben, was mit den Juden passieren würde.«

»Hätten Sie aus dem Deportationslager nicht doch irgendwie entkommen können?«

»Hätte ich etwa aus dem Zug fliehen sollen?

Wir waren in einem Waggon, wo sie einem Familienvater mit mehreren Kindern die Verantwortung übergeben und ihn bedroht hatten, daß er und seine Familie umkämen, wenn auch nur einer fehle. Der hätte alles getan, um mich daran zu hindern«, sagt sie wie atemlos.

»Aber wie war dann Ihre Flucht möglich? Waren Sie also drei Monate in Auschwitz und konnten von dort weg?«

Sie scheint meine Frage erwartet zu haben.

»Aber nein. Aus Auschwitz konnte niemand weg. Das war ganz anders.

Wir wurden in ein Arbeitskommando in das Sudetenland gebracht. In die Nähe von Gratzau, 30 km von Zittau entfernt.

Ich war in einer Gruppe von Frauen, aber in der Fabrik arbeiteten auch Männer. Manche von uns hatten Kontakt mit ihnen.

Eine meiner Kameradinnen hatte eine Fehlgeburt.

Es gab ja keine Instrumente. Trotzdem hat eine polnisch-jüdische Ärztin alles getan, um ihr zu helfen. Sie verlor lange Blut und war sehr schwach.

Wir alle sagten uns, daß wir den Winter sowieso nicht überstehen würden und eigentlich nichts zu verlieren hätten, wenn wir die Flucht wagten. Die Erfolgschance war natürlich sehr gering.

Durch eine Neuverteilung der Gruppen, die morgens in die Fabrik geführt und abends wieder von SS-Männern mit Hunden abgeholt wurden, beschlossen meine Freundin und ich spontan die Flucht für den nächsten Tag. So konnten wir etwas Zeit gewinnen.

Wir mischten uns auf dem Heimweg, als es schon dunkel wurde, unter die Ungarinnen und ließen uns dann kurz vor der Straßenbiegung in den Graben fallen. Die Gruppe verschwand mit dem SS-Mann am Ende um die Biegung.

Dann war ich allein. Nach qualvollen Monaten unter den Massen von Gefangenen in irgendwelche Kerker eingepfercht, plötzlich allein.

Nichts regte sich. Ich bekam Angst, weil kein Lebenszeichen von meiner Freundin kam. Hatte sie etwa doch nicht mitgemacht?

Nach quälenden Minuten hörte ich ihre Stimme leise meinen Namen rufen.

Wir gingen vorsichtig die Straße zurück. Der Nebel verschluckte uns, aber es war um diese Zeit sowieso menschenleer. Dann kam ein

Dorf. Erst am Nachmittag wagten wir es, in das Pfarrhaus neben der Kirche zu gehen.

Als der Pfarrer uns sah, kahlgeschoren, verdreckt und ausgehungert, war ihm sofort klar, woher wir kamen, und er schrie: ›Verschwindet, ich will damit nichts zu tun haben. Ihr bringt mich in Schwierigkeiten.‹ Er versprach uns aber, nichts zu verraten.

Und so standen wir wieder auf der Straße. Wir gingen auf den nahen Wald zu. Wir konnten vor Entkräftung nicht mehr laufen. Ich glühte, hatte wohl hohes Fieber.

Nach einer Weile hörten wir Stimmen und Hundegebell.

Er hatte uns also doch verraten!

Wir bohrten uns hinter dichtem Gebüsch fast in die Erde. Sie fanden uns erstaunlicherweise nicht. Lange blieben wir dort liegen.

Es mußte schon sehr spät gewesen sein, als wir zwei Männerstimmen auf der Straße hörten. Und sie sprachen Französisch!

Wir sprangen aufgeregt und so schnell wir konnten auf sie zu.

Es stellte sich heraus, daß sie französische Kriegsgefangene waren.

Und *die* haben uns dann geholfen, nicht der Pfarrer!

Nach uns ist eine Holländerin aus dem Lager geflohen. Die haben sie erwischt und auf dem Dach zur Abschreckung festgebunden. Am nächsten Tag ist sie tot gewesen.«

Und ich erfuhr auch noch das Weitere:

Die französischen Kriegsgefangenen gaben den beiden Frauen dann schließlich Geld, das sie sich von anderen Gefangenen geborgt hatten, und kauften ihnen eine Fahrkarte nach Dresden. Das waren weniger als 100 km. Für diese Strecke durften Gefangene aus westlichen Ländern offiziell mit dem Zug fahren.

Dort hatte Lilli Segal eine Adresse. Durch Bekannte ihres Vaters wurde ihnen weitergeholfen. Sie hatten riesengroßes Glück. Sie blieben von der Gestapo verschont.

Auf vielen beschwerlichen und riskanten Umwegen kamen sie schließlich an den Bodensee. Von dort hat sie es dann über die Schweizer Grenze geschafft.

Ob sie glaube, daß die Nachgeborenen von den Zeitzeugen genug über diese schrecklichen Ereignisse informiert worden seien? Ich muß diese Frage einfach stellen.

Nachdenklich sagt Lilli Segal, sie habe Vorträge noch und noch gehalten und viel mit jungen Leuten gesprochen: »Trotzdem ist es wahnsinnig schwer, diese Schrecken zu vermitteln.

Ich bin aber der Meinung, wir müssen gewisse Dinge immer wieder sagen. Die neue Generation sollte sich immer wieder darüber klarwerden, wohin eine am Anfang gar nicht so bösartige Fremden- und Rassengeschichte führen kann.«

Lilli Segal ist plötzlich voller Erregung.

»Ich glaube, wenn die Juden am Anfang ihren Mund mehr aufgemacht und versucht hätten, international eine vernünftige Opposition zu bilden, dann hätten sich die Nazis so weit vielleicht nicht vorgewagt.

Und vor allem: Hätten die Deutschjuden die Ostjuden doch nur geschützt! Aber selbst zwischen ihnen herrschte ja eine gewisse Rassenideologie.«

Selbst voller Unruhe, versuche ich sie zu beruhigen: »Die Juden haben sich aber damals als Deutsche gefühlt. Viele haben gar nicht gemerkt, daß sie gemeint sind.«

Jetzt schreit Lilli Segal ganz laut: »Ja gut, aber nachdem man es ihnen gesagt hatte! Geschah *dann* vielleicht etwas? Haben sie nicht einfach dagesessen und gewartet, bis sie abgeholt wurden?«

Tief holt sie Luft und schreit, als könne sie damit das ganze Elend ungeschehen machen, das den Juden widerfahren ist:

»Mein Vater war ein deutscher Offizier im Ersten Weltkrieg. Und nachdem ihm bekannt wurde, was mit den Juden passierte, brachte er sich um.

Und das bereits 1933!

Ich denke, es ist für ihn richtig gewesen.

Gott sei Dank hat er alles andere nicht mehr erleben müssen!«

Und dann sagt sie zum Schluß etwas für mich Überraschendes:

»Ich bin mit Ignatz Bubis in vielen Dingen nicht einig. Aber was mir an ihm gefällt, ist, daß er den Mund aufmacht.

Ich würde mich vor ihn stellen, um ihn zu beschützen, wenn man ihm etwas antäte. Das kann ich Ihnen sagen.«

VI Die Töchter des Nationalkomitees Freies Deutschland

Kein Thema aus der Zeit des Nationalsozialismus und des Zweiten Weltkrieges hat die Gemüter so emotional bewegt, ist so umstritten gewesen, wurde so bekämpft und verurteilt wie das Nationalkomitee Freies Deutschland (NKFD). Bis heute. In der Geschichtsforschung ebenso wie in der populärwissenschaftlichen Literatur.

Bis 1989 und besonders unter Ulbricht wurden die ehemaligen Mitglieder des NKFD im östlichen Deutschland hochgeehrt, im Westen dagegen verdammt und als Verräter beschimpft. So war die Situation mehr als ein halbes Jahrhundert lang.

Die Brisanz der Thematik wurde 1994 anläßlich der Feier zur 50. Wiederkehr des 20. Juli in Berlin besonders deutlich. Für viele Zeitgenossen war es unverständlich, daß die Männer des 20. Juli in der gleichen Gedenkstätte mit denen des NKFD gewürdigt wurden.

Presse und öffentliche Meinung distanzierten sich von der Vorstellung, Stauffenberg und NKFD unter einem Dach zu würdigen.

Der Grund: Man identifiziert noch immer das NKFD mit dem Kommunismus. Objektiv gesehen hat das NKFD wenig erreicht. Aber das war ein halbes Jahr nach Stalingrad, bei der Gründung im Sommer 1943, noch nicht absehbar.

Auch die Offiziere, die sich der von den Sowjets ins Leben gerufenen Organisation in der Gefangenschaft angeschlossen hatten, machten es sich nicht leicht. Einige entschieden sich schnell, andere, die ein hohes Maß von Verantwortungsgefühl besaßen, wie beispielsweise der General Walther von Seydlitz, konnten nicht so ohne weiteres ja sagen. Sie behielten ihre inneren Zweifel. Nicht richtig oder falsch war hier angesagt, sondern die Akzeptanz des kleineren oder größeren Übels. Sie riskierten das kleinere, obwohl sie damit rechnen mußten, daß ihre Frauen und Kinder in Sippenhaft kommen würden.

Walther von Seydlitz hatte eine hohe Vorstellung von Soldatenehre. Aber er wollte weiteres Sterben im Krieg vermeiden und die Soldaten retten. Auch jene auf der anderen Seite. Er wollte den Krieg so schnell wie möglich beenden.

Diese Männer des NKFD interessierten mich schon lange und ich stellte mir die Frage: Was geschah mit ihnen nach dem Krieg? Wie lebten sie weiter? Wie lebten ihre Zweifel in ihnen weiter? Wie konnten sie sich ihr Berufs- und besonders ihr Privatleben einrichten? Hatten sie Töchter?

Wie haben diese Töchter im Konflikt der Väter und in der Erfahrung mit der Sippenhaft ihr Leben gemeistert? Waren und sind sie als Frauen nicht ungleich mehr als die Väter von Zweifeln zerrissen? Leiden sie unter der Abtrünnigkeit ihrer Väter, die hohe Offiziere waren?

Ich habe Töchter von drei bedeutenden Offizieren des NKFD gesprochen, deren Väter die Hölle von Stalingrad überlebten. Töchterväter also. Man weiß ja, daß Töchter auf eine besondere Weise an den Vätern hängen.

General Walther von Seydlitz hatte vier Töchter, General Otto Korfes sechs und Oberst Luitpold Steidle eine.

Die Offiziere wurden bei Stalingrad mit dem Rest der 6. Armee gefangengenommen.

Alle drei Väter sind nun schon zwischen fünfzehn und fünfunddreißig Jahre tot.

Am unbeschadetsten kamen wohl die Korfes-Töchter davon. General Korfes ging nach seiner Rückkehr aus der Gefangenschaft in den Osten, weil die Familie ohnehin dort lebte. Frau und fünf Töchter freuten sich über sein Kommen, eine sechste Tochter wurde noch geboren.

Am schwersten war es sicherlich für die Familie Steidle, denn der Oberst kam nicht zu Frau, Tochter und vier Söhnen nach Bayern zurück, sondern setzte sich von der Familie ab. Er ging in die sowjetisch besetzte Zone und verlangte von seiner Frau, die sehnsüchtig auf ihn gewartet hatte, die Scheidung. Ziemlich schnell heiratete er dort wieder. Eine Genossin.

Wie auch der Historiker Dr. Korfes baute er in verantwortlicher, hoher Position den Staat mit auf. Dort war er als ehemaliges Gründungsmitglied des NKFD gut angesehen.

Die Tochter, mit der Mutter und den Geschwistern im Westen, mußte doppelt leiden. Erstens kam der geliebte Vater nicht mehr zu ihr zurück und zweitens wurde sie von der Gesellschaft als Angehörige eines Verräters im Krieg nahezu gemieden. Und dann war er ja obendrein noch nach »drüben« gegangen. Der Antikommunismus blühte.

Die Seydlitz-Tochter Ingrid steht mit ihren Schwestern, was die Schwere des Schicksals betrifft, in der Mitte zwischen den Frauen der

Familie Korfes und denen der Familie Steidle, denn ihr Vater kam zur Familie zurück. In den Westen. Nach Norddeutschland.

Als er zehn Jahre nach Kriegsende endlich heimkehrte, war dort das NKFD ein rotes Tuch, wie überall im Westen.

Aber gerade ihr Vater ist und war neben Paulus die bekannteste Persönlichkeit des Rußlandfeldzuges.

Man verübelte General von Seydlitz, daß er die Wehrmacht und Hitler im Krieg verraten habe und sich als Zugpferd von NKFD und BDO (Bund Deutscher Offiziere) zur Verfügung gestellt hatte.

Gerade durch ihn sehen viele, die nur gerüchteweise über das NKFD informiert sind, das Bild der »sauberen« Wehrmacht beschmutzt.

Sogar seine mutige Stalingraddenkschrift wird ihm von vielen angekreidet.

Die Töchter leiden unter dem schweren Konflikt des Vaters, der von zwei Tyrannen zum Tode verurteilt wurde.

Im folgenden Interview wird dies noch ungleich deutlicher.

Durch seinen Beitritt zum NKFD wurde die Mutter von den Nazis gezwungen, sich von ihm scheiden zu lassen. Außerdem wurden sie alle für vogelfrei erklärt.

Ingrid Wiedemann, die Tochter, bereut sehr, mit dem Vater über viele Dinge nicht gesprochen zu haben. Erst seit sie allein lebt, zu sich selbst gekommen ist, die Kinder erwachsen sind, bereut sie mehr und mehr, wie wenig sie sich eigentlich um den Vater gekümmert hat, seit er aus Rußland zurückgekommen ist.

»Er hat sich immer nach vorn gewagt«

Ich habe die Tochter des Generals Walther von Seydlitz-Kurzbach, Frau Ingrid Wiedemann, in Moskau kennengelernt. Sie hat dort mit ihrer jüngsten Schwester an der historischen Konferenz 1993 anläßlich des 50. Jahrestages der Gründung des NKFD teilgenommen.

Ingrid Wiedemann geb. v. Seydlitz

Die beiden Schwestern berichteten von der Sippenhaft, in die sie nach dem 20. Juli 1944 genommen wurden. Sehr eindrucksvoll schilderten sie unter anderem auch die Zustände in dem Heim von Bad Sachsa, wo sie sich gemeinsam mit den Kindern von Stauffenberg, von Hofacker und anderen aufhalten mußten.

Schon damals hatten wir vereinbart, daß ich irgendwann nach Hamburg kommen würde, um mit Ingrid Wiedemann über ihre Vaterbeziehung zu sprechen. Zu diesem Treffen kam es dann wirklich.

Als ich mir schließlich vom Bahnhof aus telefonisch von ihr den Weg erklären ließ, faszinierte mich ihre wohlklingende, freundliche Stimme. Nein, heute nachmittag könne sie nicht, sie ginge mit ihrer Schwester zur Ausstellung über die Verbrechen der Wehrmacht. Sie bat mich zu einer Teestunde für den folgenden Tag. Dann habe ich sie nachmittags sogar auf der Ausstellung getroffen. Sie war mir sofort vertraut. Unsere Betroffenheit übertrug sich. Ja, diese Ausstellung! Waren wir nicht beide wegen der Väter hier?

Hoffentlich ist ihr Vater nicht auf einem Photo zu erkennen, dachte ich, während ich von Wand zu Wand ging. Den meinen würde ich sowieso nicht erkennen, weil ich ihn nie gesehen habe. Und doch, auf einem Bild stand da dann einer plötzlich mit einer Hundepeitsche, während ein anderer Menschen aus einer Hütte trieb. Und der sah meinem Vater ähnlich. Aber nein, ich kenne ihn ja nicht, also kann er es nicht sein.

Aber *ihren* Vater werde ich sofort erkennen. Von ihm weiß ich viel mehr.

Da ist die Photoreihe »Auf den Spuren der 6. Armee nach Stalingrad«.

Das ist doch sein Revier! Natürlich. Das würde auch extra auf einem Schild vermerkt sein, wenn sich der berühmte General an irgendwelchen Verbrechen beteiligt hätte.

Er ist nicht dabei. Er war auch nicht dabei. Ich wußte es doch. Gut für sie, die Tochter. Es ist beinahe tröstlich, daß sie auch da ist. So bin ich nicht allein. Seelenverwandtschaft.

Am Bahnhof Altona steige ich am nächsten Tag aus.

Warm scheint die Frühlingssonne, als ich die Ottenser Hauptstraße entlanggehe. Der Stadtteil hat Mittelmeeratmosphäre mit seiner Geschäftigkeit, den kleinen, engen Straßen und Plätzen.

Als ich die Wohnung »seiner« Tochter betrete, ist das wie ein Labsal gegen den vorigen Nachmittag: ungewöhnlich gemütliche Räume, hell und gepflegt, viel Weiß, ein paar besondere Antiquitäten verbreiten eine fast unbeschwerte Stimmung.

Auf dem Tisch Tee und Kaffee, wunderschönes Geschirr, zwei Sektgläser, Kerzen, zum Anbeißen leckere Himbeertörtchen. Eine Stimmung, die den eigentlichen Grund meines Besuchs erleichtern hilft.

Trotz dieser Stimmung: Stalingrad, das NKFD, der Krieg, der General, der Vater, das Warten auf den Vater.

Das ist auch mein ganz persönliches Anliegen.

Bevor das Band läuft, sprechen wir bereits über alles, anstatt zu essen und zu trinken. Verspätet, aber noch rechtzeitig, kann ich jedoch das Anliegen der Tochter, das auch das meine ist, einfangen.

Leise erzählt Ingrid Wiedemann: »Ich wurde am 29. März 1934 in Verden an der Aller, einer Kleinstadt in Norddeutschland, geboren. Dort war mein Vater als Berufsoffizier stationiert. Meine Eltern und die beiden Schwestern lebten bis kurz vor meiner Geburt in Berlin. Mein Vater ist 1888 geboren und war also schon 46 Jahre alt. Die Mutter war 31.

Meine früheste Erinnerung an ihn ...«, ihre Stimme wird lauter, fester, »ist die, daß er sehr duldsam und langmütig zu uns Kindern war, im Gegensatz zur Mutter. Man hatte keine Angst vor ihm.

An *eine* Situation allerdings kann ich mich erinnern: Ich hatte eines Tages seine Reiterstiefel angezogen. Da gab er mir einen Klaps auf die Finger. Sonntagmorgen durften wir alle zu den Eltern in die Betten«, sagt sie lachend. »Er spielte mit uns Badewanne: Wir ritten erst auf seinen Beinen und irgendwann plumpsten wir unter großem Gelächter auf seinen Bauch.

Das ist eine so schöne Erinnerung. Da war ich vielleicht drei oder vier.

Als Kind, ja, da hatte ich ihn sehr lieb.« Ihre Stimme ist jetzt ganz zärtlich.

Ob sie ihn denn später weniger liebgehabt hätte, frage ich sie.

»Ich glaube, ich hatte wenig Gefühl für ihn, und das schmerzt mich immer noch. Denn als er zurückkam, war ich so enttäuscht von ihm.

Er kam erst 1955 wieder. Ich war 21 und lebte schon lange nicht mehr zu Hause.

Ich hatte so viele Jahre immer auf ihn gewartet, unendlich gewartet.

Das ist das Muster, das mein Leben geprägt hat. Ich kann unglaublich, unendlich warten. Das ist irgendwie durch ihn gekommen.

Die meisten Väter kamen 1947, 1948, 1949 zurück. Im Jahr 1950 hat mein Vater auf einer Postkarte geschrieben, er käme bis Weihnachten. Aber dann war diese absolute Schreibsperre, mehr als zwei Jahre lang. Und daher habe ich auch diese merkwürdige Fähigkeit zu warten.«

Über diese Enttäuschung will ich noch Genaueres erfahren. Und da sagt sie irgendwie traurig: »Ich war so enttäuscht von diesem Mann, der da 1955 zurückkam. Der sah so alt und so elend aus. Der redete nur von sich, wollte uns alles erklären und behandelte uns wie kleine Kinder. Wir waren inzwischen doch aber groß geworden. Trotzdem habe ich *den* Vater erwartet, der vor 14 Jahren von uns gegangen war.

Ich hatte ihn zuletzt mit 7 Jahren gesehen. Das war vor Stalingrad, vor dem Rußlandkrieg. Im Sommer 1941 und dann erst wieder 1955.

Da kann man sich ja vorstellen, daß ich eher das Bild eines lieben, gütigen Vaters in Erinnerung hatte. Jenen jungen Vater eben, der mich beschützte, besonders vor meiner strengen Mutter, die mir viel zu schaffen gemacht hat.

Und der kam einfach nicht.

Und als er dann kam...«, sie kann kaum weitersprechen, »da war er manisch-depressiv. Und alt. Er hat auf mich damals wie gebrochen gewirkt, obgleich er es nicht war.

Als sich der Kessel von Stalingrad schloß, haben wir gedacht, daß unser Vater tot ist. Ich erfuhr dann irgendwann, daß er in Gefangenschaft ist.«

Was denkt ein 10jähriges Mädchen von einem Vater, der als berühmter General in Gefangenschaft gerät?

Ja, sie habe eigentlich schon gedacht, warum läßt der sich das gefallen, was erlauben die sich eigentlich mit ihm?

Aber besonders deutlich ist ihr die Angst um ihn in Erinnerung.

Daß er fallen würde. Das habe man ja in der Umgebung ständig mitbekommen, daß die Soldaten im Krieg fallen. Was Gefangenschaft bedeutet, davon hatte sie keine Vorstellung.

»Ist Ihnen irgendwann vermittelt worden, daß Ihr Vater als General mehr weiß als andere Väter, daß er sich vielleicht aus einer schwierigen Situation eher befreien kann als andere?«

»Ich hatte überhaupt nicht so ein Gefühl, daß es sich bei ihm um einen besonderen Menschen handelt. Ich war ein Kind, das in einer Kleinstadt, wo jeder den anderen kennt, in einer adligen Familie groß wurde. Ich fand das ganz doof, adlig zu sein, denn man wurde als etwas Besonderes angesehen. Ich wollte so sein wie die anderen Kinder. Die Töchter des Generals von Seydlitz wurden von allen Seiten beobachtet, zumindest später, als er in Gefangenschaft war.

Wenn man sich irgendwo einmal schlecht benahm, so hieß es gleich, denk doch mal an deinen Vater, der sitzt in Gefangenschaft, und denke an deine arme Mutter! Man bekam gleich ein schlechtes Gewissen gemacht. Jeder wußte doch über uns Bescheid.

Ich habe als Vierjährige, als meine Großmutter mit mir verreiste und die Leute mich nach meinem Namen fragten, gesagt: ›Ich heiße Ingrid Müller.‹

Es war mir irgendwie unangenehm, ›von Seydlitz‹ zu sagen.

Ich wollte so sein wie die Nachbarskinder. Dort fühlte ich mich irgendwie wohler als bei uns. Dort war ich im Pferdestall, und die Mutter meiner Freundin hatte so etwas Mütterliches.« Sie lacht.

»Meine Eltern waren nicht besonders begütert, aber wir hatten ein Dienstmädchen, und wir mußten, bis wir anständig essen konnten, in der Küche essen. Das hat mir alles nicht gefallen.

Es wurde großer Wert auf gutes Benehmen gelegt. Das habe ich als sehr lästig empfunden im Vergleich zu den anderen Kindern.«

Wie hat sie den Krieg erlebt?

»Die ganze Situation war unglaublich bedrohlich. Es ist für mich wie ein Schwarzweißfilm. Die ganze Kriegszeit war wie Verdunklung. Die Erinnerung ist auch verdunkelt oder eben schwarzweiß, da ich auch vieles nicht wissen sollte.

Dieses Gefühl hatte ich immer, wenn ich etwas mitbekam, das ich nicht wissen sollte, und mich bei allem fragte, ob es stimmt oder nicht. Haben die recht oder ich? Niemand hat etwas ausgesprochen. Teilweise waren es Gerüchte, teilweise eigene Wahrnehmungen und immer waren sie bedrohlich. Ich habe auch ständig von Mördern geträumt. Ich wurde nachts wach und mochte mich nicht rühren, so eine Angst hatte ich. Das hielt an bis zum Ende des Krieges.

Ich habe immer gedacht, wenn der Krieg zu Ende ist, dann kommt der Vater.

Meine Mutter hatte uns zunächst überhaupt nichts von Gefangenschaft und NKFD gesagt. Auch nichts davon, daß er von Hitler zum Tode verurteilt wurde. Davon habe ich nichts mitbekommen. In der Zeit reagierte ich aber sehr viel durch Krankheit.

Im März 1944 hat mich meine Mutter in ein Kinderheim nach Oberstdorf gegeben. Dort hatte ich unglaubliches Heimweh. Mutter kam dann nach etwa zwei Monaten zu Besuch und sagte: ›Nimm dich zusammen. Du bleibst hier oder du kommst in ein anderes Kinderheim.‹ Ich war ständig krank und hatte dort ein Einzelzimmer. Das war das Schrecklichste für mich.«

Sie sagt, daß ihre strenge Mutter den Nazis nicht sehr kritisch gegenübergestanden habe. Sie hatte Nazi-Freunde, aber sie verkehrte auch mit General Oster, der sie sehr oft gewarnt hat. Ihrer Mutter seien erst in der Sippenhaft die Augen über den Nationalsozialismus aufgegangen.

Vom Vater, sagt Ingrid Wiedemann, habe sie später erfahren, daß er kein überzeugter Nationalsozialist gewesen sei, sondern in allererster

Linie Berufsoffizier. Häufig habe er Hitler kritisiert. Zum Beispiel, daß der von Wehrmachtsführung und taktischem Denken keine Ahnung gehabt habe.

Er habe in der Tradition der preußischen Offiziere für Deutschland gekämpft. Aber sie glaube nicht, daß er Hitler innen- oder außenpolitisch gut fand, als er mit ihm direkt in Kontakt gekommen war. Da seien ihm ganz große Bedenken gekommen. Im Sponeck-Prozeß wurde er als Beisitzer verpflichtet und war entsetzt über die Unrechtmäßigkeit dort.

Auch schon vor Stalingrad habe er Beobachtungen solcher Art gemacht. Sie glaube, er sei einfach nicht kritisch genug gewesen gegenüber dem, was Hitler mit dem Krieg verband.

»Aber dadurch, daß Vater diesen Beruf hatte, hätte er sich auch gar nicht davor drücken können. So mußte er einfach mitmachen, sonst hätte er sein Leben und das seiner Familie riskiert.«

Ich frage sie jetzt ein bißchen provokant: »Sie wissen, wie die Menschen in Ost und West Ihren Vater gesehen haben und noch sehen. Sie waren ja 1993 in Krasnogorsk dabei, als Graf von Einsiedel in seiner Rede sagte, sie hätten Deutschland verraten, und er würde dieses Regime immer wieder verraten.

Hätte Ihr Vater das auch gesagt?«

Sie überlegt nicht lange und sagt: »Also, ein Verräter ist er für mich nicht, obgleich man das unterstützen kann, was Einsiedel sagt. Mein Vater hat sich mit seinem Eid immer schwergetan. Andererseits hat er sich oft auf seinen Ahnen von Seydlitz bezogen, der bei Tauroggen dabei war. Auch sein Vater lehrte ihn, den Eid in bestimmten Situationen, wo es für Deutschland wichtig sei, beiseite zu legen und selbständig zu denken und zu handeln.«

»Das hat er ja durch seine Stalingrad-Denkschrift bewiesen«, sage ich daraufhin.

»Mein Vater hat oft von Paulus gesprochen. Ich habe noch im Ohr, wie er ihn den großen Zauderer nannte. Er hat ihn zwar sehr geachtet, aber er hat ihm übelgenommen, daß er nicht aus dem Kessel ausgebrochen ist.«

Wie hat sie überhaupt das nationalsozialistische Regime erlebt?

»Ich war bei den Jungmädels und erinnere mich, daß wir dort Spiele gemacht haben. Ansonsten gab es nicht viele Berührungspunkte. Zu Hause hatten wir kein Hitlerbild hängen. Am Anfang war bei uns so etwas wie Bewunderung für Hitler, und ich erinnere mich an Szenen, wo kleine Mädchen Hitler Blumen überreichen.

Aber wie schon gesagt, ich war in jener Zeit mit Warten beschäftigt. Ich habe immer auf den Vater gewartet.

Ich hatte so ein Wunschbild von ihm, dem sanften, freundlichen Vater. Wir haben uns ja ständig gefragt, warum gerade er so spät kommt, als wir wußten, daß er lebte. Es ging dann nach dem Adenauer-Besuch in Moskau sehr schnell. Ich wurde in Hamburg, wo ich meine Ausbildung machte, angerufen: ›Vater kommt‹.

Er selbst dachte ja, er käme schon 1950 nach Hause. Er hat seine Karten numeriert und schrieb uns, daß er zu Weihnachten 1950 käme.

Daß ihm im gleichen Jahr der Prozeß in Moskau gemacht wurde, wußte selbst meine Mutter nicht. Danach kamen zweieinhalb Jahre lang keine Karten mehr. Er wurde sogar noch von Stalin zum Tode verurteilt. Eine Stunde lang. Dann wurde er zu 25 Jahren Gefängnishaft begnadigt.

In Gefangenschaft war er ja vorher schon, aber jetzt kam er ins Gefängnis.

Er hat die Sowjets vergeblich gebeten, ihn gleich zu erschießen, weil er sagte, daß er das nicht durchhalten würde. Er war lange in Einzelhaft, dann kam er mit russischen Kriminellen zusammen in eine Zelle. Diese haben ihn schrecklich malträtiert. Das war alles furchtbar für ihn. Es müssen grauenhafte Zustände gewesen sein. Und das fünf Jahre lang.

Plötzlich ist er begnadigt worden.

Ich bedaure heute, daß ich kaum mit ihm über diese für ihn so furchtbare Zeit gesprochen habe. Damals war ich so enttäuscht von ihm, als er kam. Ich war ein junges Mädchen, gerade frisch verliebt und dabei, mir in Hamburg ein eigenes Leben aufzubauen. Nur am Wochenende fuhr ich manchmal nach Hause. In dieser Zeit kam Vater zurück. Nach 14 Jahren.

Ich heiratete ziemlich bald und bekam meine Kinder und war sehr mit meiner eigenen Familie beschäftigt.

Trauer und Traurigkeit über ihn kamen deshalb erst viel später. Als er starb, hing meine Ehe schon schief.

Daß er von Hitler zum Tode verurteilt wurde und später auch noch von Stalin, hat meine Mutter uns zwar erzählt, aber nichts Genaueres, und nicht, in welcher psychischen Verfassung er sich befand.

Als ich aus der Sippenhaft, aus dem Heim in Bad Sachsa kam, wollte mich der Schulleiter des Gymnasiums, in das ich gehen sollte, erst nicht aufnehmen. Der war Nazi gewesen. Irgendwann auf dem Nachhauseweg von der Schule hat dann ein Junge, der kaum älter war als ich, mir ›Verräterkind, Verräterkind‹ auf der Straße nachgebrüllt.

Ich wußte nicht, wie mir geschah. Ich wußte nur, daß es ein schreckliches Schimpfwort ist. Das war etwa im Februar oder März 1945.«

»Also wußten Sie damals nicht, was das Wort Verräter bedeutete?«

»Nein, nur, daß es etwas Unerhörtes sein mußte. In Bad Sachsa lag ja auch dieser Begriff in der Luft. Niemand sagte etwas Genaues. Wir Kinder durften untereinander darüber nicht sprechen, uns auch nicht bei unserem richtigen Namen rufen.

Die Sehnsucht nach diesem guten, gesunden, fröhlichen Vater war so übermächtig und in der Erinnerung so allgegenwärtig, daß ich diesen Vater wiederhaben wollte, der mich liebhat, der für mich da ist, und nicht einen, der in ein schreckliches Geschehen eingesponnen ist.

Er erklärte ständig alles, weil er meinte, er müsse sich so verhalten. Aber das interessierte mich ja gar nicht. Ich wollte viel lieber einen Vater, der mich in den Arm nimmt und mir etwas über mich, über mein Aussehen sagt oder irgend so etwas. Ich war egoistisch, jung und meinte, alles müsse sich um mich drehen. Auch mein Vater.«

»Wie war der erste Augenblick des Wiedersehens mit ihm nach 14 Jahren?«

»Meine Mutter und meine älteste Schwester holten ihn in Friedland ab.

Es war im Oktober. Sie kamen abends spät, als es schon dunkel war.

Wenn Sie mich so fragen, dann weiß ich nicht mehr den allerersten Moment, wie es war, als er vor mir stand. Ich kann ihn nicht mehr beschreiben.

Ich weiß nicht mehr, wo ich ihn zuerst gesehen habe. Ich weiß nur noch, daß im Eßzimmer der Tisch gedeckt war und wir da gesessen haben und daß wir vier Mädchen, alle zwischen 20 und 30, uns nachher oben in einer Mansarde trafen und entsetzt waren über diesen alten Mann, der da unten im Wohnzimmer saß.

Wir hatten Mitleid mit ihm. Er war elend und gebrochen und hatte auch Wahnvorstellungen am Anfang. Er wirkte auf uns etwas verrückt. Wir dachten, daß er schwer krank sei, und haben uns gefragt, was nun werden solle, zum Beispiel aus ihm und vor allem aus der Ehe mit meiner Mutter.

Sie war völlig fassungslos über ihn. Sie litt schrecklich, da die Beziehung ja auch vorher nicht gut gewesen war.

Ich habe noch eine Postkarte von ihr, wo sie ihre Ängste vor seiner Rückkehr beschreibt. Jahre später erfuhr ich von einer Nachbarin, mit der meine Mutter befreundet war, wie schlecht es ihr damals ging. Über ihre innersten Gefühle hat sie am wenigsten mit ihren Kindern gesprochen. Sie war sehr beherrscht und hat sich auch nie beklagt.

In *der* Beziehung ist sie ein gutes Vorbild gewesen. Sie hat auch nie ihren Humor verloren.«

»Haben Sie irgendwann einmal mit Ihrem Vater ein Gespräch führen können über Ihre und seine Gefühle? Über Ihr Leben und sein Leben?«

Traurig, sogar ein bißchen unglücklich, sagt sie: »Nein. Gerade in den fünf letzten Jahren vor seinem Tod war ich total mit mir beschäftigt. Erst viel später kamen mir diese Gedanken, etwas verpaßt zu haben. Was war das für ein Schmerz! Ich habe immer so ein Gefühl gehabt, daß ich das, was er gemacht hat, immer gern verteidigen wollte, gerade weil meine Mutter die Oberhand zu haben schien. Es tut mir so leid, daß ich ihn nicht das gefragt habe, was mir dann später in den Sinn kam.«

»Wie erklären Sie sich das?«

»Meine Mutter hat den Vater nach außen hin abgeschirmt. Auch vor uns. Sie wollte nicht, daß wir mit ihm über den Krieg, die Vergangenheit, seine Gefangenschaft und seine Gefühle sprechen. Mein Vater starb 1976. Wir hätten doch noch so viel Zeit gehabt!

Ich glaube, daß Mutter darunter gelitten hat, wie mein Vater sich *in* Stalingrad und *nach* Stalingrad verhalten hat. Das NKFD hat sie schwer belastet. Auch die Folgen, die sie daraus zu tragen hatte. Vor allem diese Diffamierungen durch die Gestapo, das Für-vogelfrei-erklärt-Werden, sich scheiden lassen zu müssen, bei schlimmstem Bombenhagel in Untersuchungshaft zu sein, nicht in den Keller zu dürfen, die Sippenhaft zu ertragen, zu hören, daß wir alle vergast würden und so weiter. Ich denke, das war alles viel zu viel für sie. Und dafür hat sie meinem Vater die Schuld gegeben.«

»Wie fing das eigentlich an mit der Sippenhaft? Holten sie zuerst Ihre Mutter ab?«

»Es fing nach dem 20. Juli an, ungefähr am 3. August 1944. Ich war zu dem Zeitpunkt noch zur Erholung im Kinderheim. Meine Mutter wurde von der Gestapo abgeholt und nach Bremen ins Untersuchungsgefängnis gebracht. Meine beiden älteren Schwestern, 16 und 17, wurden zwei Tage später morgens um sechs von der Gestapo mitgenommen.

Sie wurden zu meiner Mutter in eine 7 qm große Zelle gesperrt.

Da war auch noch eine Frau aus Worpswede mit dabei, die Feindsender gehört hatte. Es gab dort eine Pritsche, drei Schlafsäcke und einen Eimer.

Das war's. Tagsüber mußten alle vier uralte, verfaulte Kartoffeln schälen oder Tüten kleben. Sie durften einmal pro Tag für einige Minuten in den Hof. Bei Bombenalarm wurden sie in den Keller gebracht. Dort wurden sie verschüttet, konnten aber geborgen werden.

Im nachfolgenden Gefängnis mußten sie bei Bombenalarm in der Zelle bleiben. Das war eine schreckliche Zeit für sie alle. Meine Mutter wußte damals nicht, wo wir beiden Jüngeren waren.

Meine jüngere Schwester wurde direkt von einem Kindergeburtstag abgeholt. Sie freute sich zunächst, als man ihr sagte, sie käme in ein Kinderheim, weil sie das schon immer wollte. Sie konnte nichts mitnehmen. Sie wurde dann in Bad Sachsa abgeliefert. Dort war sie das erste Kind und natürlich sehr enttäuscht.

Was mich betrifft, so kam ebenfalls im August die Gestapo von Sonthofen nach Oberstdorf in das Heim, in dem ich war.

Die Heimleiterin hatte Hochachtung vor meinem Vater und sagte der Gestapo, daß sie mich nicht herausgeben würde. Ende September 44 wurde ihr dann unter Androhung der strengsten Maßnahmen befohlen, mich herauszugeben. Ich habe diesen Befehl noch.

Bis zum 20. Juli ließen sie uns ja in Ruhe. Aber Goebbels machte sich danach öffentlich Gedanken, was mit den Familien von Stauffenberg und von Seydlitz geschehen würde.

Die haben nämlich Zusammenhänge vermutet.

Also, Ende September 1944 holte mich eine düstere, merkwürdige Frau ab. Ich habe nur fetzenartige Erinnerungen an die Bahnfahrt mit ihr.

In Augsburg machten wir Zwischenstation. Die Heimleiterin, die mich gerne mochte, hat nach dem Krieg an meine Mutter geschrieben, sie habe mir erzählt, ich würde von einem Auto abgeholt und zu Bekannten meiner Mutter gebracht werden. Sie schrieb, daß sie noch nie vorher ein Kind belogen habe und ihr dies sehr schwer gefallen sei. Aber sie habe mich nicht verwirren wollen. Ich hätte mich im letzten Moment an sie geklammert und wäre schweißnaß gewesen, weil ich wohl etwas ahnte.«

»Von dort aus kamen Sie dann nach Bad Sachsa und fanden Ihre Schwester Ute?«

»Nein, so war das nicht direkt. Es gab dort sieben verschiedene Häuser. Und wir waren nach dem Alter sortiert. Ich war dort mit Uta von Tresckow zusammen. Alle um die 13 Jahre alt. Erst nach ca. 4-6 Wochen wurden wir zusammen in ein Haus verlegt, als einige schon wieder entlassen waren.

Und nun kommt folgende Geschichte: Meine Schwester, die im April Geburtstag hat, bekam heraus, daß man auch einen Kuchen bekäme, wenn man Geburtstag hat.

Als ich im September hinkam, erfuhr ich gerade, daß sie diesen Geburtstagskuchen bekommen hatte. Ich habe das richtiggestellt und sie somit verraten. Sie war bitter enttäuscht von mir.

Wie unser allererstes Zusammentreffen ablief, weiß ich nicht mehr. Ich wußte wohl nicht, daß sie in diesem Heim in Bad Sachsa war.«

»Haben die Kinder untereinander über den Grund gesprochen, weshalb sie in Bad Sachsa waren?«

»Wir sprachen schon irgendwie darüber, daß die Väter etwas gegen Hitler gemacht haben mußten und daß Unheil drohte. Aber wir wußten nicht viel.

Manche ahnten etwas, wie Christa von Hofacker.

Die Stauffenberg-Kinder waren da ja auch. Aber mit Valerie von Stauffenberg hatte ich wenig Kontakt. Die drei Söhne waren nicht so in meinem Umkreis. Mädchen und Jungen lebten voneinander getrennt.

Ich glaubte eigentlich nicht, daß mein Vater etwas Böses getan haben könnte. Ich vertraute ihm doch so. Er hatte mir doch in meinen ersten sechs Lebensjahren so viel Zuneigung und Wärme gegeben!

Im Heim wurde man sehr bewacht und durfte nur mit einer Aufsicht auf das Gelände. Bis zu 14 Jahren kamen die Kinder nach Bad Sachsa.

Die älteren waren mit den Müttern zusammen. Meine älteren Schwestern befanden sich bis Ende Oktober in Bremen und wurden dann ins Erzgebirge, in die Schierlichmühle gebracht. Dort sind sie mit verschiedenen Frauen, deren Männer im NKFD aktiv waren, und mit deren Kindern zusammen gewesen. Meine älteste Schwester hat da ein bißchen Schulunterricht gegeben.

Das Leben in Bad Sachsa war für mich zwar nicht wie ein Gefängnis, aber es unterschied sich schon stark von dem Kinderheim, wo ich vorher war. Das Personal dort, auch die Erzieherinnen, waren ausgesprochen kalt zu uns.

Christa von Hofacker hat über diese Zeit einen Bericht geschrieben.

Ich bin dort bis Mitte Januar 1945 gewesen, während meine Mutter und meine älteren Schwestern schon Weihnachten 44 nach Hause konnten.«

»Haben Sie eigentlich jemals mit Ihren Eltern über Ihre Zeit in den Heimen gesprochen?«

»Ja, und ich denke, daß das meinem Vater sehr leid getan hat. Er hat sich aber darüber nie geäußert. Und mir tut es leid, daß ich das von der Mutter angeordnete Tabu, nicht über *seine* Erlebnisse zu sprechen, mitgemacht habe. Das schmerzt mich noch heute. Aber sie hatte es auch nicht leicht.

Unter Druck hat sie sich ja auch scheiden lassen. Merkwürdigerweise wurde die Scheidung am 20. Juli 1944 ausgesprochen. Man hat meine Mutter dazu genötigt. Wir wurden dann dennoch für vogelfrei erklärt.

Als mein Vater aus der Gefangenschaft zurückkam, haben sie dann ganz offiziell wieder geheiratet.

Von seinen schrecklichen Erlebnissen hat er sich nie mehr erholen können.

Es war für ihn besonders schmachvoll, daß er von allen Seiten geschnitten und immer noch als Verräter bezeichnet wurde. Das war in den 50er Jahren, in der Zeit des Kalten Krieges.

Wissen Sie, da ist immer noch diese ganze Legendenbildung von dieser Seydlitz-Armee vorhanden, daß er das alles gemacht habe um der Vorteile willen. Das ist für mich undenkbar für diesen Vater.

Aus seiner Akte von 1948 ist ersichtlich, daß er meiner Mutter Überlegungen mitteilte, bei seiner Entlassung in die damalige Ostzone zu gehen.

Es gibt da so ein ca. 10 Seiten langes Schreiben von ihm, was er vorhabe.

Er hat meiner Mutter freigestellt, wo sie wohnen würden.«

»Mit wem aus der Kriegs- oder NKFD-Zeit hatte Ihr Vater dann noch Kontakt?«

»Ich weiß, daß er mit Korfes noch brieflich in Verbindung stand. Aber ob das Leben in der DDR für ihn leichter gewesen wäre, weiß ich nicht.

Er war nur für manche Ideen aufgeschlossen. Erich Weinert fand er in gewisser Weise überzeugend.

Natürlich spielte es für meinen Vater eine Rolle, wie er von außen beurteilt wurde. Von den eigenen Kameraden war er sehr enttäuscht. Es gab nur wenige, die wirklich zu ihm gehalten haben. Aber er hat sich aus Verbitterung zurückgezogen. Seine Tätigkeit in Rußland und im NKFD hat ihn im nachhinein schon sehr beschäftigt.

Er hat sich immer nach vorn gewagt und weder Ängste noch Skrupel gehabt, wenn er überzeugt war, das Richtige zu tun.

Dann saß er irgendwann *wieder* zwischen den Stühlen. Er hat sich immer ungerecht behandelt gefühlt. Auch in der Gefangenschaft und im Gefängnis.

Als ihm der Eintritt in den BDO angetragen wurde, hat ihn das eine schlaflose Nacht gekostet. Aber er war sich schon im klaren darüber, was das bedeutete. Er fühlte ganz starke familiäre Verpflichtungen. Und Verantwortungsgefühle hatte er immer.

All die Jahre war es für mich schwer. Wir waren ja mit den Attentäterkindern im Heim gewesen. Die wußten zum Teil, was ihr Vater gemacht hatte. Nach dem Krieg wurden die auch freundlicher behandelt als wir. Denn das war der reine Widerstand, den ihre Väter leisteten. Das andere, unser Thema, das mußte man ja immer lange erklären. Der Widerstand hinter Stacheldraht war nicht vielen klar und wurde zu wenig akzeptiert.

Als sich mein Vater noch in Gefangenschaft befand und ich nach ihm gefragt wurde, ist vieles für mich widersprüchlich gewesen. Es war wie ein Hochkommen und Runterschlucken.«

»Wenn Sie diese Situation so betrachten, haben Sie dann das Gefühl, daß Ihnen Unrecht getan wurde von seiten der Öffentlichkeit? Haben Sie das womöglich auch heute noch?«

»Ja, das sehe ich auch heute noch so. Aber die Tat Stauffenbergs hat doch schon eine andere Dimension. Der wußte ja, daß er sein Leben bewußt aufs Spiel setzt. Das ist etwas anderes, als so aus der Gefangenschaft zu handeln. Mein Vater hat sein Leben in einem anderen Sinn eingesetzt.«

»Hätten Sie lieber so einen Vater gehabt wie Stauffenberg? Wäre dann vieles klarer und eindeutiger?«

Ingrid Wiedemann überlegt eine Weile und sagt nachdenklich: »Ich glaube, Stauffenberg hätte ich auch nicht so gerne zum Vater gehabt.«

»Was für einen Vater hätten Sie denn gerne gehabt?«

»Einen, der nie Soldat gewesen ist.

Stellen Sie sich vor, im April 1945, kurz vor Kriegsende, hat uns noch jemand nach dem Leben getrachtet, als wir vogelfrei waren.

Ein einflußreicher Bekannter von uns hat aber dann zum Glück dafür gesorgt, daß wir in das Verdener Gefängnis in Schutzhaft kamen.

Vogelfrei waren wir trotz Scheidung meiner Eltern.

Es wurde behauptet, daß mein Vater als hochdekorierter General die deutsche Ehre besudelt habe. Außerdem mußte ja an ihm ein Exempel statuiert werden.

Diese ganzen Ereignisse haben mein Leben geprägt.

Ich war sehr lange Zeit konfliktscheu. Das hängt wohl damit zusammen.

Ich dachte immer, ich würde vernichtet, wenn ich mit jemandem einen Konflikt hätte. Ich hatte auch ein so schreckliches Gefühl der Ohnmacht.

Es ist für mich wie eine zweite Geburt, seit mir viele Dinge klar geworden sind.

Dem Vater gegenüber habe ich heute Zuneigung und Achtung.

So mutig zu sein, zu seinem Wort zu stehen und immer wieder etwas zu riskieren, das finde ich bewundernswert.

Auch Stalin gegenüber hat er viel riskiert. Wenn er sich dort mehr angepaßt hätte, wäre wohl manches leichter für ihn gewesen.«

Und dann spricht sie noch von ihren Gefühlen auf der historischen Konferenz:

»Die Russen haben nach einem halben Jahrhundert kaum zugegeben, daß er von ihnen zum Tode verurteilt wurde. Es war nur von den 25 Jahren die Rede.

Ich habe, wie Sie wissen, ja dagegen protestiert.

Das ist aber kaum zur Kenntnis genommen worden, was mich sehr verletzt hat.

Aber aus Historikersicht sieht anscheinend manches anders aus.«

Ich bin nach dem Abschied von dieser Tochter noch lange durch die Altonaer Gassen gegangen. Und ich bin sie im Grunde bis heute nicht los, die beklemmende Atmosphäre dieses Gespräches. Trotz der Ästhetik, die mich in ihrer Wohnung umgab.

Wer ist der alte Mann?

Am 9. Mai 1995, dem Kriegsende für die Sowjetunion vor einem halben Jahrhundert, besuche ich Dr. Gudrun Kluge. Schon vor Jahren schrieb mir ein Historiker aus Erfurt, wenn ich mich mit Stalingrad und dem NKFD auch menschlich auseinandersetzen wolle, müßte ich dieser Tochter von Dr. Otto Korfes unbedingt begegnen. Sie wohne noch im Potsdamer Elternhaus und sei ihrem Vater wohl gefühlsmäßig am nächsten gewesen.

Es sind nur einige Minuten Fußweg zum Brauhausberg, aber ich verlaufe mich und brauche fast eine Stunde. »Potsdam ist klein, hier kann man alles zu Fuß machen«, hatte sie mir am Telefon gesagt.

Vielleicht *will* ich mich verlaufen, um mir »sein« Potsdam vorzustellen. Er war hier sehr bekannt, ebenso wie seine Frau, die Schwester des Ritters Merz von Quirnheim.

Sie war in Sippenhaft und mußte ihre fünf kleinen Mädchen zurücklassen. Das sechste ist ein Nachkriegskind. Gudrun ist Nummer 4 und lebt in dem Haus, das ihr Vater bis zu seinem Tod 1964 bewohnte.

Um 8 Uhr morgens sind wir verabredet.

Als ich läute, habe ich ein gutes, ruhiges Gefühl. Durch ein paar Telefongespräche ist sie mir bereits vertraut.

Mir öffnet eine elegant gekleidete Dame. Ich bin überrascht. Mitten im Gespräch sagt sie plötzlich, sie sei vorher ganz aufgeregt gewesen und habe geglaubt, »eine zurechtgemachte Person aus dem Westen« wolle sie aufsuchen. Deshalb habe sie sich »verkleidet«. Sie sei ganz erleichtert, daß ich Jeans trüge. So würde sie sonst auch herumlaufen. Sie habe sich auch ständig überlegt, ob sie mir nicht absagen solle.

Da spürte ich ihn wieder, diesen Abgrund, der sich seit der Wende nur langsam zu schließen scheint. Hatte ich kein Vertrauen bei ihr erwecken können? War mein Anliegen falsch verstanden worden? Bin ich so distanziert am Telefon gewesen? Vorhin fühlte ich mich doch noch so sicher …

Wir sprechen über ihre Kindheit, den Vater und über das NKFD. Und wir werden beide ruhig, so als ob wir ein gemeinsames Alibi hätten.

Dieser heutige 9. Mai beschäftigt uns beide.

Gudrun Kluge-Korfes schaut mich aufmerksam an und sagt ernst: »Für mich ist und bleibt dieses Datum wirklich der Beginn der Befreiung der Menschheit, einer Befreiung von der Dummheit und dem Wahnsinn der Deutschen.«

Gudrun Kluge geb. Korfes

»Ist in diesem Zurückdenken an den Krieg, als Sie noch Kind waren, das Nationalkomitee für Sie ein Lichtblick?« frage ich sie direkt.

Es sei später einer geworden, aber als Kind habe sie davon überhaupt keine Ahnung gehabt. Durch die Erzählungen der Eltern und die Rolle des Vaters habe für sie schließlich das NKFD an Bedeutung gewonnen.

Und dieser Vater sei natürlich auch in ihrer kindlichen Vorstellung zum besonderen Vater geworden.

»Erst sind wir ja in Blankenburg ohne ihn aufgewachsen. Er existierte eigentlich nur in der Erinnerung der älteren Geschwister, in Erzählungen der Mutter und Großmutter. Wir haben wie alle Kinder, die christlich erzogen wurden, unseren Vater in unsere Gebete eingeschlossen. Wir wollten ihn ja wiederhaben. Er existierte auf Photos, aber nicht als Mensch. Ich konnte mit dem Wort Vater zunächst nicht viel anfangen.«

Und plötzlich auflachend erzählt sie mir: »Er geisterte irgendwie durch meine Phantasie. Es gibt da eine absonderliche Geschichte:

In Blankenburg hatten wir einen Wasserhahn, aus dem immer erst eine dicke Blase kam, bevor er lief. Meine Schwester Nr. 5 und ich hatten die Assoziation, daß dies etwas mit unserem Vater zu tun habe.«

Gudrun Kluge lacht weiter, als sei sie nun von einem inneren Druck befreit.

»Meine Schwester Nr. 5 und ich können uns das bis heute nicht erklären.

Eine heldische oder heroische Vorstellung von ihm war dies ja nun wirklich nicht. Wie absurd Kinder doch denken!«

»Wie alt waren Sie, als er aus dem Krieg zurückkam?«

»Ich bin 1941 geboren, war also 7. Er kam als alter Mann wieder, so erschien es mir. Und ich dachte: Was will er bei uns?

Im Sommer 1948 bekam meine Mutter die Nachricht, daß er sich in einem Heim zur Erholung nach der Kriegsgefangenschaft aufhielte.

Durch die bittere Erfahrung, die meine Mutter nach dem 20. Juli 1944 gemacht hatte, als sie verhaftet wurde, sträubte sie sich, allein zu ihm zu fahren, und setzte durch, daß wir alle fünf mitgenommen wurden. So saßen wir schließlich in einem kleinen BMW mit einem sehr geduldigen Fahrer.«

Mein Gegenüber spricht jetzt sehr langsam, auch leiser als vorher und überlegt sich jeden Satz sehr genau:

»Wir wurden nach Rehefeld im Erzgebirge gefahren, in dieses Generalslager. Und dies war meine erste lange Autofahrt. Mitten in der Nacht kamen wir dort an.

Ich habe in Erinnerung, daß uns ein hoher Offizier benannt wurde, der gleich kommen sollte. Wir warteten geduldig, aber voller Neugier unten in der Halle.

Und da kam nach einiger Zeit ein völlig verschlafener alter Mann, der eine Uniformjacke trug. Zwischen ihr und den Stiefeln sahen wir eine Schlafanzughose. Das also war der Offizier, der General, den man uns angekündigt hatte. Ich fürchtete mich vor Männern in Uniform.

Auch hatte ich mit meinen Schwestern vom Fenster aus einmal gesehen, wie Amerikaner, die auch uniformiert waren, jemanden schrecklich prügelten. Also, Menschen in Uniform hatten für mich etwas Entmenschtes. Das waren die, die Böses tun und laut sind.

Besondere Achtung hatte ich nicht, als dieser merkwürdig aussehende alte Mann vor mir stand; eher so etwas wie Verwunderung und vielleicht auch Furcht. Das sollte mein Vater sein? Ich kannte ihn doch gar nicht. Er war schließlich sechs Jahre nicht zu Hause!

Die Achtung entstand erst, als wir uns kennenlernten. Der Vater war uns als kluger, sehr gütiger Mensch geschildert worden. Die beiden ältesten Schwestern hatten uns von ihm erzählt, daß er so schöne Geschichten erfinden konnte.

Das Gefühl, das mich bewegte, war ein Gemisch aus vielen. Aber zuerst gab es eher Abstand und Neugier und nicht Begeisterung über sein plötzliches Dasein, sondern Zurückhaltung und Erdulden, wenn er einem über den Kopf strich. Es war ganz bestimmt auch eine große Scheu.«

»Er war tatsächlich schon um die 60, und für ein kleines Mädchen ist dies ja ein alter Mann. Von daher kann ich mir vorstellen, daß auch Angst und Unsicherheit im Spiel waren«, sage ich.

Sie nickt lebhaft mit dem Kopf: »Ja, ja, unbedingt, aber die Angst nahm er uns dann noch in den vier Wochen in Rehefeld, die wir dort bei ihm verbrachten, als er sich als ›normaler‹ Mensch erwies. Es waren wunderschöne Sachen, die er dann mit uns unternahm, um seine Töchter kennenzulernen. Wir gingen zum Beispiel Pilzesammeln und er erklärte uns die verschiedenen Sorten. Wir trockneten sie und freuten uns an den verschiedenen Gerüchen. Das waren so ganz kleine menschliche Begebenheiten. Oder wir gingen zusammen durch die Wälder und bauten dort winzige Mooshäuschen oder wir machten dann aus kleinen Stöckchen lebende Personen, die herumliefen. Das machte er alles mit und er war eigentlich so wie Vater und Großvater in einem, geduldig und liebevoll.

Er antwortete auf unsere Fragen immer sehr ernst und ohne belehrend zu wirken. Schon in Rehefeld taute dieses Fremdheitsgefühl auf. Unsere Mutter hat immer, auch dort schon, sehr geschickt eine gütige, vermittelnde Rolle zwischen uns Kindern und diesem Vater gespielt.«

»Wie erklären Sie sich diese unwahrscheinliche Geduld, die Ihr Vater den fünf kleinen Mädchen von 15 bis 5 Jahren entgegenbrachte? Er hatte doch eine schwere Zeit hinter sich. Hängt sie mit der guten Beziehung zwischen Ihren Eltern zusammen?«

Sehr auf meine Frage konzentriert antwortet sie: »Sie waren sich einfach gut. Das haben wir unterschwellig immer gefühlt und als Wärme empfunden. Sie achteten sich und es war eine tiefe Beziehung zwischen ihnen. Es gab da so ein Wohlwollen und menschliches Verstehen.

Das ist die eine Ursache. Die andere ist die Warmherzigkeit und Güte unserer Mutter, die ihm das möglich gemacht hat und ihm half, völlig normal zu reagieren und mit uns umzugehen.

Was wir so von ihm wußten aus der Gefangenschaft, das waren Geschichten, die er uns schrieb, zum Beispiel von einem Raben oder von den molligwarmen Holzhäuschen, in denen er wohnte.

Diese Geschichten waren für ihn möglicherweise so etwas wie ein schöner Sommertag, an dem man sich ausruhen kann nach den Schrecknissen des Krieges.«

»Haben Sie den Eindruck, daß Ihr Vater etwas bereut hat und das Gefühl nicht loswurde, wiedergutmachen zu müssen? Er war ja in Hitlers Überfall auf die Sowjetunion General gewesen. Das heißt schon etwas«, frage ich sie.

Sie überlegt nicht lange und sagt: »Als ich größer war, habe ich die Zwischentöne gehört. Da war so etwas in ihm wie Nichtverstehen, daß man so weit gehen konnte. Dieses Gefühl, darauf reingefallen zu sein, war ja schon in ihm während des Krieges.

Davon hatte er auch erzählt. Auch daß er seiner inneren Stimme viel zu spät gefolgt sei. Es war beeindruckend, wie in ihm der Kampf tobte zwischen Gehorsam und besserem Wissen. Ich glaube, dieses Phänomen konnte er bis zuletzt nicht erklären. Er hat ja mit Stolz die ersten Feldzüge mitgemacht. Bis die Sowjetunion überfallen wurde, war für ihn wohl nicht so ganz klar, wohin das führen würde.

Er sprach darüber mit großer Aufrichtigkeit.

Noch auf dem Frankreichfeldzug glaubte er, daß die Deutschen die Welt erobern könnten und sie sich dies gefallen ließe. Für dieses Phänomen hatte er zu jener Zeit noch kein ausgeprägtes Gewissen.

Erst später wurde ihm klar, daß das Gewissen wohl durch die Phase der Siege betäubt worden war. Ich erinnere mich, daß er davon oft gesprochen hat im Hinblick auf seinen Erfolg im Polenfeldzug und dann in Frankreich.

Er bereute immer wieder, daß er sich nicht rechtzeitig die Frage gestellt hatte: ›Wie konnten wir uns so weit über die anderen Völker erheben?‹

Das hat er immer wieder in seinen Erzählungen oder vor seinen Schülern, vor jungen Soldaten der NVA der DDR, dargestellt. Diese Frage hat ihn nie losgelassen.«

»War für ihn der Beitritt zum NKFD eine Art Sühne oder eine Art Beruhigung? Ist er dadurch mit sich ins reine gekommen?«

»Also, ein Versuch ist es gewesen. Er ist ja im NKFD mit Leuten zusammengekommen wie Pieck, Becher, Ulbricht, die plötzlich ein ganz anderes Deutschland für ihn darstellten. Diese Menschen zu treffen muß für ihn auch eine Art Entdeckung gewesen sein. Daß sie nun ihm und anderen eine Chance gegeben haben, neu anzufangen, das war schon für ihn, denke ich, so etwas wie Wiedergutmachung.

Er hat in seinen Erzählungen über den Krieg und die militärischen Operationen immer auch den Stolz des Militärs genannt, der diese und jene Schlacht gut geschlagen hat. Es war für ihn wie ein Handwerk.

Ich habe darunter irgendwie gelitten, weil ich das nicht verstehen konnte und immer noch nicht kann.

Es ist auch nach wie vor für mich schwer, daß dieser Vater nicht eine geschlossene Person ist, sondern ein Mensch mit vielen Widersprüchen. Ein Mensch, der mit Freude auch Offizier war, schon im 1. Weltkrieg.

Er hatte das Kriegshandwerk schließlich gelernt und es dann auch praktizieren wollen.

Auf der einen Seite der gütige, der denkende Mensch Korfes und auf der anderen Seite der General Korfes, der den Krieg als Handwerk sieht.

Dem steh ich nach wie vor fassungslos gegenüber. Daß es Menschen gibt, die so etwas lernen wollen. Bei diesen Schrecken, denen er in Rußland ausgesetzt war, hat er immer noch versucht, Mensch zu bleiben. Das hat mir Achtung abgerungen.

Ich habe ihn immer als jemand gesehen, der für eine falsche Ideologie ausgezogen ist. Irgendwo hat er mir auch leid getan, daß er so weit gegangen ist.«

Jetzt spricht sie stockend und ihre Stimme klingt traurig.

»Für mich waren eigentlich die Menschen größer, die den Mut gehabt haben, in dem Land, in dem sie wohnten, Widerstand zu leisten und die schrecklichsten Torturen auf sich zu nehmen.

Viele, auch ich, haben ihn manchmal gefragt, wieso sie eigentlich erst so spät die Kapitulation unterschrieben hätten, als sie schon wußten, daß der Krieg verloren ist. Er war in seinen Antworten, auch wenn er mit jungen Leuten sprach, immer sehr ehrlich. Seine Berichte waren voller Qual und innerer Aufrichtigkeit. Und er war so voller Reue!

Genauso wie mein Onkel Albrecht auch wußte, wohin das Land steuern würde. Es war eine existentielle Frage für sie. Halten wir dagegen oder halten wir nicht dagegen. Wann halten wir dagegen?

Ich habe viele Gespräche mit ihm geführt. Wenn es die Schule erlaubte, nahm er hin und wieder mal eine Tochter mit auf seine

Vortragsreisen. Da erlebte ich diesen Kampf in ihm immer wieder neu. Und so etwas wie Mitleid kam in mir hoch. Nicht nur mit ihm, sondern auch mit dem verführten deutschen Volk.«

Ihre Stimme ist jetzt fast tonlos. In die Stille hinein frage ich sie: »Wieso haben Sie Mitleid mit ihm empfunden? Das muß doch für Sie als junges Mädchen schwierig gewesen sein, damit zurechtzukommen, einerseits im Vater den General zu sehen, der andererseits Ihr Großvater hätte sein können.«

Während ich spreche, nickt sie wieder heftig mit dem Kopf und sagt leise: »Das war es auch. Es war so ein Mischgefühl. Ich empfand Stolz und erlebte, wie er empfangen wurde. Wie man ihn für eine wichtige Person hielt, wie man mit ihm redete, wie er mit anderen redete. Dieser Stolz beflügelte meine mädchenhafte Zuneigung.

Immer wenn ich über ihn, mein Leben und das unserer Mutter redete, versuchte ich diese Aufrichtigkeit, Ehrlichkeit und Schonungslosigkeit nachzuvollziehen, die unser Vater und unsere Mutter uns vorgelebt haben.

Ich habe bewundert, wie er seine eigene Qual immer wieder ausdrükken konnte, und ich habe es so empfunden, als ob er in den Momenten, in denen er seine Geschichten erzählte, noch einmal alles durchlebt und durchleidet.

Es war für ihn eine Art von Verarbeitung und der ganz dominante, ja der flehentliche Wunsch, daß so etwas nie mehr geschieht. Seine Schüler, die Soldaten und Studenten und natürlich auch seine Töchter sollten seine Erfahrungen weitertragen.«

»Inwieweit hat er Ihr Leben geprägt? Was hat er Ihnen mitgegeben von seiner Kraft, seinen Einsichten?«

Sie erwidert mit vorsichtigem Lächeln: »Was der Vater und auch die Mutter versucht haben und was ihnen auch mit mehr oder weniger Erfolg bei uns Kindern glückte, ist, daß sie uns vorlebten, wie man Verantwortung übernehmen muß; nicht nur still vor sich hin, sondern auch in einer Gesellschaft und daß man sich einmischen muß. Und zwar nicht erst, wenn es schon zu spät ist. Daß wir versuchen, nach unseren Fähigkeiten auch für andere dazusein.

Für ihn war das auch das Mitschaffen an einem Neubeginn, an einer Alternative, an einem neuen Deutschland.«

»Sie sagten mir einmal am Telefon, daß *Sie* Ihrem Vater besonders nahegestanden hätten.«

»Ich habe im Gefühlsleben eine große Ähnlichkeit mit meiner

Mutter. Vielleicht ist es das gewesen, was mich mit meinem Vater auf besondere Art und Weise verbunden hat. Ich würde nie denken, daß ich eine Sonderstellung eingenommen habe. Dazu war unser Vater zu klug und hatte seine Töchter, jede auf ihre Art, zu lieb und war auf jede stolz. Ich habe ein warmes und gutes Gefühl, wenn ich an ihn denke.

Daß es unser Vater allerdings nicht einfach hatte mit uns sechs Mädchen, als wir etwas unhandlicher wurden, ist verständlich.

Da gab es auch militärische Wutanfälle. Die nahm man aber hin, und die wurden dann von der Mutter geglättet. Seine Zornesausbrüche waren immer nur kurz. Er konnte einem da sehr militärisch begegnen mit einer wahnsinnig schneidenden Stimme, die er offensichtlich als Befehlston noch in sich hatte. Das war dann ein ganz anderer Vater. Er hatte eben viele Gesichter.«

Und sie beschreibt auf meine Bitten hin so eine »militärische« Szene.

»Zuerst muß ich sagen, daß wir dieses Haus 1950 bezogen. Das Zimmer, in dem wir gerade sitzen, war das Wohnzimmer. Dort drüben war das Eßzimmer.«

Sie deutet auf den anderen Raum, der durch eine Glastür abgetrennt ist.

»Im Eßzimmer stand ein großer runder Tisch, an dem wir mit den Eltern und einer Hausangestellten aßen. Die abendlichen Gespräche gingen oft um politische Dinge. Oder es wurden Fragen an uns gestellt, auf die manchmal dumme Antworten von uns kamen. Dann brachte er zuweilen sein sehr scharfes, strenges ›Halt's Maul‹ heraus.«

Mit stechender Stimme ahmt sie ihren Vater nach.

»Das war dann für mich ein absoluter Schock. Mein Vater stammte ja aus Braunschweig und in seiner Jugend stolperte er noch über den spitzen Stein. Erst im Zuge seiner militärischen Laufbahn hatte er sich das ›st‹-Sprechen abgewöhnt. Aber manchmal kam dieses ›st‹ dann doch durch.

Ich erinnere mich da an die Stiege:

Unser Vater war nicht sehr groß, ungefähr 1,70 Meter.

Um seinen Schreibtisch im Arbeitszimmer herum standen Regale mit Büchern bis zur Decke.

Und er hatte stets den Eindruck, daß er immer *die* Bücher auf den obersten Reihen brauchte.

Eines Tages hörte ich, wie Vater sagte, er brauche eine Stiege; eine Stiege, die ihm erlaube, an die Bücher da ganz oben heranzukommen.

Da war es wieder, dieses Wort Stiege.

Ich als 13jährige hatte einen, wie mir schien, ungeheuer witzigen Einfall.

In unserer Bodenkammer gab es einen verunglückten Hocker, der nur noch einen Rahmen und vier Beine hatte. In der Mitte war ein großes Loch.

Ich dachte, jetzt produzierst du einen schönen, familiären Spaß an dem wir noch lange Freude haben werden.

In diesem Hochgefühl ging ich also auf den Boden und holte diesen Hocker ohne Innenleben herunter.

Mit ihm ging ich zum Vater ins Arbeitszimmer.

Leider war er dort nur allein. Für meinen Auftritt hätte ich gern ein größeres Publikum gehabt. Ich sagte zu ihm: ›Vati, hier bringe ich dir eine Stiege.‹

Und ich erinnere mich noch an sein Gesicht. Bis dahin war es wohlwollend und gut. Plötzlich aber veränderte sich sein Ausdruck und es wurde dieses fürchterliche militärische Gesicht. Als er den Stuhl sah, fauchte er mich an, ich hätte sofort zu verschwinden. Gefahr war angesagt. Ich nahm also die vermeintliche Stiege und flitzte aus dem Zimmer, wobei ich vom Rauchtisch behindert wurde.

Ich stieß überall an, stürzte aus der Tür, und er rannte mir hinterher und rief, ich sei eine dumme Gans und es sei eine absolute Frechheit. Am liebsten würde er mir in den Allerwertesten treten.

Ich lief in die erste Etage. Seine Schritte, die wie Marschschritte klangen, hinter mir. Dort sah ich im Badezimmer meine Mutter hantieren. Ich schoß hinein und schloß von innen ab.

Der verdutzten Mutter erzählte ich schnell, wie schlecht der Witz mit der Stiege beim Vater angekommen sei.

Der marschierte währenddessen vor dem Badezimmer auf und ab.

Mutter sagte durch die geschlossene Tür mit sanfter Stimme: ›Aber Otto!‹

Da war sie wieder, die begütigende Vermittlerin.

Sie hatte alles entschärft. Als hätte sie eine schon brennende Lunte plötzlich abgeschnitten.

Wir hörten, wie er nach unten ging. Dann war erst mal Ruhe.

Als ich ihn beim Abendessen wiedersah, sagte ich reumütig: ›Ich habe es nicht so gemeint, ich wollte dich auch nicht veralbern. Es sollte nur ein Witz sein.‹

Und da zeigte sich seine Größe:

Mitten in die gespannte Atmosphäre hinein fing er an zu lachen und lachte so, daß dieses Lachen die ganze Familie ansteckte. Es war für mich das befreiendste Lachen, das ich je von ihm gehört habe. Dieser Vater, sonst durch und durch ein Militär, konnte so lachen!

Und ich erinnere mich auch an eine Begebenheit, die wie ein Wunder erscheint. Nicht nur mir, sondern auch meiner anderen Schwester, die daran mitbeteiligt war.

Hier in diesem Zimmer stand ein blaues Plüschsofa. Wir hatten ein Grammophon und da wurde eines Tages der Marsch der Freiwilligen Jäger und der Yorksche Marsch gespielt. Vater hörte ja gerne Militärmusik.

Meine Schwester Nr. 5 und ich waren von der militärischen Begeisterung unseres Vaters so angesteckt, daß wir uns erlaubten, im Takt auf dem Sofa herumzuhüpfen. Vater betrachtete uns dabei mit Wohlwollen und schimpfte nicht.

Und mit welcher Rührung hat er uns einmal Teile aus diesem bekannten Gedicht vor sich hin gesprochen:

… Da reitet mein Kaiser wohl über mein Grab,
viel Schwerter klirren und blitzen,
ich höre Kanonengebrüll und wiehernder Rosse Getrab.
Dann steig ich gewappnet hervor aus dem Grab,
meinen Kaiser, mein' Kaiser zu schützen!«

Gedankenverloren sagt diese Korfes-Tochter die Verse vor sich hin.

»Wissen Sie, in seiner Stimme war so viel Rührung. Er scheute sich nicht, sie vor uns Kindern zu zeigen. Diese militärische Wut, aber dann auch wieder diese Rührung, das war unser Vater.«

»Hat sich Ihr Bild von ihm im Lauf der Jahre geändert?«

»Ja. Es ist mir ein tiefes Bedürfnis, von Zeit zu Zeit eine stille Zwiesprache mit den Eltern zu halten. Das Wort liebhaben ist mir sogar noch zu klein. Tiefe Liebe habe ich für beide Eltern.«

Und dann möchte ich noch einmal mit Gudrun Kluge ein halbes Jahrhundert zurückgehen, in die Geschichte des Zweiten Weltkriegs. Ich möchte noch mehr über die Mutter wissen, die sie so positiv schildert.

»Wie alt waren Sie, als Ihre Mutter in Sippenhaft kam?«

»Sie ist 1944, nach dem 20. Juli, genau am 22., verhaftet worden. Ich war drei Jahre. Ich erinnere mich noch sehr gut an diesen schrecklichen Tag:

Es kam eine schwarze Limousine mit zwei Männern, einem älteren und einem jüngeren. Der ältere hatte eine ganz angenehme Stimme. Der sagte zu ihr« meine Gesprächspartnerin wird plötzlich von der Erinnerung überwältigt und sagt weinend, »sie solle ein paar Sachen mitnehmen, die es ihr erlauben, etliche Zeit von uns getrennt zu sein. Irgendwie haben wir das so empfunden, daß da etwas Unheimliches geschah. Es war wie Nerven durchtrennen oder eine Wärmequelle löschen.

Unsere Mutter ging ganz aufrecht. Sie hatte ein paar Sachen in ein kleines braunes Köfferchen gelegt, Zahnbürste, Nachthemd.

Meine Schwester Nr. 3, Ellen, anderthalb Jahre älter als ich, fing an zu weinen. Sie hatte wohl verstanden, um was es da ging.

Der SS-Mann hat dann meine schluchzende Schwester auf den Schoß genommen. Er setzte sich mit ihr auf den Treppenabsatz, nahm sein großes Männertaschentuch heraus, machte Knoten hinein und ließ die tanzen, um Ellen abzulenken.

Es ist mir, als ob es gestern gewesen wäre. Dieser SS-Mann war wohl auch ein Familienvater und wollte trösten. Vielleicht war ihm das schrecklich, was er da tun mußte. Oder das Weinen ging ihm auf die Nerven.

Und dann sehe ich noch, wie unsere Mutter aus der Tür kam, wie es ihre Art war, wie sie sich zusammennahm, wie sie sich selbst auf die Unterlippe biß und versuchte, sich Kraft zu geben. Und wie sie sich dann von den Kindern verabschiedete. Sie ging aufrecht zum Auto und stieg ein. Der Weg dahin muß ihr unendlich lang erschienen sein. Sie hatte einen Blick, der war wie Abschied.

Wir hatten das Empfinden, daß wir sie vielleicht nicht wiedersehen würden. Wir fünf blieben mit dem Hausmädchen in der Tür stehen und sahen ihr nach.«

»Wußte Ihre Mutter zu diesem Zeitpunkt schon, daß ihr Bruder Albrecht mit Stauffenberg erschossen worden war?«

»Sie wußte, daß er am Attentat beteiligt war. Es war ihr klar, daß ihre Verhaftung damit zusammenhing. Sie hatten ein sehr inniges Verhältnis miteinander. Er achtete sehr auf sie, und sie hat ihren älteren Bruder sehr bewundert.«

»Ihre Mutter wußte auch vom NKFD und daß ihr Mann von Hitler zum Tode verurteilt worden war. Es muß grauenhaft gewesen sein, was da psychisch in Ihrer Mutter vorging.«

Traurig sagt meine Gesprächspartnerin jetzt:

»Sie war anderthalb Jahre weg. Dann sind auch die Großeltern verhaftet worden. Unser Hausmädchen hat uns mal auf den Marktplatz mitgenommen. Von dort aus konnten wir das Gesicht unserer Mutter hinter einem kleinen vergitterten Fenster sehen. Wir begriffen nicht, daß wir nicht zu ihr durften. Sie hat es dem Gefängnisdirektor hoch angerechnet, daß er sie anständig behandelte, auch ihre Eltern und die Frau ihres Bruders Albrecht. Es gab keine Schikanen für sie.

Nach einiger Zeit aber wurde sie abtransportiert mit unbekanntem Ziel. Sie sollte nach Buchenwald kommen. Dort war aber alles überfüllt, und so kam sie mit anderen Generalsfrauen ins KZ Dachau.

Nach anderthalb Jahren ist sie sehr abenteuerlich zurückgekommen: zu Fuß und nur streckenweise auf einem LKW.

Sie hat immer wieder mit uns über diese Zeit gesprochen. Ihr war gesagt worden, daß ihre Kinder in irgendwelche Heime aufgeteilt werden und andere Namen bekommen. Die anderen Generalsfrauen hatten ihre Kinder bei sich, aber wir waren zu klein. So hieß es.«

»Die Witwe Stauffenberg war nur etwa drei Monate in Haft. Bei Ihrer Mutter ist es ja dann noch viel schlimmer gewesen«, sage ich.

»Ja. Durch den Vater, der im NKFD war. Es wurde ihr auch angetragen, sich von ihm zu trennen. Und dann schlug man ja besonders zu, weil ihr Bruder mit Stauffenberg und dem Attentat eng verbunden war.

Darüber, daß sie sich scheiden lassen sollte, konnte meine Mutter kaum sprechen, weil es sie so sehr verletzt hat.

Ich denke oft daran, wie sie die Frage an meinen Vater richtete: ›Otto, warum hast du gerade mich geheiratet?‹

Und Gudrun Kluge beschreibt die Mutter als eine gütige, kluge Frau mit wunderbaren Eigenschaften. »Sie war 18 Jahre jünger als mein Vater, sehr aufrecht und selbstbewußt und von einer seltenen seelischen Klugheit. Sie machte sich nie klein. Es war immer so ein Gefühl von Stolz und Dankbarkeit bei ihr zu spüren. Zueinanderstehen, gemeinsam im Leben Lasten tragen, das war ihre Vorstellung. Da hatte sie einen großen Idealismus, den sie auch an uns weitergab. Ich glaube, ich muß manche Dinge würdevoller tragen, so wie sie es tat.

Sie ist 1979 gestorben, Vater schon fünfzehn Jahre früher.«

Am Schluß unseres langen Gespräches zeigt mir die Korfes-Tochter noch die unveränderte Bibliothek ihres Vaters, das Haus, an dessen Eingangstür noch sein Namensschild hängt, und den Garten mit dem Erinnerungsstein an ihren Onkel Albrecht, Ritter Merz von Quirnheim.

Sein Todesdatum ist das gleiche wie das von Bernd von Haeften, General Friedrich Olbricht und Claus Graf Schenk von Stauffenberg, ermordet im Bendlerblock am 20. Juli 1944.

Bewegt von so viel historischer Präsenz in diesem Haus verabschiede ich mich. Gudrun Kluge-Korfes begleitet mich noch bis zur Brücke und sagt, sie würde mich anrufen, falls ihr Weg sie über Frankfurt führe. Davor würde sie sich nun nicht mehr fürchten. *Jetzt* habe sie den Mut dazu.

Der Krieg machte sie zur vaterlosen Tochter

Ruhelos reist sie von Archiv zu Archiv, immer auf der Suche nach Dokumenten über den Vater. Sie geht zu fast allen historischen Veranstaltungen mit dem Thema Zweiter Weltkrieg – Ostkrieg – NKFD.

Sie forscht und gibt auch aus ihrem Privatarchiv wichtiges Material an interessierte historische Institute weiter.

Ich habe sie mehrfach getroffen und mit ihr, der einzigen Tochter Oberst Steidles, lange Gespräche geführt.

Sie, inzwischen eine Frau von mehr als 70 Jahren, kann immer noch nicht fassen, daß ihr der Vater vom Krieg genommen wurde.

Längst hat sie ihr eigenes Frauenleben abgeschlossen, sich von ihrem Ehemann scheiden lassen und ist aus dem Ausland zurückgekehrt.

Immer wenn wir über den Krieg, und damit zwangsläufig auch über das NKFD, sprechen, sehe ich die zwanzig- bis dreißigjährige Frau vor mir.

Was hat dieser Vater ihr und der Mutter angetan? Warum ist er nicht zu ihnen zurückgekommen? Irgendwie ist sie emotional am Ende des Krieges oder in den 50er Jahren stehengeblieben.

Ihr Platz ist immer noch bedingungslos an der Seite der launischen, verwöhnten und empfindsamen Mutter, die in einem Kloster erzogen wurde.

Der Vater wird schonungslos verurteilt. Nur auf Nachfragen würdigt sie seine wichtige Tätigkeit im NKFD, äußert sie Anerkennung und Bewunderung. So ist das üblich gewesen, bei ihr zu Hause, bei der

Mutter, bei den vier Brüdern. Sie standen und stehen nicht auf der Seite des Vaters, scheinen kein Verständnis für sein Handeln zu haben.

Das ist fast ein Tabuthema. Wenn eben die Historiker nicht so ein Interesse an ihm hätten. Da geht man gnädig mit dem Glanz um. Da ist nichts zu bemerken vom Verständnis des Alters für seinen neuen politischen Weg, seiner Hinwendung zu einer jüngeren und sogar politisch engagierten Frau, die auch für ihn, als Mann, einen neuen Lebensanfang bedeutete.

Hiltrud Samara geb. Steidle

Sie als einzige Tochter ist selbst ein halbes Jahrhundert nach den Ereignissen noch bedrückt bei dem Gedanken an die ihr fremde Sicht der Dinge durch die Familie.

Eine grauhaarige Frau erzählt mir zwei Tage lang die Geschichte ihres Vaters. Das rührt mich. Ich habe viel über sie erfahren. Ihre Gefühle waren dabei deutlich zu erkennen.

Und um diese Gefühle nicht zu verletzen, möchte ich das Gespräch mit ihr nicht direkt wiedergeben, sondern nur auf Ereignisse und Situationen eingehen, die historisch und menschlich wichtig und von Interesse sind im Hinblick auf diese vaterlose Tochter.

1925 geboren, erlebt sie infolge der Machtergreifung die Entlassung ihres Vaters, der als Inspektor auf einem Gut arbeitet. Daraufhin folgt der erste von vielen Umzügen, die die schwächliche Mutter kaum verkraftet.

Die Achtjährige fängt hier bereits an, die Mutter zu stützen und ihre Vertraute zu werden. Eine schwere Aufgabe für ein kleines Mädchen. Die Tochter erfüllt sie aber bis zum Tod der Mutter. In Freud und Leid, immer auf ihrer Seite.

Den Vater hat sie ab 1933 nur noch sporadisch gesehen.

Als der Krieg beginnt, ist er zunächst auf dem Truppenübungsplatz Grafenwöhr. Wenn er mal nach Hause kommt, ist die Stimmung ernst.

Die große Tragödie, die die Familie zerstört, ist Stalingrad.

Von dort kommt der Vater nicht zurück.

Er tritt nach der Kapitulation der 6. Armee ins NKFD ein. Es ist sein Entschluß.

Nach dem Krieg geht er erst nach Berlin, dann in die sowjetische Besatzungszone nach Weimar.

Die Tochter sieht ihn als leicht zu begeisternden Idealisten und labilen Menschen. Es hat ihn wohl die Aufgabe gereizt, die man ihm anvertraute.

Im Westen hätte er vielleicht nicht Fuß fassen können nach diesem Engagement im NKFD. Es war wichtig für ihn, an etwas mitzuarbeiten, das ihn überzeugt. Um dieser Selbstverwirklichung willen hat er die Familie seiner persönlichen Entscheidung geopfert.

Für die Tochter bricht langsam eine Welt zusammen. Sie kann bis heute nicht verstehen, wieso er noch bis zuletzt sehnsüchtige Briefe geschrieben hat in der Hoffnung auf ein Zusammenleben.

Sie steht stark unter dem Einfluß ihrer religiös-konservativen Erziehung. Eine Scheidung war damals eine Schande, etwas Unmögliches.

Als einzige Tochter war sie seit ihrem 15. Lebensjahr immer zu Hause eingesprungen, um der Mutter zu helfen. Sie identifizierte sich stark mit ihr. Die Mutter hatte es immer wieder durchgesetzt, sie von irgendwelchen schulischen Aktivitäten zu befreien, damit sie bei ihr sein konnte.

Das war ihr sehr recht. Sie war wichtig für die Mutter als Bezugsperson und Freundin. Während der Sippenhaft und besonders danach.

Als die Mutter in Sippenhaft kommt, soll die 19jährige mit abgeholt werden, denn auch sie steht auf der Liste. Als der Polizeibeamte sieht, daß da noch zwei kleine Jungen sind, die keine Betreuung haben würden, läßt er sie jedoch ungeschoren. Die Mutter wird allein mitgenommen und kommt in Einzelhaft, von der Polizei Ehrenhaft genannt.

Sie ist Zeugin dieser Szene. Die Mutter ist in panischer Angst und verunsichert die Kinder umso mehr. Sie selbst ist ratlos und entsetzt. Aber sie weiß, daß der Vater dafür verantwortlich ist, daß er gegen Hitler gearbeitet hat. Den Begriff Sippenhaft kennt sie da (noch) nicht.

Im Gefängnis leidet die Mutter unendlich und wartet täglich auf die Besuche der Tochter. Diese muß ihr alles dorthin bringen: Kleidung, zusätzliches Essen und die gewaschene Wäsche. Die Tochter hat alles aus dieser Zeit aufbewahrt: alle Zettel und Briefe, die die hochsensible Mutter heimlich im Gefängnis geschrieben hat.

Sie empfindet wie sie: Wegen des Vaters müssen beide das alles erdulden.

Nach drei Monaten ist die Mutter wieder frei und holt ihren an der Front schwerverletzten ältesten Sohn einfach aus dem Lazarett in Görlitz ab. Sie hat damit keine Schwierigkeiten. Sie beruft sich auf ihren Mann, Oberst Steidle, Ritterkreuzträger und Stalingrader. Das reicht, um den Sohn mitzunehmen. Sogar noch einen Burschen bekommt sie mit. So erreicht sie vieles und so tritt sie auch im Arbeitsdienst auf, wenn die Tochter zu Hause gebraucht wird. Da sind ja auch noch die beiden kleinen Brüder.

Alle sind immer vor Ehrfurcht erstarrt, denn jeder wußte ja, daß die 6. Armee in Stalingrad ruhmreich untergegangen war. Deshalb erreicht sie, was sie will. Sie sagt natürlich nichts vom NKFD.

Nach dem Notabitur wird die Tochter für ein halbes Jahr zum Arbeitsdienst eingezogen. Dann immatrikuliert sie sich an der Universität München. Zu der Zeit sind auch die Geschwister Scholl dort. Sie sieht und hört nichts von der ganzen Aktion der »Weißen Rose«, obwohl sie täglich an der Universität ist. Auch nichts von dem, was in Dachau passiert. Lediglich, daß dort ein KZ ist.

Ende Januar 1943 erfährt sie durch den Rundfunk, daß die ruhmreiche 6. Armee in Stalingrad bis zum bitteren Ende ausgehalten habe und getreu ihrem Fahneneid untergegangen sei. Die Familie sitzt um den kleinen Apparat herum und die Mutter schreit auf. Das heißt, der Vater ist endgültig tot.

Einmal vorher ist verkündet worden, welche Ritterkreuzträger sich in Stalingrad befinden. Da ahnen sie seinen Tod bereits. Jetzt aber haben sie Gewißheit.

Die Familie läßt für ihn eine Totenmesse lesen, und alle gehen schwarz gekleidet zum Friedhof in die Kapelle. Die ganze Verwandtschaft. Es ist ein großer Trauerzug.

Auf dem Rückweg von der Totenfeier flüstert eine Nachbarin der Großmutter zu, daß der Totgeglaubte noch lebe. Sie habe Radio BBC, den Schwarzsender, gehört.

Da seien viele Namen von Offizieren verlesen worden, die Stalingrad überlebt hätten und sich in russischer Gefangenschaft befänden. Und da sei auch der Name Luitpold Steidle gefallen.

Das Flüstern geht durch den langen Trauerzug. Niemand weiß, was davon zu halten ist. Schließlich ist es ja verboten, Feindsender zu hören. Alle denken an einen Propagandatrick der Russen. Aber der Hoffnungsschimmer ist da.

Das erste Lebenszeichen bringt das Rote Kreuz.

Dann kommt ein Soldat, der über den Sender Freies Deutschland in Berlin eine Ansprache von Oberst Steidle an seine Frau gehört hat. Das ist wirklich die Bestätigung, daß er noch lebt.

Für die Tochter jedoch ist es ein Riesenschock, daß sich der Vater in der Gefangenschaft gegen Hitler gewendet hat. Der Vater als Nazi und Ritterkreuzträger war doch vor Stalingrad überzeugt von der Richtigkeit dieses Krieges gegen den Bolschewismus.

Nach dem Krieg ist deshalb die Beziehung zum Vater sehr gespalten. Sie macht ihm Vorwürfe, weil er nicht zur Familie zurückkommt.

Sie ist immer das Sprachrohr der Mutter und identifiziert sich mit ihr.

Nach und nach besuchen die Kinder den Vater in Weimar, wo er als Bürgermeister längst mit seiner neuen Frau lebt.

Die Tochter ist wieder entsetzt und weint fassungslos, als sie ihn wiedersieht. Er fragt nicht nach der Mutter oder nach der finanziellen Situation der Familie. Er hat sich etwas vorgemacht.

Sie will sein Verhalten verstehen können und spricht ihn deshalb von der Verantwortung frei. Seine zweite Partnerin ist für sie die Alleinschuldige.

Die schon immer schwierige Ehe der Eltern wird von ihr nicht mehr wahrgenommen.

Die Tochter bleibt bei jedem Besuch in Weimar reserviert und ablehnend.

Die Neue hat sich ja in diese Ehe gedrängt, zwischen Vater und Mutter, zwischen Vater und Kinder. Seine Briefe an die Kinder schreibt sie. Er unterschreibt nur. Aus Zeitgründen. Das kränkt wieder.

1948 reicht er die Scheidung ein, und die Mutter, die sich nicht scheiden lassen will, erhält fünf Jahre Aufschub. Bis 1953. Aber Hilde Benjamin, die Justizministerin unter Ulbricht, setzt die Scheidung innerhalb von vier Wochen wegen unüberbrückbarer weltanschaulicher Gegensätze durch.

Privat hat er die Familie und politisch hat er Deutschland verraten. Mitten im Krieg! Es wird ihr schwer gemacht, an diesen Vater zu glauben.

Sie weiß nicht, was sie denken soll, weiß nicht, was ihm zuzutrauen ist.

Sie kennt ihn überhaupt nicht mehr.

Hat sie etwas versäumt?

Aus der Rückschau bedauert sie, ihn so wenig besucht zu haben.

Sie leidet für die Mutter und wendet sich von ihm ab. Jetzt steht sie erst recht auf deren Seite. Die Mutter wird sie nie aus ihrem Leben entlassen. Aber das nimmt sie hin. In Briefen schreibt sie ständig von ihren Schwierigkeiten, ihren Depressionen.

Die Tochter lebt immer in Sorge um sie und fühlt sich verpflichtet, an ihrer Seite zu stehen.

Ihr eigenes Leben ist nebensächlich. Ihre Verlobung wird wieder gelöst. Es geht nicht. Sie muß sich die Zeit mit ihm stehlen. Der Haushalt der Mutter, die große Wäsche am Wochenende lassen ihr nicht die notwendige Zeit.

Auch nicht für das Studium.

Sie steht voll unter dem Einfluß der Mutter. Aber sie sieht sich als ihre einzige Stütze. Sie macht sich stark.

Sie gibt für alle Probleme dem Vater die Schuld. Wenn er wiedergekommen wäre, hätte er Einfluß auf sie ausüben können. Sie ist ihm ähnlich gewesen, extrovertiert und lebenslustig wie er.

Daß die Mutter vielem gegenüber feindlich eingestellt ist und alles Weibliche, wie schöne Kleider oder Parfum, ablehnt, überträgt sich: Die Tochter übernimmt die Schuld des Vaters.

Er hat der Mutter ein Leben zugemutet, das im Grunde für sie zu schwer war. Das macht der Tochter angst.

Die Vereinnahmung belastet und prägt sie.

Der abwesende Vater aber belastet sie um vieles mehr. Da er noch lebt, ist seine Abwesenheit für die Familie und besonders für die Tochter eine Tragödie. Sie kann ihn nicht entlasten.

Selbst heute noch nicht.

Sie ist immer noch unterwegs zu diesem Vater.
Immer noch auf der Suche.
In Archiven, auf historischen Veranstaltungen, in Gesprächen mit möglichen Zeitzeugen.
Ich wünsche dieser Tochter, daß sie ihn doch noch findet.
Um ihrer Ruhe willen.

VII Die Rache der Sowjets

Es ging auf Leben und Tod

Gertrud Baumann ist eine kleine, korpulente Frau. Sie wirkt äußerlich gesund und lebenslustig, wenn die Rückenschmerzen sie nicht plagen. Wenn es ihr gut geht, singt sie, lacht und feiert gern.

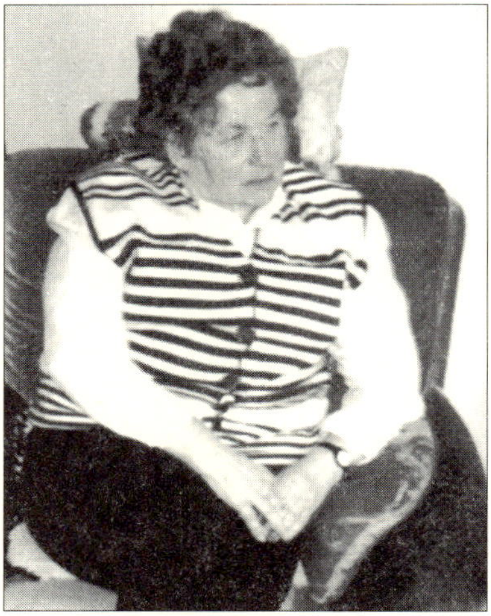

Gertrud Baumann

Wir trafen uns zum ersten Mal auf dem Seminar mit ehemaligen russischen Zwangsarbeitern in Frankfurt. Sie schien seltsam bedrückt während der ganzen Woche. Irgendwie stand sie mißtrauisch beiseite. Sie nahm nicht so richtig Anteil und schien sich vor etwas zu fürchten. Weshalb war sie überhaupt gekommen? Dann gelang es mir schließlich, mit ihr zu sprechen. Als sie meine ehrliche Anteilnahme erkannte, erzählte sie mir ihre Geschichte. So genau hat sie, wie sie sagte, bisher noch mit niemand darüber gesprochen.

Als sie 14 war, hat Hitler ihr Sudetenland »heimgeholt ins Reich«.

Wie geschah das?

Und sie erzählt:

»Es war September 1938. Wir hatten Angst, daß es zum Krieg käme. In der Politik und in den drei Parteien, der Henlein-Partei, den Kommunisten und den Christlich-Deutschen gab es Unruhe. Anfang September wurde die Brücke gesprengt, die über den kleinen Fluß Lausur beim Schöber, unserem Gebirgspaß, ging. Da sind wir alle nach Seifhennersdorf geflüchtet. Das war schon immer deutsch. Es liegt ungefähr 5 km von meiner Heimatgemeinde Schönborn entfernt. Wir dachten, daß die Tschechen ihre Gebiete dem Hitler nicht so einfach überlassen würden.

Sogar die alten Leute flohen. Meinen Großvater haben wir in den Leiterwagen gesetzt. Er war schon 88 und konnte schon gar nicht mehr laufen. Eine Bekannte meiner Mutter hat uns in all dem Durcheinander zu sich genommen. Panzer kamen schon. Unser Dorf Schönborn lag auf tschechischem Gebiet und wurde dann eben ›heimgeholt‹.

Eigentlich haben wir ja mit den Tschechen ganz gut zusammengelebt, bis auf einige Spannungen in den letzten Wochen. In unserer Gegend wohnten überall Tschechen. Es gab auch viele Mischehen. In Schönborn, in Varnsdorf, überall in den Grenzgebieten halt.

Einen Tag nach unserer Flucht hatte sich das Ganze schon beruhigt, und meine Mutter konnte mit meinem Bruder zurück ins Dorf.

Durch das Münchner Abkommen hatten die Tschechen bemerkt, daß das Ausland auf der Seite Hitlers ist, und gaben Ruhe.

Ja, und dann ist der Hitler durch das Sudetenland gefahren. Auch durch Schönlinde, unseren Nachbarort. Ich bin hin, wie die anderen. Das wollte ich mir nicht entgehen lassen. Da war ich 14.

16 km bin ich gelaufen, um ihn zu sehen. Er kam so um die Mittagszeit. Mit erhobenem Arm stand er im Auto. Die fuhren langsam durch den Ort, aber angehalten haben sie nicht. Ich habe ihn richtig gesehen, ganz nah.

Alles jubelte. Das war schon ein mitreißendes Ereignis.

Aber ich war eigentlich immer etwas zwiespältig. Ich konnte mich nicht so 100%ig für die Sache begeistern. Mein Vater war nämlich dagegen. Wir gehörten zu einem christlichen Turnverein, was bedeutete, gegen Hitler und gegen die Henlein-Partei zu sein, die ganzen Jahre schon. Trotzdem kam Hitler in dieser Zeit der Arbeitslosigkeit für viele als Retter. Mein Vater war ja als Webmeister auch sieben Jahre arbeitslos gewesen. Bei uns gab es viel Textilindustrie, in Varnsdorf und überall.

Die Leute riefen: ›Wir wollen heim ins Reich, heim ins Reich‹, weil sie vorher so unzufrieden waren.

Ich bin damals gerade aus der Schule gekommen und habe dann in Seifhennersdorf das Pflichtjahr gemacht bei einem älteren Ehepaar, das schon erwachsene Kinder hatte. Sie hießen Isterhel und früher, wie ich erfuhr, Israel. Das müssen Juden gewesen sein. Die besaßen zwei Kleiderfabriken, die sie aber verpachtet hatten. Vorne war das Herrenhaus. Oben sieben Zimmer. Bei ihnen habe ich im Haushalt geholfen. Von September 38 bis März 40.

Ich habe 15 Mark im Monat bekommen. Das war der Tarif einschließlich freier Zeit und Familienanschluß.

Und dann hatten sie ein Büro und Telefon, was mich schon immer begeisterte. Eine Schreibmaschine war da, auf der ich herumtippen konnte. Das gefiel mir alles sehr und deshalb wollte ich ins Büro.

Mit 15 habe ich bei einer Firma angefangen zu lernen. Industriekauffrau, wie es heute heißt. Auch Steno war dabei.

Die jungen Männer, die dort arbeiteten, wurden sofort eingezogen, als der Krieg anfing.

Wir bekamen dann bald Wehrmachtsaufträge. Für die mußten wir Decken machen. Wolldecken für die Kaserne. Da war ich bis Februar 1945.«

»Was hast du eigentlich bis dahin vom Krieg mitbekommen?«

»Sehr viel«, sagt sie. »Da sind ja die ganzen Trecks von Schlesien durch.

Der Krieg kam ja dann immer näher mit den vielen Luftangriffen.

Zum Beispiel in Dresden. Das haben wir alles gehört. Das war ja so gewaltig. Nur 60 km Luftlinie. Einfach furchtbar, wie das dröhnte. Sogar die Scheiben klirrten.

Und dann hat sich ein Arbeitskollege ziemlich bald freiwillig zur SS gemeldet. Der tippte vorher immer die Wehrmachtsberichte für sich auf der Schreibmaschine. Ein fanatischer Hitleranhänger.«

»Was haben die Leute damals so über die SS gesagt?«

»Bei den jungen Mädchen kam das sehr gut an. Bei der SS zu sein war schon was Besonderes.«

Dann lacht sie und spricht geheimnisvoll, als ob es sich um etwas Verbotenes handeln würde: »Die Uniform war wirklich schön.«

»Hast du etwas von der Gestapo bemerkt?«

»Nur 1938. Da sind bei uns von der Henlein-Partei die Kommunisten abgeholt worden. Ein Nachbar von uns ist auch nach Dachau gekommen.«

»Das habt ihr gewußt?«

»Ja.«

»Wie habt ihr euch denn Dachau vorgestellt?«

»Daß sie dort umgeschult werden zu Nazis. Daß dort ein Arbeitslager ist.

Mein Vater war ja immer gegen die Nazis. Er sagte, durch die gibt es Krieg. Und was das bedeutete, das wußte er vom 1. Weltkrieg her.

Er war ja sechs Jahre in Kriegsgefangenschaft. Und kam mit 21 Jahren, 1915, bereits nach Sibirien. 1921 durfte er erst wieder nach Hause.«

»Was hast du dir in deinem jungen Leben unter Krieg vorgestellt?«

»Was Schreckliches: Hunger, Entbehrung, Verwirrung, Zerstörung.«

»Auch daß man die Heimat verlieren würde?«

Jetzt sagt sie ganz entschieden: »Also damit haben wir wirklich nicht gerechnet. Am Anfang war ja der Vormarsch, ein Siegestaumel nach dem anderen. Es ging vorwärts, immer weiter, überall ist die Wehrmacht einmarschiert.

Es hieß damals, man solle an einen unbekannten Soldaten schreiben, der wenig Post bekommt. Das tat ich dann. So habe ich einiges von der Ostfront erfahren. Und stell dir vor, der wurde dann später mein Mann.«

»Was hat dein Vater von der Gefangenschaft in Sibirien erzählt?«

»Wenig. Nur, daß sie viel arbeiten mußten und nie satt wurden.«

»War es für deinen Vater, als die Russen kamen, nicht von Vorteil, daß er russisch sprach und in Sibirien gewesen war?«

Später erst verstehe ich, warum Gertrud jetzt plötzlich tief aufseufzt und einen Moment lang nicht weiterspricht. Dann sagt sie traurig:

»Ja schon. Er hat bei uns im Heu alle Mädchen und Frauen vom Dorf vor den Russen versteckt. Durch sein Russisch konnte er sie ablenken. Es war ein großes Durcheinander. Die SS und die Kamftruppen hatten viel Schnaps im Dorf gelagert und die Russen tranken alles aus. Aber die waren zum Glück nur auf dem Durchzug.«

Gertrud war seit 1940 BDM-Führerin. Jetzt wurde sie in Rumburk, der nächsten Kreisstadt, eingezogen, wo sie, mitsamt der Hitlerjugend, von Unteroffizieren zum Schießen ausgebildet wurde.

»Damit wir uns wehren könnten, wenn die Russen kommen. Ich habe scharfschießen gelernt. Mir hat das Spaß gemacht.«

Das war Anfang Mai 1945. Die Russen kamen immer näher.

Am 7. Mai bekamen Gertrud und ihre Gruppe den Befehl, sich nach Westen abzusetzen. Die Unteroffiziere haben Fahrräder organisiert. Die Führung sei aber mit Autos und Motorrädern verschwunden.

Ob sie nicht zu ihren Eltern ins Dorf habe zurückgehen wollen, frage ich sie.

Der Vater als Webmeister konnte doch mit seiner Familie bleiben. Die Tschechen brauchten doch Fachkräfte. Und außerdem hatten sie ja immer schon gut mit Tschechen zusammengelebt, kannten die Sprache und waren nie in der Henlein-Partei.

»Da war ich ja schon in Reichenberg. Das sind 60 km von meinem Dorf.

Ich hatte Abenteuerlust in mir und so kam mir der Befehl ganz recht. Ich wollte aber noch meinen Vater in Varnsdorf, an seiner Arbeitsstelle anrufen. Aber ich bin nicht mehr durchgekommen, denn es hieß, der Russe sei schon dort. Das war am 7. Mai 1945. Da bin ich dann natürlich nicht mehr nach Hause.

Wir sind im Eiltempo zu dritt losgefahren. Der Unteroffizier, der Spieß und ich. Die Straßen waren total verstopft. Aber mit dem Fahrrad haben wir es geschafft.«

»Euer Befehl war, euch als Militär nach Westen durchzuschlagen?«

»Ja, wir sollten von Reichenberg Richtung Melnik. Wir sind den ganzen Tag und die ganze Nacht Fahrrad gefahren. Wir wollten dort über die Elbe, aber das ist uns nicht gelungen.

Es ging auf Leben und Tod.

Wir haben uns wie wahnsinnig beeilt. Es ging doch um Minuten. Wir wollten nur rüber, bevor die Russen kamen. Aber als wir dann morgens früh in Melnik ankamen, waren sie bereits da.«

Melnik gehörte zum Protektorat Böhmen und Mähren. Das war das Gebiet, das 1938 nicht »heimgeholt« wurde. Die drei haben dann ihre Uniformen und Waffen weggeworfen, ihre Fahrräder nahmen ihnen Tschechen ab. Es gelang ihnen, sich noch einen Tag und eine Nacht zu verstecken. Sie wollten unbedingt über die Elbe, wo die Amerikaner waren.

»Galt der Ami bei euch als der bessere Feind?«

»Ja.«

»Vor den Tschechen hattet ihr keine Angst?«

»Nicht so viel wie vor den Russen.«

Dann gelang es ihnen, unbemerkt weiterzugehen. Sie befanden sich in der Nähe des Lagers Theresienstadt. Sie wurden von Tschechen aufgegriffen und gezwungen, den Weg ins Lager zu nehmen.

»Da kamen plötzlich in ihren gestreiften Anzügen Häftlinge auf uns zu und rissen uns alles weg, was wir noch hatten. Ich mußte den Rucksack mit den Stiefeln hergeben. Ich hatte gerade vorher meine Sandalen angezogen, weil es so heiß war. Wir konnten uns nicht wehren, weil wir wußten, daß der Krieg zu Ende ist, daß wir ausgeliefert sind. Und außerdem standen bei den Häftlingen auch tschechische Soldaten, die zuschauten.

Wir liefen dann weiter, ohne noch irgend etwas zu besitzen.

Plötzlich waren da die Russen. Die haben alles aufgesammelt, was so auf der Straße herumlief. Nicht nur Deutsche, sondern alle möglichen Nationalitäten, die freiwillig in der Wehrmacht gedient hatten.

Abends mußten wir Richtung Prag auf der Straße weitergehen. Das war ein langer Zug. Die Russen führten ihn an. Wir hatten Angst, daß sie uns nach Prag schaffen. Denn dort sei ein großes Blutvergießen, sagte man.

Plötzlich sollte ich stehenbleiben. Neben mir hielt ein Auto mit einem sowjetischen Offizier, der wollte, daß ich einsteige.«

Jetzt wird Gertruds Stimme brüchig.

»Er wollte wissen, warum ich da mit diesen Männern bin. Ich deutete auf den einen und sagte, das wäre mein Mann. Das hatten wir vorher ausgemacht.

Das Auto fuhr weiter. Sie schafften uns ins Dorf hinein. Dann kam die Gulaschkanone, und sie haben uns auf dem Dorfplatz zu essen gegeben. Die Männer lagen auf dem Boden herum. Es war ziemlich kalt, und ich setzte mich, um mich zu wärmen, an die Gulaschkanone.

Da stand eine russische Wache, die sich mit mir unterhalten hat. Und ich hab noch gedacht, so schlimm sind die Russen also doch nicht. Ich war die einzige Frau.«

Ich stelle mir die Situation vor: Gertrud, 20, ein hübsches, gutgewachsenes Mädchen mit strahlend blauen, lustigen Augen, im bunten, kniekurzen Sommerrock, enganliegendem, ärmellosem Pulli Söckchen und Sandalen.

So sieht sie auf einem Photo aus jener Zeit aus.

Und ringsherum: Soldaten … Männer … Russen …

Ich friere plötzlich bei diesem Bild.

Und sie erzählt weiter: »Morgens kam da so ein Wachhabender an und sagte zu mir – ich lag noch auf dem Boden und schlief – fort, fort, schnell, schnell! Ich sollte machen, daß ich wegkomme. Die anderen haben alle noch geschlafen.

Ich wußte, daß im Umkreis von ca. 50 km ein Onkel von mir wohnte. Und zu ihm wollte ich. Als ich schon ein Stück gelaufen war, kam ein

Russe mit einer Maschinenpistole hinter mir her und sagte, ich müsse zurück, er hätte seinem Kommandanten so und so viele gemeldet und die Zahl müsse stimmen.

In der Nähe des Platzes, wo immer noch alle anderen schliefen, hat er mich dann plötzlich durch das Hoftor eines Gehöftes gedrängt.

Und da stand der russische Kommandant, der in dem Auto saß!

Er war betrunken, denn er hatte so ein Flackern in den Augen. Er machte Zeichen, daß ich mit ihm gehen solle.

Eine tschechische Frau, der dieser Hof wahrscheinlich gehörte, sagte zu mir, ich sollte auf keinen Fall mitgehen. Im Hof und in der Scheune sei eine Horde Russen, die dort die ganze Nacht getrunken hätten. Als der Kommandant merkte, daß ich zögerte, zog er seine Pistole und hielt sie mir an die Brust. Ich schrie: Schieß doch, schieß doch.«

Gertrud schreit jetzt diese Worte heraus.

»Ich wollte auf keinen Fall mitgehen. Aber dann dachte ich, wenn er dich jetzt erschießt, weiß niemand, wo du bist.

Und ich ging mit.

Er packte mich am linken Oberarm und stieß mich brutal in die Scheune, wo viele Russen im Stroh lagen.«

Gertruds Stimme wird schwach, leise, langsam und sie ist voller Angst.

Sie schweigt. Wir schweigen beide.

Dann spricht sie weiter.

»Er hat mir gleich die Kleider runtergerissen.«

»Hast du dich nicht gewehrt?«

»Ich konnte doch nicht. Er war größer und stärker und ich war schwach und todmüde. Ich hatte schon nächtelang nicht geschlafen und einen brennenden Durst.

Dann ist er über mich hergefallen.

Außer dem Kommandanten kamen noch andere. Ich war so kaputt. Irgendwie habe ich gedacht, daß das doch nichts helfen würde, wenn ich schreie.

Ich ließ alles wie gelähmt über mich ergehen.«

Ihre Stimme flackert.

»Dann haben sie mich endlich losgelassen. Ich war wie in Trance. Und als der erste fertig war, wollte ich hoch, aber dann kam schon der nächste und stieß mich wieder runter. Bis es zehn waren. Ich habe das so einfach mitgezählt. Dann jagten sie mich raus auf den Hof.«

»Konntest du dich noch anziehen?«

»Ja. Aber ich hatte nicht viel an. Einen Pullover, einen Rock, die Unterhose hatten sie mir zerissen. Mehr hatte ich nicht mehr.

Dann durfte ich wieder raus auf den Platz. Dort waren inzwischen die Soldaten alle munter. Da stand ich nun. Vor aller Augen.

In der Zwischenzeit war ein tschechischer Polizist gekommen. Jene Tschechin hatte ihn wohl geholt und ihm gesagt, was passiert war. Er fragte mich dann aus und ich sagte ihm, daß ich aus der Tschechei, aus Rumburk sei. Der hat dann einen Zettel oder Passierschein geschrieben und gesagt, daß wir auf der Straße laufen dürften. Meinen Namen und die Namen der zwei, die sich mit mir durchschlagen wollten, hat er darauf geschrieben.«

»Deine beiden Kameraden lagen also vor dem Hof draußen auf dem Platz, als du von den Russen vergewaltigt worden bist?«

Sie nickt schnell hintereinander, wie gehetzt. Dann sagt sie: »Also stand ich da, den Zettel in der Hand, als wieder ein Russe auf mich zukam und sagte, daß der Zettel nur gültig sei, wenn der Kommandant ihn unterschrieben hätte. Und er zerrte mich am Arm in das gegenüberliegende Haus. Ich wollte nicht mit, aber er bedrohte mich mit seiner Maschinenpistole. Alle Soldaten auf dem Platz haben das mitbekommen.«

Gertruds Stimme ist jetzt ganz schrill.

»Er schob mich durch eine Küche, in der Frauen beschäftigt waren, und stieß mich nach hinten ins Schlafzimmer. Dort war schon wieder dieser Kommandant, der mich als erster mißbraucht hatte. Er warf mich auf die Betten und sich wieder auf mich.

Danach hat er etwas auf russisch auf meinen Zettel geschrieben. Aber bevor er mich dann hinausließ, kam noch sein Bursche, der mich auch packte und auf das Bett warf. Das war vielleicht eine Stunde vorher auch der zweite gewesen. Als er die Hose runterließ, habe ich nur widerliches, rohes Fleisch gesehen. Ich habe da gelegen und mußte hinschauen. Er stand ganz dicht vor meinem Gesicht, ich *mußte* hinschauen.«

Sie schüttelt sich vor Ekel.

»Das war 12mal. Die waren alle besoffen und haben nichts dabei gemerkt.

Die hatten wahrscheinlich auch lange keine Frauen gehabt. Deshalb waren sie einfach tierisch und brutal.

Ich war total in Abwehrstellung. Und todmüde. Ich hatte wahnsinnige Schmerzen. Ich wundere mich noch heute, wie ich das alles überstanden habe, wieso ich nicht gestorben bin.

Zum Glück konnte ich dann endlich aus dem Haus raus.«

»Deine zwei deutschen Begleiter haben davor auf dich gewartet?«

»Die haben gleich gesagt, wir wußten, was passiert, als die dich da reingeschafft haben. Aber die konnten mir nicht helfen, die waren doch entwaffnet. Es ging da ums Überleben. Jeder hat an seine eigene Haut gedacht. Die hatten auch Angst und wußten nicht, was mit ihnen noch passiert.«

»Haben die das etwa als selbstverständlich angesehen?«

»Das gehörte doch zum Krieg. Das war ja das, wovor alle Frauen Angst gehabt haben. Wir sind dann mit dem Zettel in der Hand Richtung Rumburk gelaufen. Unterwegs haben wir die russischen Worte vom Kommandanten unleserlich gemacht. Ich wußte nicht, was er drauf geschrieben hatte. Ich dachte voller Angst, daß er mich als Prostituierte bezeichnet hätte und daß man mich deshalb wieder vergewaltigen könne.

Und dann standen da die nächsten Russen. Mir blieb das Herz stehen.

Die haben uns doch tatsächlich noch mal alle drei wieder in eine Scheune geschafft.

Und wieder lag alles voller Männer. Aber diesmal nicht Russen, sondern Deutsche. Und die haben mir schnell eine Decke über den Kopf geworfen und gesagt, daß die Russen ständig Frauen herausholten. Ich verkroch mich und bin dann eingeschlafen.

Aber nicht lange danach haben die Russen uns rausgescheucht und wir mußten uns auf einen freien Platz legen. Hier die Frauen und dort die Männer.

In den Häusern ringsherum und im Freien feierten die Tschechen ihren Sieg und betranken sich. Irgendeine mitleidige Tschechin, die mir wohl ansah, was ich erlebt hatte, hat mir etwas Grießbrei zu essen gegeben.

Dann hieß es, daß wir alle nach Sibirien kämen zum Arbeiten. Am nächsten Morgen war Abmarsch. Vorne gingen die Soldaten, dann die männlichen Zivilisten, ganz hinten die Frauen.«

So kam Gertrud schließlich über die Protektoratsgrenze, sozusagen wieder auf deutschen Boden.

Vorher haben die Tschechen noch furchtbar gewütet. Sie sind aus den Häusern gekommen, haben den Leuten die letzte Habe abgenommen und sie bespuckt. Gertrud selbst besaß überhaupt nichts mehr. Da griffen dann sogar die Russen noch ein und verjagten die Tschechen.

Sie hatte sich in ihrer totalen Erschöpfung schon mit dem Gedanken abgefunden, nach Sibirien zu kommen. Sie dachte an ihren Vater, der dieses Schicksal ja erleiden mußte.

»Ich war völlig am Ende. Wir hatten den Krieg verloren! Wir wußten, wie es den Kriegsgefangenen geht. Das sah man schon vorher in den Wochenschauen. An Ausbrechen konnte man nicht denken, weil die russische Bewachung beritten war.

Bei einem Halt kamen die zwei Deutschen noch mal zu mir. Mir war unwahrscheinlich schlecht. So schlecht wie in meinem ganzen Leben noch nicht.

Nach einer Weile hieß es dawai, dawai, und ich bin in den Straßengraben gerutscht und hab mich dort zusammengerollt und bin liegengeblieben, weil mir so sterbenselend war. Nach einer Weile bin ich aus dem Schlaf hochgeschreckt. Die Straße war leer. Plötzlich hörte ich einen Zug pfeifen und dachte, da muß ein Bahnhof in der Nähe sein.«

»Konntest du nicht in irgendein deutsches Haus hineingehen und die Leute um Hilfe bitten?«

»Aber nein. Die haben doch niemand reingelassen. Auch die Deutschen nicht. Die hatten ja alle Angst. Es war doch Kriegsende im Grenzgebiet. Ich habe es probiert.

Dann habe ich schmutziges Wasser getrunken vor Durst. In dem waren Frösche. Ich bekam schrecklichen Durchfall. Schließlich fand ich den Bahnhof. Und es ging auch tatsächlich ein Zug. Ich fuhr einfach ein Stück mit. Als er wieder hielt, bin ich ausgestiegen. Das war in Aussig. Ich lief durch Straßen voller Flüchtlinge und Soldaten.

Ich wollte jetzt nur noch nach Hause, nach Schönborn, zu meinen Eltern.

In einem Metzgerladen habe ich gefragt, ob sie mir etwas zu trinken geben würden. Und sie haben mir auch erlaubt, daß ich mich etwas wasche und hinlege in ihrer Küche. Auf dem Sofa bin ich gleich wieder eingeschlafen. Aber vorher fragte ich noch, ob nicht etwa Russen im Haus wären. Als mich die Leute später wachmachen wollten, kam ich aber kaum zu mir. Also durfte ich noch eine Nacht in der Kammer schlafen.

Danach ging es mir besser. Mit dem Zug kam ich bis Tetschen. Dort verbrachte ich eine Nacht im Bahnwärterhäuschen. Stundenlang hörte ich Schreie von Frauen aus der Bahnhofshalle. Die hatten alle die Russen geholt. In dieses Häuschen ist aber zum Glück niemand gekommen.

Am nächsten Morgen fuhr ich mit dem Zug bis Röhrsdorf. Die Strecke kannte ich. Jetzt mußte ich nur noch 20 km über den Schöber laufen. So heißt das Gebirge in der Nähe des Dorfes.

Aber überall unter den Bäumen lagen Russen. Es war erst Vormittag. Die schliefen ihren Rausch aus.

Ich ging auf der Hauptstraße, aber andere gingen da auch. Was willst du denn machen? Da hast du keine andere Wahl. Die Russen taten, was sie wollten, und die Leute mischten sich nicht ein, konnten es nicht, wenn die Russen wieder Frauen holten.

Am 15. Mai nachmittags betrat ich mein Dorf. Ich weiß noch, daß mich mein Vater umarmt hat, wie nie vorher in meinem Leben.

Er hatte mich schon kommen sehen. Als erstes hat er mich gefragt, ob mich die Russen mißbraucht hätten.

Ich konnte kaum sprechen, habe meinen Eltern nur gesagt, daß ich baden möchte. Da war meinem Vater klar, was passiert war.

Ich konnte kaum essen, nur baden, baden wollte ich, nichts als baden.

Ich habe tagelang apathisch im Bett gelegen. Ich wollte nur noch schlafen.

Meine Eltern sagten zu mir, ich dürfe nicht darüber sprechen, niemand solle das wissen. Das wäre eine Schande für die Familie.

Mein Vater hat vielen Frauen im Dorf helfen können, indem er sie bei uns im Haus versteckte und die Russen von unserem Haus fernhalten konnte. Deshalb ist auch meiner Mutter nichts passiert. Nur mir hatte er nicht helfen können!

Im November bin ich dann für längere Zeit nach Schönlinde ins Krankenhaus zur Beobachtung gekommen, weil ich mich immer noch sehr schlecht fühlte.

Physisch und psychisch. Es war klar, daß ich mich angesteckt hatte: Syphilis. Meine Eltern konnten mir nicht helfen, denn es wurde einfach nicht darüber gesprochen.

Mein Gesundheitszustand hat mich schwer belastet. Die Zustände im Krankenhaus waren katastrophal, mehr als 20 Frauen in einem kleinen Raum. Neben mir auch Sterbende! Ich war von November 45 bis Februar 46 im Krankenhaus und nichts wurde besser. Die haben mir auch noch Malariabakterien eingespritzt, damit ich hohes Fieber bekomme, um so die Krankheit besser in den Griff zu bekommen.

Penicillin hätte mir geholfen. Aber das bekamen nur Tschechen und Russen.

Ein Jahr nach der Ansteckung war ich so entmutigt, daß ich immer wieder über die Grenze ging, was streng verboten war, hin und her, immer in der Hoffnung, die würden mich erschießen. Ich hatte das Leben total satt. Ich hatte ständig Schmerzen und fühlte mich sterbenselend. Dauernd trug ich die Erinnerung an diese Geschehnisse mit mir rum. Wie gesagt, es war ja eine Schande, daß mir das überhaupt passierte. Und ich fühlte mich schuldig dabei.

Warum war ich bloß nicht zu Hause geblieben und wollte unbedingt über die Elbe!

Im August 46 hieß es, ein Transport ginge nach Westen. Ich habe mich sofort gemeldet. Ich konnte so nicht weiterleben. Meine Hoffnung war, da sie mich an der Grenze nicht erschossen hatten, daß ich im Westen vielleicht behandelt und gesund werden könnte. Ich ging nach Leipzig, wo ich meinen Brieffreund kurz getroffen habe. Dort haben sie mir auch nicht helfen können. Dann ging ich doch wieder zu meinen Eltern zurück. Heimlich, denn ich war ja jetzt ausgewiesen. Ich konnte mich gerade satt essen und bin dann wieder weg. Zu Fuß. Nachts. Ich hatte keine Angst. Ich kannte den Weg, jeden Stein. Dann bin ich wieder nach Leipzig. Zu ihm und seiner Mutter.

Wegen der Arbeit wollte ich schon in Leipzig bleiben, obwohl das noch Sperrgebiet war. Auf dem Arbeitsamt hat man mir gesagt, wenn ich Uniformen für russische Soldaten nähe, bekomme ich die Zuzugsgenehmigung.

Das habe ich dann schweren Herzens getan. Ich wollte eigentlich nie mehr etwas mit Russen zu tun haben.

Auch wegen meines Brieffreundes bin ich da geblieben. Ich wurde von ihm schwanger. Und war noch nicht gesund! Aber ich erfuhr, daß man mir Wismuth und Quecksilber gespritzt hatte, weil es für mich kein Penicillin gab. Durch diese Schwermetallablagerungen habe ich bis heute diese schrecklichen Rückenschmerzen. Ich hatte überhaupt nicht damit gerechnet, daß ich noch schwanger werden könnte. Trotzdem geschah das Wunder: Meine Tochter kam in diesem elenden Hungerwinter gesund zur Welt.

Bis zum Kriegsende hatte ich ein unbeschwertes Leben zu Hause mit den Eltern. Es war wie im Paradies.

Im Mai 1945, als ich wegging, fing das Elend an.

Mit dieser Russengeschichte. Dann die Erkrankung. Die Nachkriegsjahre waren auch sehr schwer. Dieser Hungerwinter 46/47 in Leipzig war furchtbar. Wir sind oft schwarz über die Grenze zu meinen Eltern und haben uns dort satt gegessen. Mein Mann ging ja dann mit. Das war alles auch schrecklich.

Meine Mutter hat immer gesagt, man muß untertreiben. Übertreiben tun die anderen. Ich habe mein ganzes Leben das Gefühl, ich trage Schuld für das, was mit den Russen passiert ist.«

Gertrud Baumann hat mit mir eine Reise nach Minsk gemacht.

Als Vertreterin der Zeitzeugengeneration. Und dort hat sie plötzlich gesprochen. Vor 60 Personen. Es waren mindestens zehn russische Männer aus ihrer Generation dabei. Auch solche, die mit der Roten Armee 1945 die Grenze des Deutschen Reiches überschritten hatten.

Wir Jüngeren trauten unseren Augen und Ohren nicht, als diese Frau plötzlich mitten in einer Diskussion über den Zweiten Weltkrieg, besonders über Greuel der Deutschen in den besetzten Gebieten, aufstand und verkündete, sie müsse den Russen unbedingt etwas sagen.

Und dann sprach sie.

Ich war wie gelähmt. Aber ich wußte, das war ihre Chance, sie mußte es sagen. Sie sprach sich alles von der Seele. Sie schaute ihrer Generation, den Männern, den Russen, gerade ins Gesicht. Sie sagte in einfachen Worten, was ihr passiert ist.

Und diese Männer? Diese Russen, was taten sie?

Sie schwiegen. Zwei gingen einfach raus. Es interessierte sie nicht. Aber sie sprach unbeirrt weiter.

Ich bin ganz sicher: Auch nur *ein* Wort des Bedauerns hätte dieser Gertrud Baumann sicher gutgetan!

VIII Dem Schrecken des Krieges nicht begegnet?

Das wollte ich mir nicht befehlen lassen

Sie ist beharrlich, stur, beinahe aufdringlich, wenn sie etwas erreichen will. Und sie will noch viel erreichen, noch viel sehen, viel reisen und viel malen. Mit 75 erst hat Maria Gerhardt ihren Lebensinhalt gefunden. Jetzt ist sie über 80. Schon über 15 Jahre im Ruhestand, engagiert in der

Maria Gerhardt

Kirche ihres Taunusstädtchens, an allen Fragen des politischen Lebens interessiert, hat die promovierte Historikerin, ehemals Journalistin bei der Höchst AG, ihre Nische gefunden: Sie malt. Erfolgreich. Als sei das immer ihr Lebensziel gewesen. Als sie 74 war, habe ich sie kennengelernt. Auf einer Rußlandreise. Sie war diejenige der Zeitzeugen, die tief bereute, die wirklich litt und die es sich nicht leicht machte. Sie gab ihre Unbekümmertheit von damals zu, sie verdammte nicht das Regime, sondern ihre eigene oberflächliche, naive Haltung. Alles, was sich ihr an Annehmlichkeiten bot, hat sie mitgenommen und nicht nach den Schatten geschaut, die dieses Regime warf.

Heute tut es ihr zutiefst leid, sich nicht von Anfang an dagegengestellt zu haben.

Wir haben zusammen eine zweite Reise nach Rußland unternommen, und wieder hat Maria ihr Verhalten von damals tief bereut, Buße getan und Hilfe geleistet, wo sie auch immer konnte: in Minsk, in Moskau, in Wolgograd.

Bei einem Treffen von deutschen und russischen Kriegsveteranen in Minsk stand sie in der deutschen Gruppe. Als Frau. Ja, sie sei ehemalige Wehrmachtsangehörige!

Am 6. Januar 1916 im Ersten Weltkrieg geboren und als eines von 5 Geschwistern in Hagen aufgewachsen, besuchte sie das Oberlyzeum, das sie mit dem Einjährigen abschloß. Das Abitur hat sie dann im Krieg, an der deutschen Schule in Brüssel, als sie schon in der Wehrmacht war, nachgemacht.

Wie kam sie überhaupt nach Brüssel, wie kam eine deutsche Frau damals in den Wehrmachtsdienst?

Und Maria erzählt: »Ich bin gleich zu Anfang des Krieges eingezogen worden. Als die Wehrmacht den Westfeldzug begann. Aufgrund meiner Fremdsprachenkenntnisse.

Man hat damals alle, die man gebrauchen konnte, registriert. Daher wußte man genau, wohin die einzelnen paßten.

Als der Krieg mit Polen begann, war ich in Hagen. Ich erinnere mich noch an die Szene zu Hause, als wir im Radio hörten ›seit einer Stunde wird zurückgeschossen ...‹ Meinem Vater wurde schlecht. Er ging aus der Küche raus, in der ich mit meinen Eltern saß. Meine Mutter ging ihm nach und kam mit traurigem Gesicht zurück.

Sie hatten schließlich drei Söhne, und sie ahnte, was auf sie zukommen würde. Meine Gefühle und Gedanken von damals kann ich nicht mehr beschreiben. Ich kann nur so viel sagen, daß man damals einfach so vor sich hin gelebt hat.

Ich bin als junges Mädchen in der evangelischen Jugend tätig gewesen, allerdings nicht im BDM. Bis 1934 brauchte man da nicht drin zu sein, wenn man in irgendeinem anderen Verein war. Und ab 18 kam die Frauenschaft. Aber ohne Zwang. Mich hat der Turnverein davor bewahrt.

In der evangelischen Jugend war plötzlich verboten worden, Wanderungen oder Rotkreuzkurse zu machen. Das blieb ab jetzt der Hitlerjugend vorbehalten. Und da mich das ziemlich empörte, hatte ich keine Lust, bei denen einzutreten. Gemacht haben wir allerdings nichts dagegen.«

»Was hättest du denn damals überhaupt tun können?« frage ich sie.

»Ja, das ist es eben. Ich weiß es nicht«, sagt Maria irgendwie hilflos.

Meint sie, vor mir, der Nachgeborenen, unbedingt ihren Widerstandswillen darlegen zu müssen?

Sie hätten auf ihren Heimabenden in der evangelischen Jugend immer über deutsche Geschichte und nicht über Tagespolitik gesprochen. Das sei ein Fehler gewesen.

Was war am 9. November 1938? Wo war sie da?

In ihrer Stimme liegt Erschrecken: »Da war ich in Duisburg und habe diesen Tag sehr bewußt erlebt. Dieses Bild habe ich jetzt noch genau vor Augen. Es war furchtbar. Ich fuhr am späten Nachmittag mit dem Rad mitten durch die Stadt. Ich kam gerade von der Arbeit.

Da kamen mir die mit den roten Armbinden und den Hakenkreuzen entgegen und schrien: ›Die Synagoge brennt, die große Synagoge brennt.‹ Zunächst dachte ich an nichts Böses. Es kann ja mal etwas brennen. Aber dann hörte ich Scheiben klirren. Es wurden Sachen aus den Fenstern geworfen. Schreie kamen aus den Häusern, in denen jüdische Bürger wohnten.

Ich fuhr voller Angst zu meinem Bruder. Am folgenden Wochenende, bei meinen Eltern in Hagen, konnte ich endlich von meinem Entsetzen reden.«

»Was hast du gedacht? Was ist da für dich passiert?«

»Wir waren einfach empört«, antwortet Maria erregt auf meine Frage. Und sie versucht mir ihr damaliges, wie sie meint, schuldhaftes Verhalten begreiflich zu machen: »Es gibt doch immer mal Dinge, mit denen man unzufrieden ist. Das ist doch heute genauso.«

Jetzt hake ich ein: »Hast du da nicht gedacht, daß du etwas tun müßtest? Den jüdischen Familien beistehen?« Sie zögert mit der Antwort: »Was soll ich dazu sagen? Ich hätte natürlich irgendwie helfen müssen.«

»Aber du hast es doch als Ungerechtigkeit empfunden?«

Jetzt sagt sie schnell, als griffe sie nach einem Strohhalm: »Ja, ja. Natürlich als Ungerechtigkeit. Dazu kommt aber: In Hagen gab es zwar viele jüdische Geschäftsleute, aber bis zu Beginn des Krieges wurde niemand aus den Häusern geholt. Bei uns in der Nähe wohnte ein behinderter Mann, der immer, wenn er bei uns vorbeikam, von meinem Vater eine Zigarre bekommen hat. Der war dann plötzlich nicht mehr da. Und wieder glaubten wir, irgend etwas zu wissen.«

»Man ahnte, aber man wußte doch nicht«, verbessere ich sie vorsichtig.

»Doch, man wußte. Mein Vater war Mitglied der Bekennenden Kirche, und wir haben erfahren, was der Wuermeling von der Kanzel herunter verkündete.

Ich verteilte ja als junges Mädchen noch Flugblätter, als mein Vater für den Kirchenvorstand gegen die nazifreundlichen Deutschen Christen aufgestellt worden war. Die haben dann ja auch gewonnen. Einer unserer beliebtesten Pfarrer kam eines Tages mit SA-Stiefeln auf die Kanzel.

Ich habe einem Sextaner Englischunterricht gegeben, weil die Familie auswandern wollte. Mein Vater hat mich immer bis zu dem Haus begleitet. Damit ich mich sicher fühlte. Und damit niemand sah, daß ich in ein jüdisches Haus ging. Das war vor 1938, und auch da schon nicht ungefährlich.

Mein Vater erzählte einmal, er habe einen Bekannten, einen Herrn Menzel, auf der Straße getroffen, aber der sei auf die andere Seite gegangen. Wahrscheinlich, damit er ihn nicht zu grüßen brauche. Das war lange vor 1938.

Es wurde nicht groß begründet, daß ich 1933 nicht zum Fackelzug gehen durfte. Das war einfach so. Deshalb habe ich wohl auch nicht nachgefragt. Obwohl ich schon 17 war.

Ich erinnere mich an unseren Mathelehrer, der auch Nazi gewesen ist und mit uns manchmal im Unterricht über die ›Bewegung‹ geredet hat und nicht nur über Zahlen.

Ich glaube, man hätte vielleicht doch etwas ändern können. Deshalb sage ich immer, ich habe damals nicht genügend darüber nachgedacht. Das bereue ich unendlich. Man sollte überhaupt mehr nachdenken, sich mehr informieren.«

Dann erzählt sie, wie sie eingezogen wurde: »Ich bekam vom Arbeitsamt die Nachricht, daß ich in die Wehrmacht dienstverpflichtet sei. Und zwar direkt zur Kommandantur, die für Belgien bestimmt war.

Das war mir sehr recht. Ich kam raus, ich kam nach Brüssel. Das war schön für mich. Ich habe keinen Augenblick gedacht, was ich als Frau in der Wehrmacht soll. Daß ich von nun an fast nur noch unter Männern sein würde, ist mir erst später richtig zum Bewußtsein gekommen.

Es war im Mai 1940. Mit meinen 24 Jahren bin ich mit dem Zug über Maastricht durch jubelnde Menschen gefahren. Wir konnten aussteigen, uns die Stadt ansehen und uns dort neu einkleiden. Ich habe das deshalb so gut in Erinnerung, weil ich einen zu großen und einen zu kleinen Schuh anhatte. Das bemerkte ich aber erst in Brüssel.«

»Wer hat denn da so gejubelt?«

»Na die Belgier«, sagt sie lachend.

»Genauso haben sie gejubelt, als wir dann 1944 mit dem Treck wieder rausfuhren aus Belgien.

Ich sehe uns durch Maastricht und durch Loewen gehen, wir waren ziemlich viele Frauen, alles Sekretärinnen und Telefonistinnen. Wir nannten uns zunächst nicht Stabshelferinnen. In Brüssel wurden wir in den schönsten Hotels untergebracht und hatten sehr viel Arbeit.«

Und sie erzählt mir begeistert:

»In der Rue Royale gab es wunderschöne Büroräume. Die Chefs waren alle Männer, Militär, Verwaltungsoffiziere, Oberkriegsverwaltungsräte.

Mit Offizieren hatte ich direkt zu tun, als ich die ganzen Geheimsachen übertragen bekam. Ich war in der Oberfeldkommandantur und kam wegen meiner Sprachkenntnisse als einzige der Frauen zur Außenstelle nach Antwerpen. Es ging dabei um die wirtschaftliche Verwaltung der Stadt.

Dort hat es mir gut gefallen. Ich war die einzige Frau. Es ging dort auch um die Diamanten. Die wurden für die Rüstungsindustrie gebraucht. Ich hatte einen ganzen Panzerschrank voll Rohdiamanten in meiner Obhut. Ich bin aber nicht auf die Idee gekommen, mir einen davon zu nehmen.«

»Was waren denn das für Geheimaufträge?« frage ich sie.

»Es ging um Geiselerschießungen. Ich verwaltete die Papiere.«

»Wer wurde als Geisel erschossen?«

»Partisanen oder Männer aus dem Untergrund. Die haben Wehrmachtsangehörige erschossen. Aus Haß oder anderen Gründen. Bekam man die nicht zu fassen, dann wurden bedeutende Männer, z. B. Industrielle, als Geiseln genommen und erschossen. Für jeden toten Deutschen hat man vier Belgier als Geiseln genommen. Ich hatte alle Papiere dazu in meiner Obhut. Das nannte sich dann Geheime Kommandosache.

Dabei ging es auch um England. Es hieß ja eine Zeitlang, wir kämen dorthin. Was das für Papiere waren, weiß ich nicht. Ich habe sie nicht angeschaut.«

»Kann man heute, mehr als 50 Jahre später, sagen, daß du davon wohl welche hättest verschwinden lassen können?« frage ich sie.

»Das hätte ich können, wenn ich nicht wirklich alles so sehr treu und brav getan hätte. Ich wäre gar nicht auf die Idee gekommen. Ich wundere mich heute, warum ich nicht einmal gesagt habe, ich hau ab.«

Maria Gerhardt spricht beinahe tonlos, fremd, als könne sie das Ganze überhaupt nicht mehr begreifen.

»Natürlich wäre ich dann ins Gefängnis gekommen.

Da habe ich übrigens auch gedolmetscht. In Brüssel bei lächerlichen Diebstählen, wo oft auch geschlagen wurde. Ich habe mich schließlich geweigert, das mitzumachen.

Daraufhin wurde ich versetzt. Es ist mir nichts passiert. Im Gegenteil.

Ich habe eine bessere Stelle bekommen und man hat mich dringend gebeten, nichts nach oben zu melden. Das habe ich auch nicht getan, denn dann wären alle Verhöre der letzten Zeit für null und nichtig erklärt und alles wäre wiederholt worden.

Ich hatte sehr engen Kontakt mit einem belgischen Rechtsanwalt, der für die Nazis arbeitete. Der hat mir erzählt, was da ablief in den Kellern der Sicherheitsdienste. Ich habe auch die Schreie gehört in der Nacht.«

Maria Gerhardt war fast fünf Jahre in Belgien. Und nebenbei hat sie auch in Brüssel die Reifeprüfung gemacht.

»Das mit dem Abitur war reiner Zufall. Die Wehrmacht hat viele Fortbildungskurse angeboten. Eines Abends habe ich eine Kollegin begleitet und erfuhr dann, daß ich hier in nur einem Jahr das vollständige Abitur machen könne. Auf diese Weise habe ich ein vollgültiges in sieben Fächern abgelegt. In den Sprachen Englisch und Französisch mußte ich nicht viel tun, und auch Deutsch lief ganz gut. Viele haben anderes gemacht oder sich mit den Offizieren eingelassen.

Ich hatte einen sehr guten Freund in Antwerpen. Einen Offizier, der dann nach Rußland mußte.«

Ich möchte noch einmal auf das Opponieren zurückkommen und frage sie, ob sie irgendwo und irgendwann in dieser Zeit zu irgend etwas einmal »nein« gesagt hätte.

Zunächst bekomme ich darauf keine direkte Antwort, sondern sie erzählt einfach weiter: »Dann wurde ich nach Holland geschickt, nachdem man mich eingekleidet hatte. Jetzt trug ich Uniform.

Ich kam dann zu General Blaskowitz nach Holland und zu General Hofmann, dem Chef des Stabes.

Ich fuhr allein mit dem Zug in die Niederlande, stieg irgendwo aus und mußte von einer Feldgendarmerie zur anderen, auch allein über

Schneefelder, bis ich dann an meinem Arbeitsplatz ankam. Es wurde nicht gesagt, wohin ich käme. Ich wurde nur immer weitergeleitet. Den Ort weiß ich auch heute noch nicht.

Ich war ungefähr fünf Monate in Holland. Im Mai 1945 mußten wir raus.

Ich habe nie mehr erfahren, was aus diesen Offizieren geworden ist. Ich weiß nur, daß General Blaskowitz die Festung Holland, wie sich das nannte, bis zum bitteren Ende hielt.

Dann wurden wir, also alle leitenden Leute der Heeresgruppe G, von den Engländern nach Norden gebracht. Ich sehe mich noch auf einem englischen Jeep sitzen. Wir sollten dort an der schleswig-holsteinischen Seenplatte auf Bauernhöfen gefangengesetzt werden.

Die Offiziere mußten sich nun ja verantworten. Dönitz war etwas weiter weg, wo die eigentliche Kapitulation stattgefunden hatte.

Wir mußten dort mehrere Wochen warten. Es war Sommer und wir hatten viel Zeit. Ich habe mir aus allen möglichen Vorhängen, die mir die Leute so gaben, Zivilkleidung genäht.«

Um nach Hause entlassen werden zu können, habe sie die Adresse eines Bekannten in Hamburg angegeben.

»Meine Entlassungspapiere konnte ich mir dann in Lübeck abholen, was bedeutete, daß ich dann Zivilistin war. Ich hatte in Norddeutschland auch erfahren, daß mein Vater gestorben und meine Mutter ausgebombt war.

Ich gebe zu, daß dies die einzigen traurigen Momente während der sechs Jahre Krieg für mich gewesen sind. Das ganze Kriegsgeschehen habe ich von meinem sicheren Platz im Westen mitverfolgt.«

Wenn sie an die damalige Zeit zurückdenkt, sieht sich Maria Gerhardt heute als naives, harmloses und unpolitisches Mädchen, das treu und brav seine Arbeit an der Westfront verrichtete. Der Vernichtungskrieg im Osten hat sie wenig interessiert.

»Was wußten wir denn damals in der Wehrmacht schon, was im Osten passiert?«

»Aber euch war schon klar, daß im Westen alles viel angenehmer ist?«

»Aber ja. Vor allem auch deshalb war mir der Unterschied bewußt, weil zwei meiner Brüder im Ostkrieg waren. Denen habe ich ununterbrochen Schokolade und andere Dinge geschickt.«

»Hast du vom Attentat am 20. Juli etwas mitbekommen?«

»Was da in Paris stattgefunden hat und wer da alles verhaftet worden ist, hat mich sehr berührt. Aber sonst habe ich nicht viel darüber gehört.

Den Krieg erlebte ich nur aus der Ferne. Bombardements oder sonstige schreckliche Dinge sind mir erspart geblieben.

Da ich immer sehr an Geschichte interessiert war, wußte ich, daß Kriege einfach zum Leben dazugehörten. Ich bin so aufgewachsen. Ich wußte es nicht besser.«

Als der Krieg zu Ende war, studierte Maria in Hamburg Geschichte, Soziologie und Staatsrecht.

Fritz Fischer war einer der jüngsten Professoren. Ein interessantes Semester habe bei Prof. Zechlin zum Thema Widerstand im Nationalsozialismus stattgefunden. Dazu war Axel von dem Bussche in die Uni eingeladen worden, etwa 1949.

Alle hätten ihn damals angegriffen und ihn gefragt, wie er es mit seinem Gewissen habe vereinbaren können, den Führer töten zu wollen.

Während sie dies sagt, räuspert sie sich, als schnüre ihr etwas die Kehle zu.

Es habe eine ganz eigenartige Stimmung in dem Seminar geherrscht.

Zechlin wäre höchst unzufrieden mit seinen Studenten gewesen, und von dem Bussche habe traurig gewirkt. So hatte er es sich bestimmt nicht vorgestellt.

Ich frage sie zum Schluß: »Was für ein Krieg war das für dich?«

Sie darauf: »Man weiß doch, daß in Kriegen immer Schreckliches passiert, auch wenn man es selbst nicht direkt miterlebt.

Ich hatte eine interessante Zeit. Wir saßen abends im Casino, haben Karten gespielt, uns unterhalten, Wein getrunken. Wir haben auch viel getanzt. Ich habe in den Jahren in Belgien und Holland mehr getanzt als in meinem ganzen Leben. Wir sind an den Wochenenden quer durch Frankreich und Belgien gefahren. Ich habe Paris kennengelernt. So habe ich den Krieg erlebt.

Und dafür schäme ich mich in Grund und Boden.

Ich will aber noch etwas sagen: Damals wurden öfter zu uns ins Offizierscasino verwundete Soldaten eingeladen. Sie kamen in Rollstühlen, ohne Arme, ohne Beine. Es war nun bestimmt worden, daß wir Frauen, ob Stabshelferinnen, Telefonistinnen oder Sekretärinnen, sie unterhalten und mit ihnen Kaffee trinken sollten.

Einmal hieß es, morgen kommen wieder verwundete Offiziere, es sollten bitte alle Frauen kommen.«

Jetzt beantwortet sie meine Frage, die ich vorher gestellt hatte, ob sie zu irgend etwas irgendwann nein gesagt hätte: »Ich wollte nicht kommen. Ich habe das sogar schriftlich abgelehnt. Ich ließ mich nicht zwingen, Konversation zu machen. Das war nicht mein Auftrag. Ich war dienstverpflichtet für andere Tätigkeiten. Das hat vielleicht Furore gemacht! Ich bekam beinahe Schwierigkeiten. Aber ich habe mir das nicht gefallen lassen.«

Maria muß meine Fassungslosigkeit bemerkt haben, denn sie sagt jetzt laut und dominant: »Ich war eine Frau. Und als Frau kann man mir nicht befehlen, Soldaten zu unterhalten.«

Ich verstehe nichts und sage: »Das waren Verwundete, die ihren Kopf für das Vaterland hinhalten mußten, während du es gut hattest.«

Und da sagt sie, wie mir scheint, stur und weltfremd: »Ja, die Frau in mir, der nicht einfach gesagt werden kann, mit wem sie abends die Freizeit zu verbringen hat, hat hier nein gesagt. So würde ich heute wieder handeln. Mich ärgerte, daß es ein Befehl war. Wenn sie mich darum gebeten hätten, wäre ich vielleicht hingegangen.

Die anderen Frauen haben das nicht gewagt. Die anderen beknieten mich: ›Mensch, komm doch, mach dir doch keine Schwierigkeiten.‹

Aber ich war dazu einfach nicht fähig. Ich war zu empört. Das ließ ich mir nicht befehlen.«

Da habe sie zwar Widerstand geleistet, aber vielleicht nicht am richtigen Platz, sage ich, immer noch völlig fassungslos über diesen Ausbruch, der wie eine beschämende Rechtfertigung klang. Wie eine ohnmächtige Verteidigung ihrer damaligen Naivität.

Als hätte sie meine Gedanken erraten, die ja auch die ihren waren, schaut mich Maria Gerhardt nun hilflos und traurig an.

Dann meint sie: »Ach, ich fühle mich im ganzen so schuldig. Ich war viel zu sehr auf der sicheren Seite. Das verfolgt mich bis heute. Ich werde es nicht los.«

Auch mich läßt nicht los, in welchem Sog sich Menschen damals befunden haben. Als ich Maria Gerhardt verlasse, ahne ich einmal mehr, wie schwer es gewesen sein muß, in der Balance zu bleiben, und wie wenige es geschafft haben. Und das wegen eines einzigen Menschen, wegen eines Wahnsinnigen!

Im gesamten Rußlandkrieg auf Geschäftsreise

Lucie Schwarz ist die einzige Frau unter all den anderen, die ich näher auf meinen Reisen in der ehemaligen Sowjetunion kennengelernt habe, die nicht unmittelbar vom Großen Vaterländischen Krieg betroffen war, die nie ein feindliches Flugzeug sah, keine Verwundeten, und die auch keine Bombardements erlebte.

Sie fällt mir zuerst als Dolmetscherin auf. Ich höre plötzlich Deutsch, perfekt gesprochen. Im Bus, im Museum, in irgendeiner Gruppe von Menschen. Es ist angenehm für das Ohr. Und deshalb höre ich hin.

Die Russinnen dolmetschen an sich grammatikalisch einwandfrei. Das Ohr hat sich an ihre harte Aussprache gewöhnt, das Auge an den Anblick der modisch gekleideten Frauen und Mädchen, die sich auf diese Weise ihren Lebensunterhalt verdienen.

Und jetzt spricht da plötzlich eine laute, kräftige Stimme. Fließend, beinahe singend, mit österreichischem Akzent.

Dieses einprägsame, etwas altmodische Wiener Deutsch fasziniert mich: Mitten in einer russischen, historisch bestimmten Umgebung redet jemand in meiner Sprache.

Dann sehe ich sie. Eine kleine, alte Dame, dunkel gekleidet, mit schwarzem Hut und langem schwarzem Mantel, steht sie entweder vorne im Bus am Mikrofon oder draußen bei einer Gruppe. Sie wirkt so ganz anders, als ich es bisher gewohnt war in einer deutschen Reisegruppe in Rußland.

Ich werde neugierig auf diese Wienerin, die in Rußland lebt, im ehemaligen Stalingrad, und die uns Deutschen hier unsere und ihre – die Österreicher gehörten ja auch dazu – gemeinsame Geschichte um die Schlacht von Stalingrad an Ort und Stelle erzählt.

Wo stehen russische Dolmetscher gefühlsmäßig, wenn sie gerade das eine oder andere Emotionale übersetzen, fragte ich mich bis dahin. Und es ist mir immer sofort klar gewesen. Bei Lucie Schwarz habe ich damit Schwierigkeiten.

Sie erzählt gerade etwas vom Traktorenwerk Dsersinski, in dem sie gearbeitet habe und in dessen Nähe sie schon jahrzehntelang wohne. Da entschließe ich mich, sie um ein Interview zu bitten.

Ich möchte vor allem wissen, wo und wie sie als Österreicherin überhaupt in dieses Land gekommen ist und wie sie die schrecklichen Jahre

1941-45 verbracht hat, als in der Sowjetunion der Große Vaterländische Krieg tobte.

Und ich kann mir kaum vorstellen, daß sie überhaupt nicht vom Krieg, wie alle anderen, die ich bisher kennengelernt habe, berührt worden ist.

Lucie Schwarz

Und dies sagt sie mir gerade in Wolgograd/Stalingrad, dem Symbol für Kriegsschrecken schlechthin.

Lucie Schwarz meint, das würde viele Leute verwundern, für die sie schon gedolmetscht hätte, aber sie könne mir gerne alles noch einmal erzählen.

Ich müsse ihr aber konkrete Fragen stellen.

Und dann treffen wir uns. Allein. In meinem Hotelzimmer. Es ist, als kennten wir uns schon lange. Der russische Tee tut gut.

Ich stelle die erste Frage: »Luzie, wo waren Sie am 22. Juni 1941, dem Tag des deutschen Überfalls auf die Sowjetunion?«

»Ich war zu dieser Zeit 20 Jahre und gerade in Leningrad bei einem Turnwettbewerb, denn Turnen war mein großes Hobby. Meinen Wohnsitz hatte ich damals in Swerdlowsk, im Ural, das heute wieder Jekaterinburg heißt.

Als am Nachmittag die Nachricht kam, daß die deutschen Faschisten trotz Vertrag zwischen Molotow und Ribbentrop die russische Grenze überschritten hatten, reagierten wir alle mit blankem Entsetzen.

Ich fuhr sofort nach Swerdlowsk zurück. Mein Zug stand oft stundenlang auf Bahnhöfen und auf freier Strecke, um Militärzüge passieren zu lassen.

Da erst begriff ich so ganz, daß der Krieg begonnen hatte, glaubte aber fest daran, daß er nicht lange dauern würde.

In Swerdlowsk war plötzlich alles ganz anders.

Unsere Organisation, ein Art Firma, die Montagehallen für die Industrie baute, wurde nach Kamischlow ca. 120 km entfernt ausgesiedelt.

Nach Swerdlowsk selbst kamen alle möglichen Ministerien aus Moskau.

Diese wurden dann aber wieder zurückverlegt, als sich im Dezember 1941 herausstellte, daß die Faschisten die Stadt nicht würden einnehmen können.«

»Hatten Sie Angst, als Sie vom deutschen Überfall erfuhren?«

»Ich ahnte, daß Krieg schrecklich sein würde. Aber Bedrohung und Angst habe ich für mich selbst nicht empfunden, weil ich nicht glaubte, daß Hitler mit den Faschisten bis zum Ural kommen würde. Ich sprach damals gleich mit vielen Leuten, vor allem mit Juden. Ich bin auch Jüdin.

Wir überlegten uns, was wir machen könnten: Um Hitler aus dem Weg zu sein, wollten wir nach Mittelasien gehen. Denn wir dachten, er würde uns Juden zuerst töten.

Trotzdem, Angst hatte ich eigentlich nicht. Allerdings bekam ich einen gehörigen Schrecken, als ich die vielen Flüchtlinge aus der Ukraine im Ural sah. Sie hatten nichts zu essen und nichts Warmes anzuziehen. Sie hatten überhaupt nichts mehr.«

»Welche Schwierigkeiten kamen durch den Krieg auf Sie zu?«

»Als wir nach einem Jahr aus Kamischlow, wo ich überhaupt nichts vom Krieg bemerkt hatte, nach Swerdlowsk zurückkamen, ließ man mich nicht mehr in die Stadt. Die Deutsche in meinem Paß war die Erklärung dafür.

Da ich jedoch irgendwo bleiben mußte, entschloß ich mich – und meine Firma unterstützte mich dabei –, während der gesamten Kriegszeit auf Geschäftsreise zu gehen und in Hotels zu wohnen. Das war dann von 1942-45.

Das ganze Jahr 1945 bin ich noch im Altai-Gebirge gewesen.«

»Wie war es denn möglich, den ganzen Krieg über einfach so herumreisen zu können?«

»Das war nicht schwer, denn wie Sie wissen, wurden alle möglichen Betriebe und Industriezweige von Westen nach Osten evakuiert und mußten am neuen Standort wieder aufgebaut werden. Da gab es viel zu tun. Das war meine Aufgabe, denn ich war ja als Projektingenieurin dafür verantwortlich, daß das Aufstellen von Maschinen, Werkbänken und dergleichen funktionierte. Ich mußte alles vorher genau planen.«

»Hätten Sie sich an die Front melden können?«

»Nein. In meinem Paß stand ja, daß ich Deutsche bin. Ich hätte es schon gern gewollt. Weil ich den Faschismus so haßte und nicht Deutschland.«

»Was haben Sie eigentlich überhaupt vom Krieg miterlebt?«

»Nichts, denn ich war immer weit weg. Ich habe den Krieg nur im Kino gesehen. Für mich gab es kein deutsches Flugzeug und keinen deutschen Panzer. Russische schon, aber neue. Und die nur in den Werken, die ich mit aufgebaut habe, also bevor sie zum Einsatz kamen.

Erst 15 Jahre später habe ich in Stalingrad zum ersten Mal in meinem Leben Kriegsverwüstungen gesehen.«

»Was bewegte Sie damals am meisten?«

»Ich wollte alles tun, Tag und Nacht arbeiten, damit die Faschisten besiegt würden. Da war so eine fanatische, überzeugte und starke Kraft in mir, die mich in den Widerstand trieb.

So habe ich auf meine Weise geholfen, den Krieg zu beenden und den Faschismus zu besiegen. Obwohl ich keine Komsomolzin, ja nicht einmal Kommunistin war! Ich hatte nicht das Gefühl, unbedingt für Stalin zu arbeiten, sondern für ein Land, das mich nicht an Hitler ausgeliefert hatte.

Dafür war ich irgendwie dankbar, obwohl ich wußte, daß es über den Stalinismus so viele furchtbare Gerüchte gab!

Mein eigener Bruder war 1937 ins Land gekommen, weil er mit den Ideen des Kommunismus sympathisiert hatte.

Aufgrund irgendwelcher Bemerkungen ist er dann für 10 Jahre nach Sibirien verschleppt worden.

Das hat mich hellhörig gemacht, und ich war auch wütend, daß ich nicht in Swerdlowsk mein gewohntes Leben führen durfte.

Wir glaubten immer wieder, daß Stalin selbst wohl nicht so grausam wäre, sondern eher seine Umgebung. Als er starb, war ich eine der wenigen in diesem Land, die nicht über seinen Tod geweint hat.«

»Was bedeutet für Sie gefühlsmäßig die Stalingrader Schlacht?«

»Dazu habe ich viele Gefühle. Zuerst einmal war ich stolz über den Wendepunkt, den Sieg. Tiefes Mitleid hatte und habe ich immer noch mit den vielen Toten, auch mit den deutschen, die keine Faschisten waren. Um die gefallenen Faschisten tut es mir nicht leid.

Damals im Krieg konnte ich nicht differenzieren zwischen Deutschen und Faschisten und hatte überhaupt kein Mitleid mit ihnen. Ich habe auch nicht speziell an meine Landsleute, die Österreicher, gedacht, die ebenfalls hier kämpften. Ich war ja nur dem Paß nach Deutsche!

Meine jüdische Familie in Wien wurde nach und nach durch die Faschisten umgebracht. Wie sollte ich wissen, ob nicht womöglich Soldaten, die in Stalingrad kämpften, meine Familie getötet hätten?

Für mich gab es nur Russen, die mich meist sehr liebenswürdig behandelten, und dann eben die Feinde, die Faschisten.«

»Haben Sie während des Krieges etwas vom Antisemitismus der Russen gespürt?«

»Nein. Niemals. Auch nach dem Krieg nicht.«

»Glauben Sie, daß Frauen Kriege verhindern können?«

»Ja, denn sie sind verantwortlich für die Erziehung ihrer Kinder und sie haben Einfluß auf die Männer. Ich war nie verheiratet, aber ich bin davon überzeugt, daß Frauen immer mitschuldig an den Kriegen sind.

Es gibt bei uns hier ein Sprichwort, das sagt: Der Mann ist der Kopf und die Frau ist der Hals. Es gibt immer Fanatiker, die gerne töten.

Frauen sind an sich weicher als Männer. Sie geben Leben und wollen nicht gerne Leben verlieren. Sie töten nicht so leicht, weil sie mehr Achtung vor dem Menschenleben haben als die Männer.«

»Wo ist für Sie heute Ihre Heimat?«

»Überall da, wo es keinen Krieg gibt. Bei den Menschen, die keinen Krieg mehr wollen. Und meine Heimat ist auch dort, wo ich Freunde habe. Bei ihnen fühle ich Geborgenheit und Wärme.«

Lange, nachdem wir uns getrennt hatten, wurde mir das ganze groteske Leben dieser Lucie Schwarz erst so richtig bewußt:

Sie hätte längst aus Rußland, das seit 1938 ihre zweite Heimat ist, ausreisen und ein bequemeres Leben führen können. Sie hat seit damals Österreich und Deutschland nicht mehr betreten. Sie spricht nur noch Deutsch, wenn man sie als Dolmetscherin braucht. Sie fühlt sich dem Land verbunden, das sie nicht ausgeliefert hat.

Das muß man sich einmal vorstellen:

Mitten in einem unbarmherzigen Krieg, der Millionen Tote auf dem Gewissen hat, reist ein Mensch von Hotel zu Hotel, weil er kein Zuhause haben darf, und sieht mitten in dieser Unbarmherzigkeit nur Panzer auf dem Fließband!

Als »Agentin« gerettet

Zum ersten Mal gesehen habe ich sie 1993 in Frankfurt anläßlich der Vorstellung von W. Meyers Buch »Eine Rettungsaktion«. Es war ihre Rettung. Diese Frau wollte ich unbedingt kennenlernen.

Und dann klappte es endlich im Sommer 1995. Wir trafen uns in Bad Bellingen, im Markgräfler Land, nicht weit von ihrem Wohnort Basel und sprachen über ihre Rettung. Sie war mit ihren jüdischen Eltern den nationalsozialistischen Henkern entkommen.

Wir sitzen im großen Park des Kurbades. In der Ferne dröhnt ein Zug. Und so beginne ich das Gespräch: »Wenn Sie heute an die Bahnfahrt 1942 von Berlin nach Basel denken, welches Gefühl beherrscht Sie dann?«

Und Dorothee Fliess erzählt die beinahe unglaubliche Geschichte ihrer wunderbaren Rettung durch Hans von Dohnanyi, den Leiter des politischen Referats des Amts Ausland/Abwehr im OKW.

Ihre Worte sprudeln nur so aus ihr heraus, als ob sich ein innerer Druck von ihr lösen würde.

»Ich erinnere mich vor allem daran, daß ich todunglücklich war. Ich hatte dabei überhaupt nicht das Gefühl, daß ich mein Leben rette. Das habe ich erst viel später begriffen. Ich war furchtbar unglücklich darüber, daß ich von Berlin weg mußte und von meinen Freunden, die ich dort hatte, besonders bei der Zwangsarbeit.

Ich weiß noch genau, welchen entsetzlichen Schmerz ich empfand, als unser Zug den Anhalter Bahnhof verließ.

Dorothee Fliess

Mir war nicht bewußt, daß ich höchstwahrscheinlich nicht mehr zurückkommen würde. Auf dem Bahnsteig stand Herr Dr. Wergin, ein Freund meines Vaters, der spätere Präsident der Rechtsanwaltskammer Berlin, und rief meinem Vater zu: ›Auf Wiedersehn, Herr Fliess, hier in Berlin! Auf den nächsten Enzian!‹ Die beiden Herren tranken so gerne hin und wieder bei uns zu Hause diesen Likör.

Für uns war ganz klar, daß wir augenblicklich zurückkommen würden, sobald der Krieg zu Ende wäre. Und 1942 hatte jeder, besonders nach dem Kriegseintritt Amerikas 1941, das Gefühl, dieser Krieg kann für uns nur schlecht ausgehen.

An sich war mir streng verboten, meinen Freunden etwas davon zu sagen, daß ich wegfuhr. Und in der Fabrik, in der ich arbeitete, sorgte Herr von Dohnanyi dafür, daß ich als krank gemeldet wurde.

Natürlich hatte ich es allen meinen nichtjüdischen Freundinnen erzählt, daß ich jetzt fortginge und augenblicklich, wenn alles zu Ende sei, mit dem ersten Zug wiederkäme, wie auch immer.

Mein Vater sagte, dieser Krieg dauert noch 10 Jahre. Ich dachte an einen absehbaren Zeitraum von drei oder vier.

Als schließlich die Vorbereitungen zu unserer Ausreise begannen und ich mich entsetzlich dagegen wehrte, wurde mein Vater ungewöhnlich massiv und sagte: ›Jetzt reicht's! Du wolltest nicht nach Holland auswandern, was möglich gewesen wäre. Du wolltest auch nicht nach Amerika. Dieses Mal wird ausgewandert, sonst rennst du in dein Unglück, du kommst mit.‹«

Merkwürdig, denke ich, die Dimension der Todesgefahr ist heute kaum vorstellbar. Wenn sie als 21jährige zu ihren Eltern gesagt hätte, daß sie bei ihren Freundinnen in Berlin bliebe, was hätten sie machen können? Aber sofort schiebe ich diesen Gedanken schuldbewußt von mir. Denn wer hätte ihr dort helfen sollen, sie in Sicherheit bringen!

Und sie sagt, in meine Gedanken hinein: »Ich wollte ja vorher nicht auswandern, weil ich bei meinen Eltern bleiben wollte. Nein, ich habe nie daran gedacht, mich von ihnen zu trennen.«

Was sie denn für eine Art Zwangsarbeit habe leisten müssen, möchte ich jetzt von ihr wissen, um mir ein Bild von ihrer Lebenssituation zu machen.

Und sie sagt: »Ich denke, nach Stalingrad mußte jede deutsche Frau Zwangsarbeit leisten. Jüdische Frauen und Mädchen schon seit 1940.

Ich habe mich zunächst als Schreibkraft in der Kanzlei meines Vaters registrieren lassen. Er war ja als hochgeehrter Weltkriegsteilnehmer immer noch Rechtsanwalt, Notar nicht mehr. Als ich nicht mehr bei ihm arbeiten durfte, wurde ich im Juni 1941 in die Fabrik zwangsverpflichtet.

Es klingt vielleicht heute merkwürdig, aber ich machte das sehr gerne. Nach wenigen Wochen hatte ich mich da eingelebt und fand es ganz interessant. Ich kam sehr gut mit meinen nichtjüdischen Vorarbeitern aus, die alle gegen Hitler und sehr kommunistisch waren. Vier oder fünf von denen verkehrten bei mir zu Hause. Mit ihnen verbrachte ich die Sonntage mit dem Paddelboot auf dem Wannsee.

Nach dem Krieg hatten wir noch lange Verbindung.

Sie kamen abends, und es wurde eine Flasche Wein geöffnet, und dann wurde geredet, und einer hat dann auch mal einen juristischen Rat gesucht. Meinem Vater haben diese Kontakte gefallen und vor allem auch die Tatsache, daß ich gerne in die Fabrik ging.

Ich mußte natürlich schon um 4 Uhr aufstehen. Einmal war ich krank. Und da sagte meine Mutter, es hätten schon drei Kollegen angerufen und gefragt, wann ich denn nun endlich wiederkäme.

Ich habe mir niemals klargemacht, in welcher Gefahr ich schwebte.

Das mit der Jüdin hat man uns erst bei Hitler beigebracht. Entweder man war im jüdischen Religionsunterricht oder im christlichen. Ich bin eigentlich vor allem immer Deutsche gewesen.

Das Gefühl der Angst empfand ich erstmalig, als mein Vater angezeigt wurde. Er hatte einen Prozeß gewonnen, in dem es um einen Juden ging, der schon ausgewandert war und dessen Möbel ihm nachgeschickt werden sollten. Der Prozeßgegner hatte ihn angezeigt. Und plötzlich hieß es: ›Was macht dieser Jude Fliess eigentlich noch in Berlin?‹

Daraufhin erhielten wir per Post die Nachricht, daß wir deportiert werden sollten. In dem Brief stand: ›Sie sind vorgesehen zur Evakuierung. Halten Sie sich bereit mit je einem Gepäckstück.‹«

»Sollten Sie sich an einem bestimmten Platz einfinden?« frage ich Frau Fliess tonlos.

»Nein«, sagt sie. »Man wurde immer abgeholt. Nach 21 Uhr durfte man ja nicht mehr auf der Straße sein.

Ich war zufällig einmal bei zwei Freundinnen und habe das miterlebt.«

Fassungslos unterbreche ich sie und frage: »Was hat das mit Ihnen gemacht, als Sie gelesen haben, ›wir werden evakuiert‹? Woran haben Sie dabei gedacht? Wohin, glaubten Sie, würden Sie kommen?«

Ruhig und langsam sagt sie jetzt: »Also, daß man nach Polen käme, war klar. Zum Arbeitseinsatz. Aber wir haben uns alle nicht bewußt gemacht, daß das das Ende des Lebens bedeuten könnte.

Das Wort Gaskammer kannten wir nicht. Das war etwas völlig Unverständliches. Man stellte sich eben vor, man müsse arbeiten, wobei mein Vater das in seinem vorgeschrittenen Alter gar nicht überstanden hätte. Ich kam nach Hause von der Arbeit, als meine Mutter mir den Brief zeigte. Ich war richtig fertig. In der folgenden Nacht habe ich nicht ein Auge zugemacht.

Am nächsten Tag erzählte ich es meinen Vorarbeitern. Die waren alle ganz außer sich, und der Meister von der Stanzerei hat gesagt, er könne beantragen, mich freizustellen. Das hieß, ich sei in der Fabrik unabkömmlich und müsse dringend bleiben.

Als ich an diesem Tag nach Hause kam, erfuhr ich, daß Herr von Dohnanyi bereits tätig geworden war.

Mein Vater war am Gericht gewesen und hatte gesagt: ›Auf Wiedersehn, ich muß jetzt weg, meine Akten liegen da und da.‹ In seiner barschen Art, die er so an sich hatte.

Und das war bis zu Herrn von Dohnanyi gelangt, dem Schwiegersohn von Herrn Professor Bonhoeffer, unserem Hausarzt.

Vater war im Ersten Weltkrieg schwer kriegsverletzt gewesen.

Er hatte eine Kopfverletzung und oft Schmerzen bis hin zu Ohnmachtsanfällen. Prof. Bonhoeffer hatte ihn davon geheilt.

Nun rief die Praxishilfe von ihm bei uns an und sagte, mein Vater möge doch gleich in die Praxis kommen. Ohne Stern.

Und dort war dann Herr von Dohnanyi und sagte: ›Wir haben das gehört, Herr Fliess, und wir werden etwas tun.‹«

Ob sie selbst auch manchmal ohne Stern aus dem Haus gegangen sei, frage ich sie.

»Ich gebe zu«, sagt sie, »daß ich auch oft ohne ausgegangen bin. Sehr oft.

Ich wohnte in der Bleibtreustraße, einer Nebenstraße des Kurfürstendamms. Wir sind da 1928 hingezogen. Also 1942 hat mich da jeder gekannt. Es war wie auf dem Dorf. Da ging ich mal mit Stern, mal ohne.

Gegenüber war ein Schokoladengeschäft und ein Zeitungskiosk, und die kannten uns alle mit Namen. Ein Telefongespräch hätte genügt, aber es hat mich niemand angezeigt. Ich hatte großes Glück

Der Stern war schließlich Pflicht. Ohne ihn hätte ich in der S-Bahn bei einer Kontrolle Schwierigkeiten bekommen.

Vor Hitler war man katholisch, evangelisch oder eben jüdisch. Warum sollte man das verschweigen? Es war doch nicht gefährlich. Ich weiß noch, als ich 6 Jahre alt war und in die Schule kam, sollten wir zu Hause fragen wegen des Religionsunterrichtes. Und da wußte ich nicht, ob ich jüdisch bin.

Das war eben eine Religion. Und in Berlin war man sehr assimiliert, da wurde sogar von Juden Weihnachten gefeiert.

Wir zu Hause hatten immer Weihnachten mit Baum und allem, was dazu gehört. Meine Familie lebt seit dem 17. Jahrhundert in der Mark Brandenburg.«

Daß den Juden Gefahr drohe, sagt Dorothee Fliess, hätte sie erst 1941 mit dem Judenstern und den ersten Deportationen richtig wahrgenommen. Da war sie 20.

Man habe nicht gemerkt, daß man den Juden ans Leben wollte, wohl aber, daß Gefahr drohe. Daß man irgendwie fortgeschafft werden sollte und sein Heim verlassen muß. Sie habe einfach nicht weggewollt. Nicht von den Freunden, nicht von der schönen Wohnung, nicht von ihrem eigenen Bett. »Bloß, weil ich jüdisch war«, sagt sie und schaut mich dabei lange an.

Sie hatte vor allen Dingen immer eine wahnsinnige Wut gegen die Nazis. Und sie weiß noch, daß sie in der Zwangsarbeit, unvorsichtig wie immer, zu einem Nazi gesagt hatte: »Paßt mal auf, eines Tages hängen wir euch noch alle.«

Daraufhin wurde sie angezeigt. Der Meister konnte es dann noch im letzten Moment abbiegen. Oder was das Geld anging, habe sie gesagt: »Ihr könnt das nie nachzahlen, was wir Jüdinnen hier in der Zwangsarbeit leisten!«

Das sei die unangenehmste, die dreckigste Arbeit gewesen.

Die schlimmste Wut sei gekommen, als sie noch in der Fürstin-Bismarck-Schule war: »Ich bin sehr gut in Leichtathletik gewesen. Meine Zeit über 100 m war besser als die der deutschen Meisterin. Ganz klar, ich wäre die Beste bei den Junioren geworden.

Ich durfte ab 1937 bei den Sportfesten in meiner Schule gegen andere Schulen nicht mehr mitmachen. Weil ich Jüdin war. Ins Schullandheim durfte ich auch nicht mehr. Ansonsten hat man zu dieser Zeit noch wenig Antisemitisches gehört. Deshalb ging ich dann in den jüdischen Sportverein.

Ich habe damals gedacht, wartet nur, eines Tages geht es umgekehrt. Da dürft *ihr* nicht mitmachen.«

Dieses starke Gefühl habe ihr damals über vieles hinweggeholfen, hätte sich später aber dann in Genugtuung gewandelt.

Etwa 1951, zum ersten Mal nach dem Krieg, in Badenweiler. Da gingen sie spazieren, und der Vater sagte: »Also, wir hatten doch den längeren Atem.«

»Früher stand da überall ›Juden unerwünscht‹. Nun nicht mehr. Und da hatte ich dieses Gefühl der Genugtuung, aber gleichzeitig das einer unendlichen Dankbarkeit. Denn ich hatte überlebt und konnte gehen, wohin ich wollte.

Eigentlich hätte ich Rache empfinden können. Alles war schließlich zerstört und verloren. Dresden, Ostpreußen und die vielen toten deutschen Soldaten. Aber ich hatte dieses Gefühl nicht.

Im Laufe der vielen Jahre, die ich in Basel lebe, habe ich mich dann nicht mehr als Deutsche gefühlt. Als Berlinerin ja, aber das ist etwas ganz anderes. Ich würde nicht im Traum daran denken, mich heute als Deutsche zu bezeichnen. Und das ist kein Widerspruch.«

Mit unerwarteter Heftigkeit sagt sie: »Natürlich ist mir alles Deutsche näher als das Englische oder Französische. Bis zum heutigen Tag. Und es tut nur manchmal weh, wenn ich von Neonazis oder antisemitischen Äußerungen höre. Ich kriege dann eine entsetzliche Wut, weil die mir mehr liegt.

Für mich ist Deutschland jetzt Ausland. Ich bin Schweizerin.

Ich hatte das Glück, meine Eltern nicht zu verlieren. Wo doch die einzige Schwester meines Vaters auch deportiert worden ist.

Aber wenn meine Eltern umgekommen wären, könnte ich nie mehr einen Fuß nach Deutschland setzen. Nie mehr.

Das ist für mich das Wesentliche.

Ich habe eine ganz andere Erfahrung gemacht, die von uns Juden kaum einer gemacht hat. Ich bin gerettet worden. Wer hat das erlebt? Ich kann darüber kaum sprechen.«

Ich lenke das Gespräch wieder auf ihre Abreise aus Berlin, jene legendäre, hochoffizielle Flucht. Und sie erzählt weiter: »Meine Freundinnen kamen nicht mit auf den Bahnhof. Das hatte mein Vater unterbunden.

Ich hatte ihnen aber gesagt, daß ich nach der Schweiz auswandere. Das durfte ich eigentlich nicht. Denn es war doch sehr geheim.

Und in der Fabrik war ich ja krank gemeldet.

Nach meiner Ankunft in Basel hatte ich meinem Vorarbeiter einen Brief geschrieben und ihm für alles gedankt. Nach dem Krieg habe ich ihn dann in der Firma wieder besucht.«

Eine Woche vorher sei ihr die Gefahr, in der sie waren, endgültig klargeworden.

»Da wurde unser jüdisches Dienstmädchen abgeholt. Abends um 21.30 Uhr.

Ein befreundeter Notar war gerade bei meinem Vater, und beide tranken zusammen eine Flasche Burgunder. Es klingelte. Ich ging, um die Tür zu öffnen.

Da standen zwei Herren, Gestapo in Zivil, die Frau Löwenberg abholen wollten. Wir dachten erst, es würde uns gelten.

Sie kamen ohne Vorankündigung. Frau Löwenberg wußte davon nichts.

Wenn die Zahl derer, die gerade an dem Tag deportiert werden sollte, nicht vollständig war, dann holte man wahllos welche dazu. Es gab viele, die auf den Listen standen und sich inzwischen das Leben genommen hatten.

Die zwei in den Ledermänteln setzten sich dann geduldig in die Küche und warteten, bis sie das Köfferchen gepackt hatte. Sie war nervlich nicht imstande, es zu tragen. Sie brach fast zusammen. Also sollte ich mitkommen bis zur Bushaltestelle Leibnizstraße/Ecke Kurfürstendamm.

Gegen die Männer kann ich nichts sagen. Man merkte, wie unangenehm ihnen das war. Die sagten, ich sollte also mitkommen, meinen Judenstern sollte ich aber abtrennen, denn ich durfte nach 21 Uhr ja nicht mehr auf der Straße sein. Meinen Judenstern hatte ich mit Druckknöpfen befestigt, deshalb ging das Abtrennen ganz leicht.

Das habe ich dann auch gemacht. Wir gingen zur Haltestelle. Dann kam der Autobus. Die Herren und Frau Löwenberg sind eingestiegen.

Das werde ich nie vergessen. Jedes Jahr gehe ich an diese Bushaltestelle und warte, bis der Bus kommt, und schaue ihm nach.

Dann lief ich zurück nach Hause.

Wir waren alle entsetzt. Es wäre auch für den Freund meines Vaters, einen Arier, sehr unangenehm geworden, wenn er bemerkt worden wäre, denn man besuchte keine Juden. Das hätte für ihn KZ bedeutet.

Meine Eltern dachten voller Angst, daß ich nicht wiederkommen würde von der Bushaltestelle.

Nach diesem Ereignis hatte ich also wirklich das Gefühl, jetzt reicht es, jetzt müßte ich weggehen. Ich wollte nicht mehr in so einem Land leben, wo solche Dinge vorkommen. Wo die Regierung aus Verbrechern besteht.

Ich hing sehr an unserem Dienstmädchen. Wir hatten früher, als wir noch klein waren, ein Kindermädchen, ein Stubenmädchen und eine Köchin. Dann, als wir größer wurden, hatten wir noch zwei. Lange Zeit eine Köchin aus Ostpreußen. Aber seit der Reichspogromnacht hieß es, daß christliche Frauen nicht mehr bei Juden arbeiten dürften, wenn dort männliche Hausbewohner waren. Wegen Rassenschande. Auch im Büro meines Vaters durften keine christlichen Angestellten mehr sein.

Jetzt wollte ich endlich weg. Aber nicht nach Polen und dort irgendwelche Fronarbeitsdienste tun, wie wir ja dachten, daß es sein würde. Ich wollte Abitur machen und studieren. Das war ja vorgesehen.

Schon allein der Gedanke, zum Arbeiten nach Polen gezwungen zu werden, war für mich ganz furchtbar.

Aber in der Stanzerei wollte ich auch nicht mein Leben verbringen.

Was wirklich in Polen mit Juden passierte, habe ich erst 1943 in Basel gehört. Ein Bekannter meines Vaters, ein Schweizer, rief uns an und berichtete, daß er in der Zeitung gelesen habe, das Schwedische Rote Kreuz hätte als erste Institution herausgefunden, daß es Auschwitz gäbe.

Mein Vater war da noch sehr skeptisch und meinte, daß man erst mal sehen müsse, ob das wirklich so sei. Greuelmärchen würden ja gerne erzählt.

Die furchtbaren Einzelheiten hat man dann ja erst 1945 nach der Befreiung erfahren.«

Von der Denunziation ihres Vaters und dem darauffolgenden Deportationsbefehl bis zur Abreise aus Berlin vergingen immerhin noch neun Monate. Dorothee Fliess erklärt mir den Sachverhalt so: »Mein Vater hatte eine Telefonnummer für den Notfall, die er hätte anrufen können. Also, falls jemand bei uns nachts geklingelt hätte, um uns abzuholen. Möglicherweise war das die Privatnummer vom Grafen von Moltke oder von Herrn von Dohnanyi, der meinem Vater ja versprochen hatte, uns zu helfen.

Der Deportationsbefehl besagte, wir sollten uns für den übernächsten Tag bereithalten.

Mein Vater brauchte die Nummer nicht anzurufen, denn Herr von Dohnanyi war sofort tätig geworden.

Da das Arbeitsamt ja die Deportationslisten zusammenstellte, ging einer unserer Retter dorthin und erklärte denen, daß mein Vater als Kriegskrüppel unmöglich im Osten eine wertvolle Arbeitskraft darstelle und deshalb zurückgestellt werden müsse. Und ich sei unabkömmlich bei meiner Firma. Auf dem Abtransport meiner Mutter wurde nicht bestanden.

Erst sprachen sie von Schweden, aber das ging dann nicht. Mein Vater war eigentlich gegen die Schweiz, weil man dort als Ausländer nicht arbeiten durfte. Er wollte am liebsten weit weg, nach Südamerika. Aber dies und auch Portugal war nicht mehr möglich.

Schließlich gelang es, den Schweizer Kirchenpräsidenten, Herrn Köchlin, zu überreden, uns aufzunehmen, aber nur, wenn wir eigenes Geld mitbringen würden.

Daraufhin hat wohl Canaris, der Chef der Abwehr, gesagt, daß auch Frau Conzen, eine sehr wohlhabende Frau, mitreisen solle. Wir waren schließlich mit allen Kindern 14 Personen. Das Geld wurde aus einem

Pool auf alle gleich verteilt. Wir hatten einige Hunderttausend Mark, aber die Familien Arnold und Rennefeld hatten nichts.

Frau Conzen sei natürlich damit einverstanden gewesen, denn ihr wurde gesagt, daß sie nur so ihre Kinder retten könne.

Unsere Bahnfahrt hat die ganze Nacht gedauert. Die Conzen-Töchter und ich dachten die ganze Zeit an Schweizer Schokolade, die wir uns dort in Basel bei der Ankunft gleich kaufen würden. Was waren wir doch kindisch!

Uns begleitete ein Rittmeister Lang. Der Zug war völlig leer. Niemand fuhr, außer uns. Reisen durfte man nur mit Genehmigung, und die bekam man eben nicht, denn es war Krieg. ›Erst siegen, dann reisen‹, stand überall.

Herr Arnold bekam unterwegs schon beinahe einen Nervenzusammenbruch, als ich ihm sagte, daß ich gerade in Frankfurt beim Aufenthalt des Zuges eine Karte an meine Freundinnen in Berlin eingeworfen hatte.

Das war wirklich fahrlässig von mir. Außerdem hätten wir der SS und der Gestapo begegnen können. Nicht auszudenken!«

Die Gruppe sollte als Agenten getarnt in die Schweiz reisen.

Die »Aufgabe« war, die Engländer in Bern auszuspionieren. Dort sei ein Spionagenetz gewesen. Herr Fliess habe das eigentlich nicht gewollt, aber von Dohnanyi beruhigte ihn.

Canaris oder Oster, die Zugang zu Himmler hatten, sagten, das sei nur der Deckmantel. So hat einer dieser Herren dem Himmler das dargestellt.

Und der fand die Idee gut. Er sagte ihm, daß sie so tun würden, als ob da Juden dabei seien, das mache sich gut, aber in Wirklichkeit seien das Agenten, die berichteten, was die Amerikaner und Engländer in der Schweiz so trieben.

Himmler habe vielleicht gewußt, daß da wirklich Juden dabei sind, sagt sie.

Und weiter: »Vielleicht hat man ihm gesagt, da ist Fliess dabei. Mein Vater war ein Kriegsheld. Wir hatten bis zum Schluß Telefon. Das gab es eigentlich für Juden nicht.

Am Badischen Bahnhof, am Zoll, machte Rittmeister Lang einen Koffer von den Gepäckstücken auf, die meine Familie hatte. Zuoberst lag eine Cassette mit den Orden meines Vaters. Da lag unter anderem das Eiserne Kreuz Erster Klasse, das Verwundetenabzeichen. Darauf ließ uns der Zollbeamte durchgehen.

Meine Mutter war überglücklich, als wir dann in Basel auf der Straße standen, und fiel mir weinend um den Hals. Sie konnte es einfach nicht fassen.

Im Hotel Metropol dachte der Portier, er träume. Im Jahr 1942 kamen da einfach so Deutsche an! Und noch dazu mit Gepäck!

Wir wurden sofort gebeten, die Judensterne abzunehmen. Die anderen von unserer Reisegruppe waren übrigens alle Halbjuden und trugen keinen Stern.

Wir bekamen dann auch ziemlich bald eine Wohnung, denn wir mußten in Basel bleiben. Meine Eltern und ich wollten gern nach Genf oder Lugano, aber das wurde uns von den Schweizern verwehrt.

So richtig zum Bewußtsein gekommen, in welcher Gefahr wir geschwebt hatten, bin ich erst 1945, als ich die Bilder von den Gaskammern und dem ganzen Geschehen sah. Da wurde mir klar, welcher Hölle wir entronnen waren. Und besonders, da ich jetzt wußte, wohin meine Freundin Lotte Kohl, deren Abholung ich miterlebt hatte, gebracht worden war. Und alle die Bekannten aus der Zwangsarbeit, die nach und nach verschwanden! Es war grauenhaft, das zu wissen!«

Zum Schluß unseres Gespräches frage ich sie, was sie gemacht hätte, wenn es Herrn von Dohnanyi nicht gegeben hätte.

»Ich wäre auf jeden Fall mit meinen Eltern gegangen.« Aber ihr sei klar, daß die heutige junge Generation das in einer ähnlichen Situation nicht mehr unbedingt täte.

Und dann sagt sie überzeugt: »Wenn ich allerdings mit meinen Eltern nach Auschwitz gekommen wäre und diese wären dort getötet worden, hätte ich das genausowenig überlebt.

Das Leben ist mir also zweimal geschenkt worden. Wenn ich mich manchmal über Kleinigkeiten ärgern will, sage ich mir immer, daß es größere, wichtigere Dinge im Leben gibt.«

Sie habe auch in Basel, ihrer zweiten Heimat, nicht oft über ihre Geschichte gesprochen. Sie glaube nicht, daß die junge Generation das alles generell begreifen könne. Aus der Geschichte ließe sich das kaum lernen.

Sie frage sich manchmal sogar, ob es richtig sei, überhaupt davon zu sprechen, weil die junge Generation es ohnehin nicht verstehen könne.

Wenn jemand dabei war und davon spricht, sei es noch irgendwie nachvollziehbar. Aber wie sollen denn die jungen Leute damit umgehen, wenn jemand nachts an der Tür klingelt, um einen einfach abzuholen! Da würde doch jeder denken, warum ruft denn niemand die Polizei.

Manchmal frage sie sich, ob es überhaupt einen Sinn habe, noch ein einziges Wort darüber zu verlieren.

Vielleicht lohne es sich nicht, die Erinnerungen wachzuhalten, sagt sie resignierend. Und wiederholt noch einmal:

»Nein, aus der Geschichte lernen, das kann man nicht. Dann überfalle ich nicht Rußland im Juni, wenn ich von Napoleon etwas gelernt habe. Dann gehe ich im März. Wenn überhaupt. Niemand lernt aus der Geschichte. In Jugoslawien hat auch niemand etwas gelernt. Es ist zwar furchtbar, aber es ist so.«

Als mich Dorothee Fliess schon längst verlassen hat, muß ich noch lange an diese ungewöhnliche Begegnung denken. Hier hatte ich einen Menschen erlebt, der dem Wahnsinn entkommen war, mit den Eltern. Unter Millionen. Es gab wenige, die es geschafft hatten wie sie. Wir wissen es alle. Ich kenne nun eine dieser wenigen. *Sie* mußte nicht so ums Überleben kämpfen wie viele ihrer Leidensgefährten. *Sie* hatte einen Retter gefunden. Und die anderen?

IX Verschiedene Kriegsschicksale

Der Erste Weltkrieg ist mir besser in Erinnerung

Es ist 1994 in Minsk, im Museum des Großen Vaterländischen Krieges, als ich auf die Idee komme. Der alte Herr macht mich neugierig. Ich sehe, wie er lange vor einem Bild steht, auf dem Partisanen am Galgen hängen. Ich spreche ihn an. Frage, was ihn so beschäftigt, und erfahre, daß er Kriegsteilnehmer war, Rußlandkämpfer, Augenzeuge, mit dabei, als Minsk zerstört wurde.

Was empfindet er, wenn er die Bilder von Mord und Zerstörung der Wehrmacht vor 50 Jahren sieht? Was geht in einem Menschen vor, der sich 50 Jahre zurückerinnert?

Ich bin wie immer, wenn ich mit alten Menschen über eine lang vergangene Zeit spreche, betroffen, fasziniert, ergriffen, verwundert. Da ahne ich, was Zeit, Zeitlichkeit, Geschichte, Geschichtlichkeit, Ewigkeit, Ewiglichkeit für eine Dimension haben können. Da fühle ich ganz stark den sogenannten historischen Augenblick. Mit dem alten Herrn in Minsk geht es mir genauso.

Er ist Jahrgang 1918. Wie lange ist das schon her!

»Da sind Sie ja am Ende des Ersten Weltkrieges geboren«, sage ich. Und bedauernd füge ich hinzu, wie schade es sei, daß es keine Möglichkeit mehr gäbe, Zeitzeugen über diesen Krieg zu befragen. Wie aufschlußreich das doch gewesen wäre, wenn man sich in den fünfziger, sechziger oder siebziger Jahren schon intensiv mit Oral History beschäftigt hätte, wie heute üblich.

Zu meinem grenzenlosen Erstaunen sagt er plötzlich: »Sprechen Sie doch mit meiner Schwiegermutter. Sie werden sich wundern, woran die sich noch erinnert. Sie ist 101.«

Und dann sitze ich ihr tatsächlich gegenüber. In Hanau am Main. Sie hat mehr als ein Jahrhundert auf dem Buckel, vier Staatssysteme erlebt, zwei Weltkriege durchgestanden und den Vater vom Deutsch-Französischen Krieg 1870/71 und seiner Verwundung erzählen hören.

Das war für mich bisher Geschichte. Lange vorbei und unwirklich, nur aus Büchern mit dem Kopf zu begreifen. Und da sitzt jemand, der Geschichte lebendig, vom Erleben her nachvollziehbar macht. Es gibt tatsächlich noch eine Verbindung zu Menschen, für die sie

Wirklichkeit war. Das Dunkel der Geschichte hellt sich auf. Das ist Oral History pur.

So geht es bei dem, was sie dann sagt, nicht um weltbewegende Dinge, sondern um ganz alltägliche, menschliche Banalitäten. Und gerade sie sind es, die Vergangenheit auch ausmachen und die zwei furchtbaren Kriege. Was hat eine über Hundertjährige dazu zu sagen:

Erna Zimmermann

»Nach dem französischen Krieg war mein Vater königlicher Kammermusiker am späteren Staatstheater in Kassel. Es gab damals in Deutschland nur vier königliche Theater: Kassel, Hannover, Wiesbaden und Berlin. Königlich deshalb, weil wir im weitesten Sinne zum Hof gehörten. Und deshalb hatte mein Vater den Titel ›Königlicher Kammermusiker‹.«

Sie merkt, daß sie vom Thema abkommt:

»Also, Sie wollten ja etwas von den Kriegen hören. Da können wir noch weiter zurückgehen. Es gab ja auch noch den Krieg mit Österreich 1866. Davon hat mein Großvater oft erzählt. Er ist nur bis Königgrätz gekommen. Dann war für ihn der Krieg zu Ende.

Es ist schon manchmal ganz schön drunter und drüber gegangen. Wie zum Beispiel die Österreicher die Häuser angesteckt haben! Da sind die Speckseiten nur so durch die Luft geflogen. Mir ist viel erzählt worden, vom Vater und vom Großvater.

Aber ich will zuerst von mir sprechen, davon, was ich selbst erlebt habe. Ich wurde in Kassel geboren und blieb da bis 1928.

An die Jahrhundertwende kann ich mich zwar kaum erinnern. Ich war 7, aber ich weiß noch, daß da Silvester ganz groß gefeiert wurde.

Wir Kinder haben natürlich im Bett gelegen. Es war nicht üblich, wenn die Eltern Gäste hatten, daß wir uns sehen ließen.«

»Und woran erinnern Sie sich vor der Jahrhundertwende?«

»Ganz gut an die Geburtstage der Kaiserin. Da habe ich mich immer über sie geärgert. Meine Mutter hatte nämlich auch am 22. Oktober Geburtstag. Sie feierte aber nie zu Hause. Denn jedesmal, wenn die Kaiserin Geburtstag hatte, war große Vorstellung, entweder großes Konzert oder großes Theater. Dann mußte der Vater um 6 Uhr spätestens mit Frack und weißer Binde weg. Und die Mutter ging mit. Sie waren geladene Gäste bei Hof. Der Vater als Musiker. Wie oft habe ich da immer wieder geweint.

Und auch bei einer anderen Gelegenheit:

Wir hatten die Schneiderin zu Hause. Die nähte für uns. An dem Tag besonders für mich. Ich kriegte etwas Neues. Ich ging sehr gern runter spielen. Auf den Hof, in den Garten oder auf die Straße. Und da hatte die Mutter gesagt, ich dürfe nicht weg, ich müsse ja anprobieren. Ich könne zwar runtergehen, sollte aber um die und die Zeit wieder dasein.

Und ich habe die Zeit vergessen und war zu spät. Jedenfalls kam ich irgendwann hoch, und Mutter und Vater sagten böse: ›Du hast doch gewußt, daß die Schneiderin da ist. Du hast auch gewußt, daß wir die Frau bezahlen müssen und sie nicht so viel Zeit hat.‹ Das war für mich so schlimm, daß ich heftig weinte. Ich hatte ein Buch in der Hand, ein rot eingebundenes Buch. Die Tränen sind nur so darauf geflossen. Und das Buch hatte seitdem zwei dicke helle Flecke.

1899 wurde dann mein Bruder geboren.

Ich kann mich ganz genau erinnern. Mein Vater hatte an dem Tag Geburtstag. Meine Mutter konnte sehr gut Kuchen backen. Sie hatte den großen Tisch gedeckt in unserem sogenannten besseren Zimmer. Alles war fix und fertig. Und die Mutter erwartete die Gäste, ihre Kränzchenschwestern, obwohl sie hochschwanger war. Das war egal, die wußten ja Bescheid. Ich aber wußte nichts. Ich bin richtig harmlos gewesen. Die Mode war auch so weit, daß mir ihr Bauch überhaupt nicht aufgefallen ist. Ich machte mir sowieso keine Gedanken darüber, woher die Kinder kamen.

Ich habe noch in Erinnerung, daß dann jemand fragte: ›Na, noch immer nichts?‹

Das verstand ich nicht. Und kurz darauf sagte meine Mutter zu mir: ›Weißt du was? Du möchtest doch so gern mal bei deiner Kusine schlafen. Wir haben uns überlegt, daß du heute nacht zu ihr darfst.‹ Wie habe ich mich da gefreut! Mutter hatte Nachthemd und Zahnbürste schon eingepackt. Das war für mich etwas ganz Neues. Meine Kusine wohnte im gleichen Haus. Sie war nur einen Tag älter als ich. Ich bin dann gleich zu ihr hochgegangen.

Wir haben noch lange auf der Straße gespielt. Später hat mir die Tante meine Zöpfe geflochten und alles soweit zum Abendessen zubereitet. Es gab am Abend gekochtes Ei zum Butterbrot und einen Eierlöffel dazu. Das kannte ich nicht. Der war mir fremd.

Nach dem Essen sagte sie plötzlich: ›Ich habe eben gehört, daß du doch wieder nach Hause kommen sollst.‹

Ich war zuerst sehr enttäuscht. Aber dann hat sie mich eben einfach runtergebracht. Und da steht der Vater schon strahlend in der Tür und sagt: ›Du hast ein Brüderchen bekommen, ein richtiges lebendiges Brüderchen. Willst du es denn mal sehen?‹ Ich wußte nicht so recht, was ich machen sollte, und blieb erst zögernd stehen. Da nahm Vater meine Hand und ging mit mir ins Schlafzimmer.

Mutter lag in ihrem Bett, richtete sich ein bißchen auf und sagte: ›Meine Kleine, wir haben ein Brüderchen für dich bekommen.‹

Ich war immer noch ganz still. Und da sagte sie zum Vater: ›Zeig es ihr doch mal. Sie soll es richtig liebhaben.‹

Und dann hat mir der Vater dieses Bündelchen – es war in eine graue breite Windel gewickelt – in den Arm gelegt. Ich habe interessiert die graue Windel mit der roten Kante angeschaut. Das Kind war mir weniger wichtig.

Mutter sagte liebevoll, ich solle ihm ein Küßchen geben. Aber ich wollte nicht. Ich war starr vor Staunen und verstand die Welt nicht mehr. Woher die Kinder kamen, hatte mir vorher niemand verraten. Also wußte ich auch nichts von diesem Brüderchen, das ich nun küssen sollte.«

Bei aller Banalität der »Ereignisse« faszinierte mich immer wieder die enorme Gedächtnisleistung dieser über Hundertjährigen. Deshalb ließ ich sie weiterreden. »Irgendwann kam kurz darauf der erste Aufklärungsversuch eines vielleicht zwei Jahre älteren Mädchens, das nebenan wohnte. Sie hat mir erzählt, die Männer sehen doch unten rum ganz anders aus als die Frauen.

›Ach was‹, habe ich gesagt. Und sie sagte: ›Du bist doch nicht dumm, guck doch mal, du bist doch immer dabei, wenn dein Bruder gewickelt wird.‹ Da habe ich mir vorgenommen, das will ich auch mal machen. Ich war ja schon sechs. Irgendwann fragte sie mich wieder: ›Na, hast du's jetzt gesehen?‹

›Ja‹, hab' ich gesagt, aber weiter wußte ich nichts. Das war meine erste Aufklärung. Ich bekam auch nie etwas aus dem Schlafzimmer der Eltern mit. Das war doch ihre Sache.

Als ich mit sechs Jahren eingeschult wurde, das ist 1899 gewesen, da hatte ich sieben jüdische Mitschülerinnen. Neben einer habe ich gesessen, die hieß Agnes Oppenheimer, das weiß ich heute noch.

Mit ihr bin ich lange Zeit befreundet gewesen.

Als der Weltkrieg ausbrach, war ich 21. In diesem Jahr ist auch meine Mutter gestorben. Furchtbar. Sie hinterließ mir den 6 Jahre jüngeren Bruder und meinen Vater. Ich mußte plötzlich für alles sorgen.

Zu der Zeit hatte ich gerade die Tanzstunde hinter mir. Und dann kam bald die Frage, was ich werden sollte. Es war damals noch eine Seltenheit, mit dem Beruf für Mädchen. Bei Post und Eisenbahn waren schon einige untergekommen. Ich aber wollte Lehrerin werden. Und bin es geworden. Für alle Fächer, auch für Englisch und Französisch.

Und dann kam der Krieg.

Sie wissen, wie groß die Begeisterung 1914 war. Wir jubelten, als die Freunde aus der Tanzstunde in den Krieg zogen. Wir haben damals nicht gedacht, daß dies Tod und Sterben bedeutet. Von 1871 hatten vielleicht manche Eltern noch etwas mitbekommen.

Die Großelterngeneration jubelte allerdings nicht, das weiß ich.

Von den 19 Jungen aus meiner Tanzstunde waren 1918 noch zwei übrig. Siebzehn fielen gleich 1914 bei Langemarck in Flandern.

Alle 19 sind als Freiwillige hinausgezogen.

Uns hatte das blanke Entsetzen gepackt. Besonders durch Verdun. Wenn die Verletzten von dort kamen. Und dann der Typhus!

Ich glaubte damals, wir würden gescheit durch diesen Krieg.

Wie sehr haben wir um unsere Freunde getrauert. Und sind trotzdem nicht gescheit geworden.

Aber vorher waren wir nur begeistert. Da hatte kein negatives Gefühl Platz.

Und der jüngste Kaisersohn, der Prinz Joachim, der war mitten in Kassel stationiert. Die Soldaten haben ihn alle gern gehabt. Und als der Krieg ausbrach, war er so mittendrin im Jubel und in der Begeisterung. Wie die anderen.

Gegen diese überwältigenden Gefühle habe ich nur – und zwar sehr im negativen – den Namen Rosa Luxemburg in Erinnerung. Die war gegen den Krieg und deshalb unbeliebt. Aber ich war dazu einfach noch nicht reif genug. Ich wollte keine Schwarzmalerei hören. Ich wollte es einfach nicht wissen. Wir wollten es alle nicht wissen.

Zu den schönen Erlebnissen von damals gehörten für mich auch Theateraufführungen, Ausflüge, Besuche in Thüringen, in der Heimat meiner Eltern.«

Ich frage mich, warum sie hier »auch« sagt. Also war der Krieg auch eine schöne Erinnerung? Aber ich stelle diese Frage nicht laut.

Und ich erfahre weiter aus diesem letzten Jahrhundert:

»Wir hatten zu Hause kein Radio. Wir vermißten es auch nicht. Kein Mensch vermißte das. Mein Vater war ja am Theater. Wir bekamen jede Woche für 10 Pfennig eine Karte gratis. Jedes Mitglied vom Orchester. Das war herrlich.

Meine Mutter hat das immer ausgenützt. Und als ich dann erwachsen war, fragte sie mich oft, ob ich denn nicht auch mal hingehen wollte.

Ich war begeistert und habe auf diese Art und Weise sehr viele Opern und Theaterstücke gesehen. Den ganzen Shakespeare.

Die königlichen Beamten – wir gehörten ja dazu – wurden nicht besonders gut bezahlt. Die mußten alle noch einen Nebenerwerb haben. Das Theater war den Sommer über geschlossen. So sind die meisten Musiker irgendwohin zu einem anderen Orchester gefahren, in Badeorte.

Vater ist weit herumgekommen. Der erzählte immer, ich bin in Bad Kudowa gewesen, in Hamburg, in Königsberg oder sonstwo.

An Politik waren meine Freunde und ich gar nicht interessiert.

An dem verlorenen Krieg gaben wir England und Frankreich schuld. Aber als der Kaiser nach Holland ging, waren wir empört und entsetzt, daß er sein Volk so im Stich ließ. Noch dazu, wo wir doch in Kassel eine besondere Beziehung zu ihm hatten. Denn die kaiserliche

Familie kam ja jeden Sommer nach Wilhelmshöhe. Wir sahen sie dort oft.

Geheiratet habe ich erst spät. Mit 35. Erstens, weil meine Ausbildung lang dauerte, und zweitens, weil keine Männer mehr da waren.

Im Weltkrieg sind doch so viele gefallen.

Es gab keine Tanzstunde mehr, keine Veranstaltungen. Wo hätte ich als Lehrerin denn jemand vorher kennenlernen sollen?

Meine Ehe war nicht gut. Ich hätte es nicht tun dürfen. Aber meine beiden Kinder möchte ich nicht missen.

Ich war Lehrerin bis 1928 also, bis zur Verheiratung.

Erst 1940 bin ich wieder in den Schuldienst gegangen.

Da hatte doch der Zweite Weltkrieg begonnen.

Es war schauerlich mit der Erfahrung des Ersten Weltkriegs im Rücken.

Trotz Hunger und tiefer Not übte ich meinen Beruf gern aus.

Das alltägliche Elend war aber im Ersten Weltkrieg noch schlimmer. Wir hatten keine Kohlen, kein Brot, keine Lebensmittelkarten. Es gab 50g Butter für die ganze Woche. Wir als Beamtenfamilie hatten keinen bäuerlichen Hinterhalt, keinen Garten. Wir haben gehungert wie die Raben. Ich weiß, warum man sagt, Hunger tut weh. Er tat wirklich weh. Und wie!

Wir wollten keinen Krieg mehr haben, vor allen Dingen keinen Hitler. Nie mehr. Dem Aussehen nach mußten ja alle mitmachen. Bei einem Sieg dann Hände hoch. Dann haben wir uns immer an die Garderobe gestellt in der Schule und zwar so, daß wir uns aufstützen konnten. Auf die Kleiderhaken haben wir die Hand gelegt. Dann war die wenigstens oben. Und es konnte uns keiner was nachsagen. Ich war nie in der Partei.

Ich rettete mich nur dadurch, daß mein Mann Ortsgruppenleiter war. Wir wohnten in einem winzigen Kaff im Sauerland, wo die große Politik kaum hinkam. Ich hatte zwei kleine Kinder und viel Arbeit. Mein Mann war hitlerbegeistert, mindestens zuerst. Ich kam mal dazu, wie er mit der Kleinen vor dem Führerbild in unserem Eßzimmer stand und ihr erklärte, wie sie den Arm heben muß. Da war ich außer mir. Das vergesse ich nie.

Was habe ich alles erlebt: das Kaiserreich, die Weimarer Republik, die Nazis, die Adenauer- und die Kohl-Ära. Wie ich schon sagte, war ich politisch nicht sehr interessiert. Die Zeiten ohne Krieg waren für mich die schönsten.

Sie können sich keine Vorstellung davon machen, wie wir gefroren haben. Besonders im Ersten Weltkrieg. Und dann die Bombardements im Zweiten. Da hab ich den Hitler wirklich verflucht. Alles war so schwer.

Heute ist alles leichter und praktischer. Das ganze Leben.

Ich habe überhaupt nicht gemerkt, wie ich so alt geworden bin.

Viele treue Menschen sind um mich gewesen, auch interessante, kluge, weitsichtigere als ich. Mit großer Freude habe ich immer alles aufgenommen. Das Schönste in meinem langen Leben ist die Mutterliebe und das Gefühl zu meinen Freunden gewesen. Jetzt bin ich nur noch eine Last für meine Kinder.«

Kurz nach ihrem 102. Geburtstag ist sie gestorben, diese Schwiegermutter des alten Herrn, den ich im Minsker Museum des Großen Vaterländischen Krieges zufällig getroffen hatte. Er stand nicht von ungefähr neben mir. Ich möchte jenen langen Lebensweg, mag er teilweise noch so banal klingen, nicht missen. Er gehört zu dem, was Geschichte auch ausmacht: das Leid eines »normalen« Menschen.

Es gibt keinen Besitzanspruch auf Heimat

In Berlin, anläßlich der 51. Wiederkehr des 20. Juli 1944, bin ich bei einem ehemaligen Mitglied des NKFD zu Gast. Wir sprechen über vieles. Auch über den Begriff Heimat. Bei dem Versuch einer Definition fällt der Name Leonie Ossowski. Der alte Herr drückt seine Hochachtung für sie in besonderer Weise aus.

In Berlin sei sie sehr bekannt, in der gesamten BRD nicht weniger.

Ich lese sie schon lange. Sogar meine Schüler vom Leistungskurs Geschichte mögen ihre Bücher.

Dann, wenn im Geschichtsunterricht das Thema Flucht und Vertreibung besprochen wird, wird geschätzt, was sie dazu zu sagen hat.

Und so fahre ich an einem heißen Sonntagvormittag zu Leonie Ossowski in den Grunewald.

Eine gepflegte Dame öffnet die Tür und führt mich durch eine große Wohnküche. Mein Blick fällt auf einen riesigen ovalen Tisch, der für mindestens zwanzig Personen Platz hat. Sie sagt lächelnd: »Ich habe schließlich sieben Kinder. Mein ältester Sohn wird bald 50. Da kommt schon eine Portion zusammen!«

Diese Vitalität und Jugendfrische macht mich zunächst sprachlos. Was für eine Frau, denke ich.

Leonie Ossowski

Auf der Terrasse trinken wir Kaffee und schauen in einen Garten mit großen, alten Bäumen. Sie hat es schön hier. Mitten in Berlin so viel Grün! Aber was bedeutet das schon im Vergleich zu dem, was sie besessen hat und eigentlich jetzt wieder besitzen könnte. Das ist ja wie ein Fingerhut und ein Fußballfeld.

»Ihre Romane sind für meine Schüler wie spannende Geschichtsbücher, besonders die ›Wolfsbeeren‹. Der Zweite Weltkrieg und die Nazizeit werden faßbarer«, beginne ich das Gespräch. Was hat Leonie Ossowski bewogen, drei Bücher über diese Zeit und ihre schlesische Heimat zu schreiben?

»Das ist eine lange Geschichte«, antwortet sie freundlich. »Zum einen bin ich da geboren. Der Ort, den ich da beschrieben habe, der hieß früher Röhrsdorf und war 750 Jahre in der Familie meines Vaters.

Außerdem habe ich fast immer zu Hause gelebt und bin dem Land sehr verbunden gewesen und es auch geblieben. Auch deshalb schrieb ich dieses Buch.

Die ›Weichselkirschen‹ waren ja das erste in der BRD, in dem ich über das sogenannte heutige Westpolen spreche. Ich hatte mir vorgenommen, in mein Heimatdorf zu gehen, um dort eine Weile zu leben. Ich wollte wissen: Was ist da eigentlich passiert? Was passiert da jetzt? Was sind das für Menschen? Was ist aus allem geworden?

Das habe ich getan und bin 1974 ein Vierteljahr in ›meinem‹ Dorf gewesen.«

Über diesen ersten Besuch und ihre Gefühle dabei hat sie sehr genau berichtet.

»Ich hatte mir vor der Reise vorgenommen, mich nicht von Erinnerungen und Sentimentalitäten überrollen zu lassen. Ich war ausgerichtet auf die Gegenwart. Ich wollte mich mit der Vergangenheit eigentlich gar nicht so intensiv beschäftigen. Natürlich hat sie mich überall eingeholt.

Von den Bildern, dem Wohnhaus, der Überlegung, was ist kaputt, was ist nicht kaputt?

Ich habe zum Beispiel in meinem Elternhaus, das ein Schloß ist und aus der Jahrhundertwende stammt, immer gedacht, es muß doch noch irgend etwas übriggeblieben sein, auch wenn es nur eine Scherbe ist. Es war nichts da. Es war wie leergefegt. Später habe ich dann im Heimatmuseum der zugehörigen Kreisstadt, die heute Zorbat und früher Groschad hieß, einen Wäscheschrank aus dem Schloß gefunden«, erzählt sie.

Ich versuche mir die Situation vorzustellen.

Frau Ossowski geht sehr behutsam auf alle meine Fragen ein.

Nicht das Wiedersehen ihres ehemaligen Mädchenzimmers oder der Gästezimmer hat sie damals schockiert, wo die Kinder immer hineingesteckt wurden, wenn sie Röteln hatten, Scharlach, Masern oder Keuchhusten, um von den andern Familienmitgliedern isoliert zu sein, sondern das Verhalten der Menschen im Dorf, für die sie besonders beim ersten Besuch Verantwortung empfindet.

Und sie sagt weiter: »Für mich hat es einen ganz anderen Schock gegeben.

Ich habe, preußisch wie ich nun einmal bin, deutsch wie ich auch bin, immer den Menschen gesagt, wie es besser sein soll. Das liegt nun mal in meiner Mentalität. Ich habe mich im Dorf darüber aufgeregt, wie die

Leute sich ernähren, daß sie zu viel und zu fett und zu viele Süßigkeiten essen und daß die Hygiene zu wenig beachtet würde.

Da sagte dann ein Frau zu mir: ›Wie war das denn bei euch, nach eurer Währungsreform 1948? Habt ihr denn nicht auch gegessen wie die Wahnsinnigen? Laß uns nur machen, wie wir das wollen.‹«

Da habe sie den ersten kleinen Dämpfer bekommen.

Die Dorfbewohner hätten sich sowieso über sie gewundert und gesagt, sie wäre dorthin mit dem Auto gekommen, mit dem Koffer sei sie weggejagt worden, und dann habe sie Zeit, ein Vierteljahr Urlaub zu machen.

Und als sie meinte, sie sei Schriftstellerin und wolle über das Dorf ein Buch schreiben, erwiderte ihr eine Landarbeiterin, daß es über das Dorf nichts zu schreiben gäbe und wenn, dann würden das polnische Schriftsteller tun. Das war eine Antwort, die ihr ungeheuer unter die Haut gegangen sei.

Das läßt sich nachvollziehen, wenn man bedenkt, daß sie eigentlich Jolanthe von Brandenstein heißt und ihre Familie dieses Dorf 750 Jahre in Besitz gehabt hat!

Und jetzt kam von dieser einfachen Frau so eine Antwort, die alles wegschob und unwichtig machte.

Wir kommen auf den Inhalt der »Wolfsbeeren« zu sprechen, jenes Romans, den ich im Geschichtsunterricht bei der Behandlung des Nationalsozialismus immer als Lektüre empfehle. Da ist sie wieder, die Vater-Tochter-Problematik. Meine Problematik!

Aber da sagt Frau Ossowski plötzlich: »Also, das einzige, was nicht stimmt an dem Buch, oder die Figur, die es früher nicht im Dorf gegeben hat, ist der Pole Ludwik Janik, dieser Vater, um den sich alles dreht.

Nach ihm werde ich verständlicherweise immer wieder gefragt.

Ich kann mich in die Situation hineinversetzen, weil ich erstens sieben Kinder habe und außerdem mit 17 eine Liebe zu einem belgischen Kriegsgefangenen hatte, was streng verboten war und was genau so bestraft wurde, wie das mit dem Polen in meiner Geschichte.

Ich lernte Landwirtschaft auf einem anderen schlesischen Gut weiter südlich von Breslau und verliebte mich in einen belgischen Kriegsgefangenen. Das ist rausgekommen und ich flog aus der Lehrstelle.

Mein Vater holte mich dann ab, und die Situation hat sich so abgespielt, wie ich sie in den ›Wolfsbeeren‹ beschrieben habe.

Da kam mir dann die Idee, daß ich aus diesem belgischen Kriegsgefangenen einen Polen machen könnte.

Meine Absicht ist es von jeher gewesen, in meinen Romanen Politisches, Sozialkritisches und Historisches unterzubringen. Aber ich muß dazu eine spannende Geschichte haben, so daß der Leser eigentlich der Geschichte wegen immer weiterliest. Wenn er seine Neugierde befriedigt hat, was das für eine Geschichte ist, in diesem Falle also die mit dem Polen, muß er soundso viele Informationen aufnehmen, ob es ihm paßt oder nicht.

Die jungen Leute von heute meinen, alles, wirklich alles aussprechen zu müssen. Im Roman wissen beide Figuren, daß sie Vater und Tochter sind. Es ist ihnen völlig klar, nur sie sprechen nicht darüber. Warum also immer alles sagen?

Meine Generation hat zum Krieg noch einen ganz anderen Bezug gehabt als die späteren Generationen, weil wir noch viel zu viel vom Ersten Weltkrieg mitgekriegt haben. Das beinhaltet auch Elend, Hunger, Tod, Mord und Sieger- wie Verlierersituationen«, sagt sie jetzt. Und sie setzt hinzu, das wären ganz schwierige Gefühlsebenen gewesen.

Ihre Intention bei ihrer Trilogie sei vor allem, Anti-Kriegsbücher zu schreiben. Sie habe immer nur aufzeigen wollen, was Krieg, Mord und Erschießung anrichteten. Und in diesem Fall, im emotionalen Bereich, bleibe die Liebe einfach auf der Strecke. Der Ausgangspunkt für sie sei der Krieg.

In diesem Falle wächst also wieder eine Tochter vaterlos auf, deren Beziehung zu ihrem Partner scheitert. So hat sie es im Roman geschildert. Deshalb will ich von ihr wissen, ob sie meine, daß die Unfähigkeit, eine Beziehung zu halten, für eine Frau stark von der Vaterbeziehung abhänge.

Die Antwort kommt prompt: »Ich würde in jedem Falle sagen, daß die Vaterbeziehung eine Rolle spielt.«

Stabilität könne man auch von der Mutter mitbekommen, aber das sei es wohl nicht, sondern eher die Gemeinsamkeit mit dem Vater als dem anderen Geschlecht, also mit dem Mann groß zu werden.

Leonie Ossowski weckt Interesse für ihre schlesische Heimat, das habe ich selbst bei der Lektüre der Trilogie erlebt.

Aber was will sie damit noch bewirken? Erwartet sie durch ihre Bücher Verständnis für die heutige Situation?

In Schlesien wohnen jetzt Polen, das Land gehört ihnen. Es gibt Beispiele von Nachkommen der Gutsbesitzer, die jetzt Ansprüche auf ihr

Eigentum erheben. Mich interessiert die Frage, ob sie will, daß andere ehemalige Gutsbesitzer sich ein Beispiel an ihrem Verhalten nehmen.

Und sie sagt: »Vertreibung ist etwas so Grauenhaftes, daß ich mich nicht in der Lage fühlte, auch wenn mir das Land meines Vaters wieder angeboten würde, es anzunehmen. Weil ich dann wieder Menschen von ihrer Heimat vertreiben müßte. Es ist etwas anderes, wenn man aus eigenem Entschluß seine Heimat verläßt. Aus welchen Gründen auch immer. Selbst wenn es einem nachher auch noch schlechter geht.«

Sie hat sich in dem Vierteljahr mit einigen polnischen Familien angefreundet, die früher Zwangsarbeiter bei ihrem Vater auf dem Gut waren und jetzt Bauern sind.

Mit Mühsal hätten sie das aufgebaut, und dann kämen die früheren Besitzer, die Deutschen, und sagten, die Politiker haben das anders bestimmt, ihr müßt jetzt raus, ihr dürft jetzt wieder nach Hause, nach Ostpolen oder wo ihr herkommt, jetzt sind wir wieder hier.

Das sei eine grausame Vorstellung. Die verstoße auch gegen ihr christliches Denken und gegen ihre Moral.

Sie sehe es teilweise als sehr verdächtig an, wenn Leute, die in der BRD wieder zu Geld gekommen seien, ihre Güter zurückkaufen.

Einer aus dem Nachbardorf in ihrer Heimat habe das schon gemacht, und wenn sie daran denke, daß dessen Großvater ein alter und gefährlicher Nazi war, würde ihr ganz schlecht, sagt sie.

Obwohl er nur das Gutshaus gekauft hat! Und ob der Park dazugehört und was er damit machen will, weiß sie nicht.

Die Zeit ist noch nicht soweit.

»Vielleicht daß in den nächsten 50 Jahren dort wieder Deutsche ansiedeln ... aber hoffentlich nie mehr so, daß dadurch Menschen noch einmal vertrieben werden.«

In ihren Büchern schreibt sie anschaulich, daß sie erlebt hat, wie Polen verjagt worden sind, als die Nazis an die Macht kamen. Allein in ihrer Gegend sei das innerhalb von 14 Tagen mit 100 000 Bauern passiert. Aber davon rede keiner.

Die Menschen hier bei uns seien auch immer ganz erstaunt darüber, weil sie es nicht wissen. Und von den Politikern würde sowieso nicht davon gesprochen, denn die hätten ja keine Veranlassung dazu. »Die haben das, was uns sechs Jahre später passiert ist, mit den Polen 1939 und 1940 gemacht. Genauso wie ich das beschrieben habe, hat es sich zugetragen.«

Ich möchte wissen, wie sich denn die Flucht abgespielt hätte.

»Also ich war damals schwanger. Ich habe praktisch erst eine halbe Stunde, bevor wir wegmußten, Autofahren gelernt. Mehr konnte ich nicht, mehr Zeit hatte ich nicht. Ich hatte meine Schwiegereltern hinten im Auto und wir fuhren los.«

Die ganze Flucht, bis sie eine Bleibe gefunden hätten, sei damit ausgefüllt gewesen, den Tag zu überleben. Wo man etwas zu essen bekäme, wo man schlafen könne, und so weiter.

Es war im Januar 1945 bei 25 Grad Kälte. Die Leute seien erfroren. Von Waschen sei schon gar nicht die Rede gewesen.

Sie war damals neunzehn und ist im August 1945 zwanzig geworden.

Sie hätte erst auch kein Heimweh gehabt, denn sie habe ja gedacht, wenn dieser Krieg zu Ende sei, käme sie wieder zurück.

»Man wurde vertrieben und die Russen waren immer hinter uns. Die Schießerei haben wir dauernd gehört, die Deutsche Wehrmacht ist an uns vorbeigezogen.«

Leonie Ossowski spricht langsam und nachdenklich.

Ich merke ihr die unangenehme, beängstigende Situation an.

Zunächst befand sie sich mit ihrem Mann in der russischen Besatzungszone, wo sie beide eine Zeitlang einen Bauernhof bewirtschafteten.

Eines Tages wurden dort 60 Postangestellte aus Mainz einquartiert. Die beiden waren völlig überfordert mit der Ernährung dieser vielen Menschen und hatten bald nichts mehr zu essen. Da haben sie ein Schwein geschlachtet. Das wurde den Russen verraten. Ein Freund, der gute Beziehungen zur sowjetischen Kommandantur hatte, sah dort einen Haftbefehl für sie und ihren Mann nach Sibirien liegen. Er machte ihnen sofort davon Meldung. Daraufhin flohen sie nachts zu Pferd, wurden aber an der Grenze von Russen geschnappt und wieder zurückgeschickt. Das war im siebten Monat ihrer Schwangerschaft.

Solche Situationen kann sich heute niemand mehr vorstellen.

Die Stimme kommt von weit her: Sie habe schwer gearbeitet auf dem Hof, ihre Kühe gemolken und Rüben gehackt.

Der Geburtstermin rückte näher. Sie hatte irgendwoher einen Kinderwagen mit ein paar Babysachen. Für sich selbst hatte sie gar nichts.

Und dann machten sie einen zweiten Versuch, aus der sowjetisch besetzten Zone zu fliehen.

Die Mühseligkeit, wie sie getrennt über die Grenze gingen, schildert sie so: »Da war so ein ausgetrockneter Bach und ein Hügel, und ich dachte, daß ich da gut hochkommen würde. Es wurde aber immer steiler und ich kriegte einen roten Kopf. Mein Herz ging wie wahnsinnig und ich konnte plötzlich den Wagen nicht mehr schieben. Da kam mir ein Junge mit einer Kuh entgegen. Ich bat ihn, die Kuh vor meinen Kinderwagen zu spannen. Das tat er auch.

Wir waren dann oben. Der Junge ging weg, und als ich fast über der Grenze war, haben die doch noch auf mich geschossen. Die Kugeln sausten mir rechts und links um die Ohren. Dann bin ich auf allen vieren gekrochen und habe den Wagen immer so hinter mir hergezogen. Und schließlich war ich auf der anderen Seite.«

Und dann habe sie in Bad Hersfeld im Bett einer ihr völlig unbekannten Hebamme das Kind gekriegt. Komplikationen habe sie sich nicht leisten können, aber es sei eine mühsame Geburt gewesen.

Das beweist wieder meine These, daß die Frauen aus dieser Generation viel widerstandsfähiger sind als die heutigen jungen Frauen, denke ich. Und als ob sie meine Gedanken erraten könnte, meint sie, daß die jetzige junge Generation wohl daran gestorben wäre. Die würden das alles, was sie auf der Flucht mitgemacht habe, nicht ertragen haben.

Sie sei auch anders erzogen worden, habe ein anderes Weltbild gehabt. Es sei nicht spartanisch gewesen, aber von einer großen und klaren Einfachheit. Dabei spielte sowohl die Ernährung als auch die Bewegung eine ganz große Rolle. Auch die Unterhaltung sei eine andere gewesen. Konsumunterhaltung hätte es nicht gegeben.

»Man war ja viel beweglicher, im Krieg gab es ja keine Autos. Ich habe bis zu meinem 19. Lebensjahr die Zeit auf dem Pferd oder auf dem Fahrrad verbracht. Und dann mal auf dem Pferdewagen oder zu Fuß. Was man da für einen trainierten Körper hatte!«

Dann spricht Leonie Ossowski von ihrer schlesischen Heimat.

Sie finde eben diese Landschaft, die andere Leute für langweilig halten, sehr schön. Da, wo sie herkomme, ist es nur flach und kahl, und irgendwo steht mal ein Baum. Aber dann sind da diese riesengroßen Wälder zwischen Posen und Glogau, genauer gesagt 20 km östlich davon. Vor 1939 war das die deutsch-polnische Grenze.

Sie fahre immer seltener dorthin und habe eigentlich auch jetzt im vorigen Jahr im Dorf gesagt, daß sie nicht mehr kommen wolle.

Der Grund ist, daß sie in den alten Leuten, die ja immer weniger würden, Erinnerungen an die schlimmsten Zeiten ihres Lebens wecke.

Das bedrücke sie wahnsinnig.

Heute sei sie dort aber eine angesehene Person.

Als sie in einer Schule gesprochen habe, fragte ein Junge, ob sie, wenn sie nicht vertrieben worden wäre, noch im Schloß wohnen würde.

Und dann habe sie ihn gefragt, wie er sich das wohl vorstelle, wie sie das Schloß saubermachen solle. Sie lacht.

Heute sind unten im Schloß das Kombinat und die Kantine und in den früheren Empfangsräumen ein Fernsehzimmer, eine Cafeteria und die Bibliothek. Diese hatte, als sie 1974 zum ersten Mal dort war, 6 000 Bände. Für ein Dorf von 1 000 Seelen!

Wir sprechen über ihr Zuhause, das Schloß. Mich interessiert, was mit dem Inventar des Schlosses geschehen ist. Frau Ossowski hat lange nachgeforscht. Niemand im Dorf wollte ihr die Wahrheit sagen. Auch besaß niemand etwas. Sie hat sich heimlich da und dort umgesehen. Immer wieder fragte sie, wo denn alles geblieben sei.

»Es wollte mir niemand sagen. Ich dachte, ich werde verrückt.

Dann habe ich eine alte Weißnäherin getroffen, die bei uns immer die Wäsche gerichtet hat. Und die wohnte am Bahnhof. Sie wollte zunächst auch nichts sagen. Dann habe ich mal eine Flasche Wodka mitgebracht.

Wodka öffnet immer Herz und Seele. Beim Trinken erzählte sie es mir dann.« Nach ihrer Flucht hätten die Russen aus den ganzen Gütern und Schlössern, die sie ausgeräumt hätten, die Güterwagen am Bahnhof beladen.

Ein Güterwagen voll mit Uhren, einer mit Stühlen, einer mit Kommoden und so weiter.

Dann sagte ihr die Näherin, wo die Sachen alle geblieben seien, nämlich rechts und links vom Bahndamm.

Die Sowjets brauchten die Güterwaggons plötzlich für nachkriegswichtige industrielle Geräte und hätten deshalb alles wieder herausgeworfen.

Das Mobiliar des Schlosses, Wäsche, Geschirr, Bilder, persönliche Dinge, Kleidung, alles wurde ausgeladen und neben die Gleise geworfen. Dort lag es dann bei Wind und Wetter und verrottete.

»Warum haben die Leute sich das nicht geholt?« frage ich.

»Die haben wohl damals andere Sorgen gehabt und wußten auch nicht, was da für Schätze liegen. Anscheinend ist nichts nach Rußland gekommen. Vielleicht hat sich der eine oder andere doch etwas geholt.«

Dann sagt sie plötzlich unvermittelt: »Ich frage mich immer wieder, warum ich mit den Polen so gut kann. Als Kind habe ich schon mit ihnen zu tun gehabt. Wir hatten immer welche, weil das Grenzgebiet war. Und ich verstehe diese Mentalität sehr gut, auch die Schlitzohrigkeit.«

Sie habe manchmal bei diesen Gedanken wehmütige Gefühle und Assoziationen. Aber das hätte mit »Wiederhabenwollen« überhaupt nichts zu tun. Man könne ja auch nicht seine Kindheit wiederhaben wollen. Das könnten Gerüche, Geräusche oder Licht auslösen.

Sie trommelt nervös mit den Fingern auf den Tisch.

Da sei beim Spaziergang mit dem Hund im Grunewald so eine Stelle, wo es riecht, wie es zu Hause gerochen hat. Und das seien Sekunden, immer nur Sekunden, wo ihr aber manchmal wirklich das Wasser in die Augen trete. Sekunden! Ja!

»Und dann ist es weg und vorbei«, sagt sie beinahe traurig

Sie sei heute noch überzeugt davon, daß diese Vertreibung sehr hart war. Sie wisse auch gar nicht, ob sie überhaupt noch in Schlesien lebte, wenn alles so geblieben wäre. Wahrscheinlich ja, weil sie den Besitz erben sollte und Landwirtschaft gelernt hatte.

»Aber auf der anderen Seite muß ich auch immer wieder dazu sagen, daß ich diese Vertreibung Flucht nenne, weil wir nicht vertrieben worden sind. Wir sind von alleine gegangen.

Es gibt andere, die sind wirklich vertrieben worden, wir nicht. Dieses von jetzt auf gleich aus einem großbürgerlichen Leben Hineinstürzen in eine totale Armut, in ein Nichtshaben, nicht mal ein Dach über dem Kopf, das hat mich alles unheimlich geprägt und aus mir einen sehr politischen, wachsamen Menschen gemacht. Wenn ich dort geblieben wäre, ob ich dann wohl so geworden wäre? Bestimmt nicht.

Ich wäre vielleicht eine gerechte, liberale Gutsfrau geworden. Aber mit Scheuklappen und ohne politisches Verständnis. Ich habe etwas von Pferden, von Jagd und von Landwirtschaft verstanden. Ich wußte, wie man Schweine mästet. Aber sagen wir mal, einen erweiterten Horizont hätte ich dort als Gutsfrau nicht entwickelt.«

Mich interessiert die Stimmung in ihrem Elternhaus den Nazis gegenüber.

»In der Nazizeit machte man sich über Hitler lustig. 1933 war ich 13, und da hat mich das alles nicht so besonders interessiert.

Und nachher wurde nicht mehr so lauthals über den Hitler geschimpft, weil der ja die ganzen Großgrundbesitzer subventioniert hat.

Die kriegten ein unheimliches Geld. Und plötzlich ging es denen allen sehr gut. Sie hatten zwar die entsprechenden Auflagen, aber es funktionierte. Mit dem Import war es nicht mehr so toll, denn wir wollten das ja alles alleine machen. Infolgedessen waren die Güter sehr in Schuß.

Und da wurde sofort Geld hineingepumpt. Erst mal, um diese Gesellschaftsschicht ruhig zu halten, und zum anderen auch wegen der Produktivität.

Als Gutsbesitzerstochter konnte man sich das eine oder das andere leisten«, meint sie.

»Als es mir im BDM nicht mehr gefallen hat, bin ich eben ausgetreten, und nichts ist passiert.

Ich habe im Dorf noch viele Kontakte von damals.

Mit Polen, die bei meinem Vater gearbeitet haben. Diesen Menschen helfe ich, zu einer Rente zu kommen.«

»Mit was für einem Gefühl treten Ihnen diese alten Leute gegenüber? Gibt es welche, die unsicher sind, weil sie insgeheim doch denken, Sie würden etwas zurückhaben wollen?« frage ich sie.

»Das ist nur 1974 auf der ersten Reise zu spüren gewesen. Da war deutlich Unsicherheit. Der Pole macht erst einen Zaun um seinen Besitz, wenn er weiß, daß das seiner ist. Damals gab es noch keine Zäune. Inzwischen sind da sogar gestrichene, und die Leute, die ich von früher her kenne, sind so alt, daß sie nicht mehr arbeiten können. Die beschäftigen sich mehr oder weniger mit dem Tod oder mit ihren Krankheiten. Und die Jungen haben ein normales Verhältnis zu der Sachlage«, sagt sie.

»Ich werde oft gefragt, ob ich das Schloß denn nicht wiederhaben wolle. Das glaubt mir keiner, wenn ich verneine.«

»Möglicherweise denken die Polen, daß Sie in Berlin ein noch viel größeres Schloß haben als dort«, sage ich.

Das könne möglich sein. Aber die Leute hätten nie begreifen können, daß, wenn man jemanden mit dem Koffer wegjagt, er dann später mit dem eigenen Auto kommt und ein Vierteljahr nicht arbeitet. Und dazu noch das Auto voller Geschenke hat.

»Das würde der Vorstellung von dem großen Schloß in Berlin entsprechen«, sage ich.

Dann erzählt sie noch, wie sie einer ihrer Töchter, die damals, 1974, schwanger war, eine kleine Eiche aus dem Wald ihres Vaters mitbringen wollte: »Ich fuhr an eine bestimmte Stelle und hatte ganz vergessen, daß die Eiche eine Pfahlwurzel hat, das heißt, sie ist dreimal so lang wie das, was aus der Erde herauswächst. Ich hatte keinen Spaten dabei. Also kniete ich auf der Erde und wühlte und wühlte, weil ich dieses Loch machen mußte, um die Eiche unverletzt herauszukriegen.

Und auf einmal schaue ich hoch und sehe im Umkreis von zehn Metern lauter polnische Pilz- und Beerensammler um mich herumstehen. Und die sagen: ›Da gräbt die Niemka ihr Gold und Silber aus.‹

Die Polen haben aufgrund ihrer Geschichte immer alles vergraben. Das tun die Deutschen in diesem Landstrich übrigens auch.«

Und weiter: »Also, die dachten, ich wolle jetzt nach meinem versteckten Gold graben.

Ich kriegte einen knallroten Kopf, grub aber weiter, weil ich mir sagte, ganz egal, ich will jetzt diese Eiche haben.

Schließlich hatte ich sie, setzte mich in mein Auto und fuhr weg.

Am nächsten Tag fuhr ich noch mal an diese Stelle.

Da war ein Riesenloch, so groß wie ein Bombentrichter!

Und als ich weggefahren bin, war mein Auto voller Enten und Gänse und Buttercremetorten, und ich weiß nicht, was sie mir sonst noch alles mitgegeben haben. Da war eine ganz, ganz große Herzlichkeit.

So«, sagt sie, »jetzt können die mich einordnen. Die, die Deutsch können, erzählen den anderen, was sie in meinen Büchern über das Dorf gelesen haben.

Die wundern sich auch, warum ich mich nicht von Brandenstein nenne.

Ich bin letztlich für die Leute im Dorf eine völlig verrückte, aber nette Kuh.«

»Was kann man eigentlich aus Ihrer Schlesientrilogie, die Sie selbst Geschichtsbücher nennen, besonders lernen?« frage ich sie.

»Eigentlich nur zwei Sachen: Zum einen können Sie aus meinen Büchern, im Grunde aus allen drei Büchern, gleichermaßen lernen, was Krieg bedeutet. Was Krieg im Privaten, im Menschlichen, in den Beziehungen zerstört, kaputtmacht, also auch an Leben zerstört. Zum anderen, Vorurteile gegen Menschen aus einem anderen Land abzubauen.«

»Ich denke, es ist noch ein Drittes«, sage ich. »Daß man nämlich aus Ihren Büchern auch herausliest, daß und wie man sich mit der Vergangenheit abfinden kann, so wie Sie sich verhalten haben. Daß man keine Ansprüche erhebt, sondern sagt, das war so und das ist die neue Situation.«

Und sie sagt daraufhin: »Wenn man seiner Heimat beraubt wird, in diesem Falle durch Krieg, dann ist man heimatlos. Und einen heimatlosen Zustand hält man nicht ein Leben lang aus. Da wird man verrückt, das geht nicht. Man muß lernen, sich eine neue Heimat selber aufzubauen. Das dauert sehr lange.

Ich habe sechs Jahre in Oberschwaben gewohnt, 20 Jahre in Mannheim.

Oberschwaben hätte meine Heimat werden können, ist es aber nicht geworden, weil ich nach sechs Jahren schon wegmußte.

Sie sehen, was ich mit Heimat meine, ist auch ein Zeitproblem.

Mannheim ist nie meine Heimat geworden. Von der Mentalität her hat es für mich nie Nähe bedeutet. Selbst in insgesamt 24 Jahren nicht. Obgleich viel Natur, der Odenwald, die Pfalz, in der Nähe liegt.

Und dann bin ich nach Berlin gekommen!

Ich lebe jetzt 16 Jahre hier. Und das ist meine Heimat.

So lange habe ich gebraucht, um sagen zu können, wo die ist. Ich drücke das normalerweise öffentlich anders aus und sage, meine Heimat ist Schlesien und mein Zuhause Berlin.

So ist es auch richtig, weil man nur eine Heimat hat.

Aber Heimat hat nie etwas mit Besitzanspruch zu tun. Die Heimat kann man mit anderen teilen.

Ich teile meine Heimat mit den Polen, für die es heute Heimat ist, wo jetzt die vierte Generation heranwächst.

Es gibt keinen Besitzanspruch auf Heimat.

In erster Linie verbindet man mit Heimat einen Ort, wo man sprechen, laufen und essen gelernt hat. Wo man, außer Mutter und Vater, Menschen kennengelernt hat.

Das gehört alles dazu.«

Dieses Gespräch mit Leonie Ossowski hat neben vielem auch eines bei mir bewirkt: Ich kann nun noch viel besser nachvollziehen und weitergeben, wie schwer es ist, den Begriff Heimat richtig zu definieren. Und wie grausam, diese Heimat nicht zu behalten. Kriege können die unseligsten Urheber sein. Das muß man den nachkommenden Generationen immer wieder einhämmern.

Die Brecht-Interpretin Gisela May – eine »Kriegs-Marketenderin«

Was hat die Brecht-, Kästner- und Tucholsky-Interpretin, die Schauspielerin und Chansonsängerin Gisela May eigentlich mit dem Zweiten Weltkrieg zu tun? Warum ist sie, die in der DDR fast jedes Kind kannte, von der in der BRD jedoch nur wenige wissen, nun auch in diesem Buch zu finden?

Gisela May

Diese Frau fasziniert mich, weil sie mit ihren künstlerischen Mitteln von jeher die Dinge auf den Punkt brachte und hoffentlich noch bringt. Ich bewundere sie wegen ihrer Lebendigkeit, die ich heute noch bei ihr wie bei vielen anderen erlebe, die mir von ihrem Jungsein in jener schrecklichen Zeit erzählten. Zudem ist sie wie kaum eine andere Zeitzeugin des Nationalsozialismus und des Zweiten Weltkrieges sowie der ehemaligen DDR.

Berlin ist die Wahlheimat der gebürtigen Wetzlarerin.

Wie habe ich Gisela May kennengelernt?

Ich wohne zum ersten Mal im Osten der Stadt. Es ist nicht lange nach der Wende. Bei einer liebenswürdigen alten Dame habe ich ein Privatquartier. Alles ist dort noch ganz anders. Die Häuser, die Straßen, die Menschen, die Wohnungen.

Ein herrlicher Sommertag. Ich schaue mit meiner Gastgeberin aus dem Fenster auf wunderschöne alte Bäume, die es bei uns im Westen längst nicht mehr gibt. Und plötzlich sagt sie: »Dort gegenüber wohnt Gisela May!«

»Was, die bekannte Brechtsängerin, hier?« frage ich ungläubig. Ich denke an mein eigenes Zuhause. Irgendwie schäme ich mich.

Und dann arrangiert meine Gastgeberin ein Treffen. Allerdings erst zwei Jahre später. Eines Tages bin ich also in dem einfachen Haus bei Gisela May zum Tee. In einer wunderschönen, hellen und behaglich eingerichteten Wohnung!

Gisela May sitzt mir in einer leuchtend roten Strickjacke gegenüber, jugendlich, blond, mit glattem Haar, apart, mit sprechenden Augen und klarer Stimme. Ich möchte viel wissen von dieser Frau, nicht nur über den Krieg, auch über das Theater. Ich kenne sie bisher nur von der Bühne oder von Schallplatten. Alles trifft in dieser Begegnung aufeinander: die Wende, die DDR, die vormals russische Besatzungszone, der deutsche Überfall auf die Sowjetunion, die Kriegswende und so weiter.

Und in allem war das Leben und der Beruf dieser Künstlerin Gisela May.

Als ich meine Tasse nach dem ersten Schluck Tee wieder abstelle, lächelt sie mir aufmunternd zu. Jetzt kann ich sie fragen.

»Frau May, was hat sich für Sie seit der Wende geändert?«

Sie kommt sofort auf ein Thema, das ihr immer noch weh tut:

»Ich bin nicht mehr in einem festen Vertragsverhältnis, was die berufliche Situation anbetrifft. Ich wurde als eine der ersten am Brecht-Theater, dem Berliner Ensemble, gekündigt. Mit der Begründung, ich sei ja nun Rentnerin, und man habe keine Verwendung mehr für mich. Und wenn man mal wieder eine Aufgabe hätte, würde man an mich denken.«

Das klingt bitter.

»Was bedeutete für Sie das Berliner Ensemble?«

»Unendlich viel. Ich habe immerhin dort mit großem Erfolg 13 Jahre die ›Mutter Courage‹ gespielt und bin dreimal so lange Mitglied gewesen. Der Abschied war kurz, das ging in 5 Minuten.«

Ihre Stimme ist traurig und verletzt, als sie weiterspricht: »Das hat mich sehr enttäuscht. Es war ein Schock, von dem ich dachte, daß ich mich nie mehr davon erholen würde. Aber ich hatte auch wieder Glück, daß mitten in dieses Loch ein Anruf von einem Theater aus dem Westteil Berlins mit einem Rollenangebot kam. Und so saß ich nicht verzweifelt und ohne Arbeit zu Hause herum. Daran ist Inge Meysel schuld, denn sie sollte ursprünglich diese Rolle spielen in dem Stück ›Der rote Hahn‹ von Hauptmann, trat dann aber nach 14 Probentagen zurück. Da rief der Regisseur mich an. Ich war dort die einzige Darstellerin aus dem Osten.«

»Hatten Sie mit den Kollegen gleich guten Kontakt?«

»Absolut. Man hat mich auch sehr respektiert, besonders, weil ich bis zum Schluß hier im Osten geblieben bin.«

Wie sie das denn meine, möchte ich wissen.

»Es gab einen Techniker, der auf mich eine unheimliche Wut hatte. Der fragte sich immer, wozu er eigentlich abgehauen sei und all diese schlimmen Dinge auf sich genommen habe, wenn jetzt doch die beiden deutschen Staaten vereinigt seien. Diese Leute müssen sich natürlich ihren Entschluß als den richtigen einreden, damit sie nicht total an sich selbst zweifeln. Für die ist das schon ein harter Schlag.«

Ob sie nicht beruflich durch die Wende einen Abstieg erlebt hätte, frage ich.

Sie verneint das spontan.

»Fühlen Sie sich heute so geschätzt und geachtet wie zu DDR-Zeiten?«

»Von Menschen, die mich kennen, auf alle Fälle, auch im Westen. Wer da zu meinen Auftritten kommt, der weiß auch schon etwas von mir. Mit dem Publikum im Westen habe ich an sich sehr gute Erfahrungen gemacht. Aber um dort wirklich bekannt zu werden, müßte ich in einer Fernsehserie mitspielen. Die jüngeren Regisseure kennen mich gar nicht, weil unser Ostfernsehen, in dem ich häufig auftrat, ja im Westen nicht zu sehen war.«

Dann spricht sie über unangenehme Erlebnisse mit Journalisten: »Es gibt einige, die sich unbedingt einen Namen machen wollen und bösartige Fragen stellen. Es ist ja schon beinahe eine Kriminalisierung, daß ich überhaupt hiergeblieben bin.

Ich gebe manchmal noch Journalisten nach, die mich immer wieder bitten und vorgeben, sie seien auch aus dem Osten und auch hiergeblieben.«

Unter dem Vorwand, mit ihr über das Theater sprechen zu wollen, habe man versucht, sie politisch auszuhorchen. Deshalb gehe sie kaum noch in Talkshows.

Ob sie meine, daß diese Hinterlist eher eine westliche Eigenart sei, frage ich sie.

Das sei wohl eine Attitüde, antwortet sie, die zu diesem kapitalistischen System gehöre, wo sich nur einer durchsetzen könne, wenn er etwas Außergewöhnliches mache, etwas Spektakuläres, sich mit Dingen beschäftige, von denen er wisse, daß da die Leute hinhörten.

Ich möchte jetzt von Gisela May etwas über ihre Erlebnisse im Krieg erfahren. Was hat sie in diesen Jahren gemacht? Wie hat sie diese Zeit erlebt?

Sie erinnert sich:

»Als Hitler 1941 die Sowjetunion überfiel, war ich 17 und in Leipzig mitten in meiner Ausbildung zur Schauspielerin und Sängerin. Mein erstes Engagement hatte ich mit 19 in Dresden.

Es gab Bombennächte und keinerlei Abwechslung mehr in einem Alter, wo man doch so gern einmal tanzen gegangen wäre. Das war alles verboten. Es war ein sehr ernstes Leben. Alle meine Freunde waren im Krieg. Ich habe damals in mein Tagebuch geschrieben, ich sei von Toten umgeben. Dauernd kamen die Feldpostbriefe und dann noch diese fürchterlichen Todesanzeigen. Immer wieder war ich entsetzt über diesen Satz ›in stolzer Trauer‹. Eine entsetzliche Kombination von Worten.

Mein einziger Bruder war Funker und ist mit seinem Flugzeug in Afrika abgeschossen worden. Seitdem ist er vermißt. Meine Mutter war auf diesen Schock hin zwei Jahre gelähmt. Mich hat das sehr belastet.«

Ich frage mich, ob ihr das Theaterspiel während der Kriegszeit nicht irgendwie geholfen hat, das Schreckliche leichter zu nehmen, sich abzulenken.

Und sie sagt jetzt, als wären meine Gedanken auch die ihren: »Gewiß, mir hat das Spielen Freude gemacht. Aber das andere war so dominant, daß es doch ständig in den Gedanken blieb. Und ich bin ja damals eine blutjunge Anfängerin gewesen. Ich spielte nur wenige Monate, dann wurde ja alles geschlossen. Ich hatte ständig Angst um meine Eltern, die in Leipzig lebten und viele dieser grauenhaften Angriffe mitmachen mußten.

Unser Theater wurde 1944 geschlossen, und man verlegte uns nach Glogau in Schlesien. Ich hatte die Wahl, entweder in die Munitionsfabrik zu gehen oder mit dem Ensemble in den Osten zu fahren, um eine Truppenbetreuung zu machen, in die Lazarette zu gehen und ein paar

Liedchen zu singen. Vor allen Dingen aber, einen Wall zu graben in der Hoffnung, daß dadurch die sowjetischen Panzer aufgehalten würden und in diesen Graben hineinfuhren und daß dann der Krieg endlich zu Ende sein würde. Wir standen wirklich mit Schaufeln dort und gruben diesen Graben, in dem man vielleicht Kartoffeln hätte pflanzen können.«

»Wie war Ihnen zumute, als Sie das erste Mal vor Soldaten gespielt und gesungen haben?«

»Es war so fürchterlich, die Verwundeten zu sehen mit amputierten Beinen oder Schädelverletzungen. Und dabei wurden wir nicht einmal zu den Schwerstverwundeten gebracht, sondern traten vor denen auf, die uns wenigstens zuhören konnten, denen es schon ein bißchen besser ging.

Aber trotz allem waren wir doch froh, daß wir Theater spielen konnten, also irgend etwas Sinnvolles tun für die Menschen. Wir waren eine verschworene Gemeinschaft. Schauspieler, Musiker, Techniker. Wenn man jung ist, macht man es sich trotz all dem Schrecklichen abends noch erträglich.

Man hatte uns in einer Schule untergebracht, wo wir auf Stroh lagen. Ein wenig Romantik spürten wir da schon noch. Trotz allem Grauen.

Das dauerte bis Ende 1944. Dann wurden wir in unsere Heimatorte geschickt. Ich muß noch zur Erklärung sagen: Da viele männliche Schauspieler und Musiker im Krieg waren, hat man sich aus anderen Ländern sogenannte Gäste geholt, so beispielsweise viele tschechische Musiker. Bei uns gab es einen herrlichen jungen Bariton und einen ausgezeichneten Tenor. Und dann war da noch ein sehr guter Dirigent, in den ich mich verliebte.

Wir hatten uns vorgenommen, wie es in dem Stück ›Schweyk im zweiten Weltkrieg‹ von Brecht heißt, nach dem Krieg treffen wir uns, aber nicht im ›Kelch‹, so heißt es dort, sondern zum Heiraten. Aber dazu ist es dann eben doch nicht gekommen.

Ende 44 wurden wir getrennt, weil er zu seinen Eltern nach Mährisch-Ostrau zurückgeschickt wurde und ich nach Leipzig.

Wir haben uns aber immer Briefe geschrieben. Und im Frühjahr 1945 habe ich meine Mutter angefleht, ihn besuchen zu dürfen. Ich mußte zu ihm, koste es, was es wolle. Und bin mitten im Krieg, in dieser gefährlichen Zeit, losgefahren, und meine Mutter hatte tatsächlich für meine Liebe Verständnis.

Auf der Fahrt im Zug gab es dreimal Tieffliegerangriffe. Und wir sind aus den Fenstern gesprungen und haben uns auf die Felder geworfen. Aber das ertrug ich alles. Ich wollte doch zu ihm.

Und ein paar Tage nach dem großen Bombardement auf Dresden am 13. 2. 45 mußte ich dort in einen anderen Zug steigen. Das ist mir unauslöschlich in Erinnerung, was ich da sah. Mein Zug konnte nicht bis zum Hauptbahnhof fahren, er hielt in Dresden-Neustadt.

Ich lief durch Straßen, die keine mehr waren, weil Teile der Häuser bis auf die Straßenmitte gestürzt waren. Überall qualmte es noch. Über der ganzen Stadt war der Geruch von Verbranntem. Es waren kaum Menschen auf den Straßen.

Ich irrte durch diese zerstörte Stadt in der Hoffnung, bald den Hauptbahnhof zu finden, um weiterfahren zu können. Schließlich fand ich ihn. Er hatte kein Dach mehr. Irgendwo in der Mitte saß eine Gruppe von jungen Soldaten, die sich in einem Granattrichter ein Feuer gemacht hatten, um sich zu wärmen. Ich ging zu ihnen und hockte mich dazu. Und irgendwann, viele viele Stunden später, ging dann wirklich ein Zug. Und nicht nur das: Ich kam tatsächlich in Mährisch-Ostrau an. Ich war bei ihm. Der Ort hieß Bistriz, südlich von Prag, in der Nähe von Bratislava.«

»Nach diesem Wahnsinn muß das doch für Sie ein wunderbares Erlebnis gewesen sein, ihn endlich zu treffen«, sage ich.

»Ja. Aber ich war total überwältigt, denn ich kam in ein friedliches Kleinstädtchen, wie man es sich friedlicher nicht vorstellen kann. Ich dachte, so etwas würde ich nie wieder erleben.

Seine Eltern freuten sich über meinen Besuch erst überhaupt nicht. Sie dachten, daß irgendwann die Nazis besiegt seien und sie dann als deutschfreundlich gelten würden. Seine Mutter weinte zwei Nächte lang. Ich hörte sie schluchzen, denn ich wohnte in dem Häuschen mit. Ich dachte zuerst, das halte ich nicht aus.

So nach zwei, drei Tagen fing sie dann an zu merken, daß ich kein böser Mensch war und daß ich ihren Sohn wirklich liebte. Und dann begann sie, mir sehr viel Herzenswärme zu geben. Sie war eine ganz einfache Frau.

Wir sangen, lachten und waren glücklich. Mitten in diesem schrecklichen Krieg!

Sie schärfte uns immer ein, nicht deutsch zu sprechen, wenn wir in den Ort gingen. 14 Tage bin ich dort gewesen.«

Wie traurig sieht sie jetzt aus, diese Gisela May, denke ich.

Wir schweigen.

»Ist der Krieg daran schuld?« frage ich tastend.

Leise sagt sie: »Ja. Irgendwie ist er mit dran schuld. Ich spielte im Sommer 1945 gleich wieder in Berlin Theater. Er war durch und durch Tscheche. Es fiel ihm schwer, aus seiner Heimat wegzugehen.

Ich hätte in keinem Fall zu ihm gehen können, denn mein Beruf ist an die deutsche Sprache gebunden. Ich hätte nicht auf tschechisch Theater spielen können. Deswegen habe ich immer zu ihm gesagt: Komm doch hierher, ich werde versuchen, daß du als Dirigent in Berlin Fuß fassen kannst. Denn Musik hätte *er* ja in Deutschland machen können.

Aber er hatte Angst, daß er es nicht schaffen würde. So ging er nach Pilsen und bekam dort eine gute Dirigentenstelle. Ein paar Jahre später haben wir uns wiedergesehen. Da war es aber dann nur noch eine wunderbare Jugenderinnerung.« Und abschließend sagt sie: »Das war meine erste und allergrößte Liebe.«

Ich leite auf ein anderes Thema über:

»Hat der Krieg auch Ihre berufliche Karriere mit beeinflußt?«

»Der Krieg direkt nicht, aber die Teilung Deutschlands, die ja eine Folge des Krieges ist«, sagt sie jetzt und ist nun wieder ganz aufmerksam, nachdem sie für Augenblicke wie abwesend gewirkt hatte.

»Ich wollte nach Düsseldorf oder in eine andere westdeutsche Stadt, bekam dann aber Angebote aus Schwerin, aus Halle und aus Leipzig.

Ich blieb immer hier im östlichen Teil. Und als dann die Trennung in zwei Staaten kam, war ich plötzlich DDR-Bürgerin. Hätte das mit dem Engagement in Düsseldorf nach dem Krieg geklappt, wäre ich heute Westdeutsche.

Man hat Unverständnis darüber gezeigt, warum ich nicht im Westen geblieben bin, denn ich hätte ja ausreisen können.«

Ich frage mich insgeheim auch, was wohl die Gründe dafür waren, daß sie es nicht getan hat, und da sagt sie auch schon:

»Ich bin immer gern zurückgekommen. Ich hatte meine Eltern hier und meine Freunde und meine Wohnung, an der ich sehr hänge. Und außerdem gehörte ich ja zum Berliner Ensemble, diesem weltberühmten Theater. Und da im Mittelpunkt meiner Arbeit Brecht stand und noch steht, war es für mich unabdingbar, an einem Theater zu arbeiten, das Bert Brecht gegründet hatte.«

Gisela May hat viel von der Welt gesehen und alles genau beobachtet und ihre Lebenssituation in der DDR mit der ihrer Kollegen im westlichen Ausland verglichen. Sie hat aber auch gesehen, wie die Menschen im Osten und im Westen leben mußten, die nicht privilegiert waren: »Ich habe ja einen Beruf, wie Sie schon richtig sagten, der von mir verlangt, mich hineinzuversetzen in die Gedanken- und Erlebniswelt der anderen.

Aber ein Westdeutscher kann sich nicht hineinversetzen, wie die Leute hier gelebt haben, wie sie sich oft verletzt gefühlt haben. In ihren Urlaubsorten am Schwarzen Meer etwa haben die DDR-Bürger in den gleichen Hotels wie Reisende aus dem Westen gewohnt. Sie bekamen jedoch anderes Essen, saßen in anderen Speisesälen, hatten andere Zimmer und bekamen weniger für ihr Geld.

Sie haben aber gesehen, wie die Westbürger mit ihrer D-Mark am Abend herumwarfen und in den Bars saßen.

Und das alles, ohne daß sie mehr geleistet haben oder mehr konnten. Nur einfach durch den Zufall, daß sie im Besitz eines Geldes waren, das wir nicht hatten.

Und das löste beim DDR-Bürger diesen Zorn aus. Und der ist einfach noch da! Oder, daß der Normalbürger hier ein Auto fuhr, einen Trabi, den man im Westen nur belächelt hat, weil er aus Pappe war.

Und wenn dann der Westbesuch hier ankam mit dem Mercedes, der in manchen Fällen extra für diesen Besuch geliehen war, um anzugeben, denn zu Hause fuhren diejenigen auch kein dolles Auto, dann ließen sie ständig den Ostbürger spüren, wie überlegen sie waren. Nur weil sie ein besseres Auto fuhren oder auf Mallorca Urlaub gemacht hatten.

Das alles war lange vor der Wende. Ich weiß noch, wie der kleine Bürger alles drangesetzt hat, um in den paar Tagen, wo die Westverwandtschaft hier war, zu zeigen, daß es uns gut geht. Und sie haben eingekauft und Gänse gebraten und die Leute bewirtet wie irre. Nur damit sie ihr Selbstwertgefühl nicht zu sehr verlieren. Das sitzt heute noch tief.

Genossen haben die Menschen, daß sie plötzlich reisen konnten!

Und ich habe auch sehr genau hingeschaut in England, in Frankreich und in den USA. Meine Berufskollegen dort haben immer erstaunt gesagt, Gott, geht's euch gut, ihr habt ja alle Arbeit.

Denn dort sind sehr viele arbeitslos und sagten mir, wir haben mal eine Rolle, dann spielen wir drei Monate, dann muß ich mich wieder arbeitslos melden, dann geht die eine als Kellnerin, der andere als Fahrer, der dritte macht sonstwas.

Aber so durchgehend 30 Jahre an einem Theater zu sein wie ich, das war unvorstellbar für sie. Diese soziale Sicherheit, die ich hier hatte, die auch künstlerisch für mich so wichtig war, um zu arbeiten, die hat mich bewogen, immer wieder hierher zurückzukehren.

Wer drüben kein Geld hatte, konnte nicht gut leben. Ich bin durch London und dachte, ich sehe nicht recht, als wir mit einem Taxi durch die Doverstreet, eine der wichtigsten Hauptstraßen, fuhren, als ich sah, wie in den Hauseingängen oder vor den großen Warenhäusern die Obdachlosen, wenigstens vom Wind geschützt, auf dem Boden herumlagen.

Dann habe ich Menschen gesprochen, die sich die oder jene Operation nicht leisten konnten, weil sie so viel Geld kostet. Und als ich erschrocken sagte, aber das muß doch die Kasse bezahlen, hieß es, nein, ich muß so viel dazugeben, daß ich mich nicht operieren lassen kann.

Diese ganze Problematik lernte ich durch meine Arbeit kennen.«

Und dann spricht Gisela May plötzlich davon, wie sie zu Brecht gekommen ist.

»Ich habe ihn die ersten Jahre gar nicht gespielt. Er war ja in der NS-Zeit verboten. Aber in meinem Elternhaus gab es eine Schallplatte von ihm, die ich schon als Kind gehört hatte. Das war die Dreigroschenoper.

Die schmetterte ich bereits mit 10. Mein Vater verehrte Brecht sehr. Er war Chefdramaturg in Leipzig und kannte ihn. Ich hatte schon fast 20 Jahre Theater gespielt, aber nie ein Stück von ihm. Erst nachdem mir seine Songs geläufig waren und ich sie bereits international erfolgreich gesungen hatte, begann ich neben Goethe und Schiller am Deutschen Theater auch seine Stücke zu spielen.

Und das hat mich dann zu diesem Brechttheater geführt. Und die wunderbare Helene Weigel war ja seine Ehefrau und gleichzeitig Intendantin. Sie war sozusagen meine Chefin.«

»Was gefällt Ihnen denn so an Bert Brecht?«

»Er ist ein ganz großer Dichter. Er schreibt in einer Sprache, die von einer großen Einfachheit ist. Man versteht ihn, und trotzdem hat sie eine so immense poetische Kraft. Es ist das Literarische, was mich an ihm anzieht.

Ich bewundere an seinen Stücken, daß er immer ein ganz privates Thema in den Mittelpunkt stellt, eine intime Situation, und von der ausgehend dann die gesamten gesellschaftlichen Ereignisse aufblättert. Und vor allen Dingen weist er immer wieder auf die Widersprüche in der Gesellschaft hin.

Aber er gibt keine fertigen Antworten, sondern er stellt in seinen Stücken eigentlich immer Modelle vor, zu denen der Zuschauer eine bestimmte Haltung einnehmen soll.

Auch in der Figur der ›Mutter Courage‹, meiner Lieblingsrolle, ist schon wieder so viel Widersprüchliches. Sie ist eine raffinierte Händlerin. Sie versucht, das Beste aus allem zu machen. Sie denkt immer, ihr Geschäft sei der Krieg. Das ist ihr Geldgeber. Sie bejaht ihn. Sie ist für ihn. Sie ist eine Marketenderin, die alle ihre Waren an die Soldaten verkauft. Sie macht gute Geschäfte, wenn der Krieg floriert.

Und jetzt muß der Zuschauer denken, das kann doch nicht gutgehen, denn der Krieg ist ja nun nichts Gutes, und wenn sie für den Krieg ist, da muß doch etwas passieren. Und am Ende passiert es. Sie verliert ihren einen Sohn im Krieg, der andere wird umgebracht, die Tochter ebenfalls. Und am Schluß steht sie ganz allein da. Der elende Krieg hat ihr alles genommen. Sie ist völlig kaputt. Sie kann nicht mehr.

Und jetzt denkt jeder, ein normaler Dramatiker würde sie am Schluß sagen lassen, jetzt habe ich begriffen, der Krieg ist das Schlimmste, was mir passieren kann. Sie aber sagt genau das Gegenteil: Nehmts mich mit!

Und sie versucht weiterzumachen.

Die Unbelehrbarkeit dieser Person benutzt Brecht, um das Publikum zu erziehen. Es ist ein unglaublicher Widerspruch, mit dem er arbeitet. Und das ist für eine Schauspielerin schwer, aber eine Riesenherausforderung. Vielleicht war sie es auch für mich und meine Erfahrungen mit dem Krieg!

Aber es ist ja nicht nur die psychische, sondern auch rein physisch eine große Anstrengung. Sie muß diesen Planwagen ständig mit sich herumziehen über die Bühne. Sie ist nur am Laufen, nur am Rennen. Das Stück dauert fast dreieinhalb Stunden, und sie ist fast ununterbrochen in der Szene präsent.«

Wie hat sie sich, diese große Gisela May, nach einer so gewaltigen Anstrengung psychisch und physisch gefühlt?

»Befriedigt, sehr befriedigt«, sagt sie lächelnd.

»Vor allen Dingen, wenn vom Publikum das entsprechende Echo kommt mit großem Applaus oder mit Bravorufen.

Das ist eine unwahrscheinliche Beglückung. Vielleicht auch, um den Menschen etwas mitgeteilt zu haben. Und dann stehen sie am Bühneneingang, wenn man aus dem Theater kommt, und möchten mit einem reden. Aber das konnte ich nicht. Ich habe es immer am liebsten gehabt, wenn ich dann ganz allein zu Fuß – ich wohne nur 7 Minuten vom Theater entfernt – in Ruhe still nach Hause gehen konnte. Einfach so mit mir und meinen Gedanken.

So ist es. Das ist das Schöne, daß ich eben einen Beruf habe, in dem man auch im Alter noch gute Rollen spielen kann. Es gibt keine Grenze. Aber es gab die Wende und ich würde gern, sehr gern noch spielen.«

Und Gisela May läßt ahnen, daß sie bereit ist, ihrem Alter entsprechend noch weiter dazusein. Für die Menschen. Diese Frau hat noch unwahrscheinlich viel Kraft in sich. Wie Mutter Courage. Sie ist noch lange nicht alt. Sie hat eine Stärke, die es wahrzunehmen gilt. Auch hier. Im gesamten Deutschland.

Ich gehe durch die Siedlung, werfe noch einen Blick auf die stark heruntergekommenen Häuser und steige am Oranienburger Tor in die U-Bahn. Noch komme ich wie aus einer anderen Welt. Wie lange noch?

Die Antwort auf diese Frage liegt weit zurück. Die Ursachen haben dort begonnen, wo alle Geschichten dieses Buches begannen. In einer unseligen Zeit, mit einem unseligen Menschen. Auch das Schicksal einer Gisela May hat er, wie viele andere, auch aus diesem Band, auf dem Gewissen …

Die Nazizeit – ein psychologischer Rückblick

Die Psychoanalytikerin Dr. Margarete Mitscherlich ist eine Symbolfigur für die Frauenbewegung geworden. Sie betont immer wieder, daß Frauen in jeder Beziehung einen Nachholbedarf haben, sei es in der Gesellschaft oder im Privatleben, daß sie voller Schuldgefühle sind und erst mühsam ihren Weg in die Emanzipation finden.

Frau Mitscherlich hat sich mit verschiedenen Frauentypen aus der ersten Hälfte des Jahrhunderts beschäftigt, und sie ist der Meinung, daß sich der heutige Typ von den damaligen um einiges abhebt.

Margarete Mitscherlich hat auch sehr intensiv an der Aufarbeitung der nationalsozialistischen Vergangenheit gearbeitet, und sie hat, gemeinsam mit ihrem Mann Alexander, den Deutschen die »Unfähigkeit zu trauern« bescheinigt.

Wegen ihrer genauen Kenntnis der psychologischen Zusammenhänge hatte ich sie schon vor einigen Jahren in mein Seminar über den Zweiten Weltkrieg eingeladen.

Beim Schreiben der biographischen Frauenerinnerungen kam mir die Idee, sie auch hier zu Wort kommen zu lassen. Aus diesem Grunde besuchte ich sie in Frankfurt, um mit ihr über den Krieg zu sprechen. Mich interessierten ihre Gedanken und Meinungen zu den Themen: Zweiter Weltkrieg, Hitler, Frauen an der Heimatfront.

Margarete Mitscherlich

Ich bat sie, mir spontan etwas von sich und ihren damaligen Empfindungen zu erzählen. Ich war neugierig zu hören, woran sie sich erinnern würde und wie sie kraft ihrer psychoanalytischen Erkenntnis die Nazizeit im Rückblick sieht.

Dazu erfuhr ich von ihr innerhalb eines intensiven Nachmittags folgendes:

»Die Nazizeit war in der Gesamtheit eine sehr in das Leben einbrechende politische oder staatlich-völkische Konstellation.

Ein Jahr, bevor Hitler die Macht ergriff, war ich, 14jährig, aus Dänemark nach Deutschland gekommen und ging auf eine deutsche Schule.

Das ist mir im Gedächtnis, als wenn es gestern gewesen wäre.

Ich erinnere mich durchaus an das Gefühl, wie die da so plötzlich marschierten und triumphierten und wie die Lehrer und Lehrerinnen an unserer Schule, je nachdem zu welcher Partei sie gehörten, sich entweder sehr kleinlaut oder himmelhoch jauchzend verhielten.

Und da habe ich zum ersten und einzigen Mal etwas Positives über die Nazis gedacht. Denn als 15jährige war ich so voller Aufsässigkeit gegen die autoritäre Schulatmosphäre in Deutschland, daß ich mir dachte: Aha, jetzt kriegen die Alten eins auf den Deckel.

Als dann der Krieg anfing, war ich 22, und eine Studentin, die kaum sehr viel anders in bezug auf Emanzipation dachte als heute, obwohl so viele Jahre dazwischen liegen.

Die Frauen meiner Generation, mit denen ich zu tun hatte, waren emanzipierter als die heutigen.

Es war selbstverständlich, daß wir studierten, obwohl es doch immer hieß: Zurück an den Herd.

Nun bin ich natürlich insofern privilegiert gewesen, als ich nie zur Arbeiterschaft gehörte. Mein Vater war Arzt, und ich hatte Geld, um studieren zu können.

Meine Freunde und ich verachteten die Nazis als ungebildete Menschen, und wir machten unter uns auch keinen Hehl daraus. Die hatten keine Ahnung von all den Expressionisten und den verschiedensten Literaten, bis auf Nietzsche, leider Gottes.

Also ich gehörte zu denen, die die Nazis zuerst nicht ernst nahmen und dann schließlich wirklich sahen, wie furchtbar sie waren.

Mein Bruder blieb in Dänemark und studierte dort. Er hat sich im April 1940, als Dänemark besetzt wurde, zum Widerstand bekannt. Viele seiner Freunde sind im KZ umgekommen. Mein Vater war Soldat im I. Weltkrieg. Er hat sich immer als Däne gefühlt. Aber das Land, in dem wir wohnten, Nordschleswig, gehörte zur Zeit meiner Geburt zum kaiserlichen Deutschland. Er wurde 1939 nicht eingezogen, weil er für die Deutschen als unzuverlässig galt.

In meinen Semesterferien war ich in Dänemark, wenn ich nicht gerade in einer Klinik arbeitete. Und da habe ich natürlich durch meinen Bruder, der in Kopenhagen lebte, schon einiges gehört.

Ich hatte auch eine jüdische Freundin in Kopenhagen. Die Juden wurden ja von den Dänen völlig akzeptiert und besonders geschützt, wie man weiß.

In Deutschland drängte sich mir immer wieder der Eindruck auf, daß die deutschen Frauen lieber ihre Männer, Söhne und Brüder opfern wollten, als daß diese etwa Feiglinge und Drückeberger genannt würden.

Man war eben Mitglied der Volksgemeinschaft. Und da konnte man nur rausfallen, wenn man zu einer dünnen Schicht von Intellektuellen gehörte und untereinander einen gewissen Halt hatte.

Aber der Masse der Frauen und Männer war diese Möglichkeit versagt.

Und dann kam noch dieses uralte Nationalbewußtsein hinzu: Da war ja doch auch das Vaterland und nicht nur Hitler.

Ich erinnere mich noch genau, daß ich nach den Luftangriffen entsetzt war über mein eigenes, merkwürdiges Gefühl von Triumph: *Ich* habe überlebt …

Als ich 1948 wieder nach Deutschland kam, gab es noch keine Währungsreform und nichts außer dem Schwarzen Markt.

So habe ich den ersten Fasching gefeiert. Die Menschen waren außer sich vor Lebenslust. *Wir* hatten überlebt! Aber nicht durch eigene Leistung, sondern eigentlich durch Zufall.

Wenn die Bomben um einen herum einschlagen und man hat keine abbekommen, dann hat das mit eigener Leistung nicht das geringste zu tun.

Und so ist es auch mit den Soldaten im Feld. Um sie herum fallen die Kameraden und es ist entsetzlich und furchtbar. Und gleichzeitig kann auch das Hochgefühl des Triumphes da sein, nicht getroffen worden zu sein.

Ich meine, daß dies mit Denken nichts zu tun hat.

Ich glaube, man muß sich in Todesgefahr befinden, um das zu verstehen.

Wenn man da nicht gestorben ist, dann kennt man diesen Triumph, am Leben geblieben zu sein ...

Ich habe zum Glück kein großes Leid durchgemacht, sondern eben das Übliche.

Das war zum Beispiel folgendes:

Ich hatte in Deutschland sehr viele gute Freunde.

In einer Familie, bei der ich während meiner Schulzeit lange wie eine Tochter gelebt habe, fielen im Laufe des Krieges drei Söhne.

Oder das Elend bei den Bombenangriffen, wenn Kinder und Frauen getötet wurden. Das war das ›Übliche‹, was die anderen Menschen auch erlebten.

Man befand sich im Dauerstreß des vielleicht stündlichen Todes.

Es wird fast zur Selbstverständlichkeit. Und auch die Dauerangst, von der Gestapo verfolgt zu sein, was dann tatsächlich auch einmal bei mir der Fall war: Ich wurde mit meinen Freunden von der Gestapo verhört, weil ich wegen Wehrmachtzersetzung angezeigt worden war.

Wenn man so zurückdenkt: Es ist ja nichts passiert. Man hat uns letztlich laufen lassen.

Ich bin dann nach Dänemark gegangen und habe auf dem Weg nach Norden viele Bombenangriffe auf den Bahnhöfen in Hamburg und Kassel miterlebt. Auf einer dieser Zugreisen hat mich ein SS-Mann gezwungen, Bilder anzusehen von Juden und auch von Russen, die erst ihr Grab graben mußten und dann erschossen oder erhängt wurden.

Wenn Sie mich dabei nach meinen Gefühlen fragen, so kann ich sagen: Es war immer Wut und Entsetzen.

Viele andere Frauen haben übrigens auch Wut empfunden.

Wenn ich so an meine Freundin denke, mit der ich zusammen studierte, und an viele meiner Kommilitonen, wußte jeder von jedem, wo er ungefähr stand. Angst hatten natürlich alle, aber auch wirklichen tiefen Haß.

Man konnte auch nur hassen. Vor allem, wenn ich an die ›Kristallnacht‹ denke, die ich ja auch miterlebt habe.

Es gab im Grunde nichts anderes als Haß und Wut. Man hatte nur einen einzigen Wunsch: diese Leute umzubringen!

Als der Krieg gerade begann, habe ich zu einem Menschen, der mir sehr nahestand, gesagt, daß es für uns alle entsetzlich würde, wenn wir diesen Krieg nicht verlören. Und da hat mich dieser Mensch, obwohl er keineswegs für Hitler war, eine Vaterlandsverräterin genannt. Das hat mich ganz fassungslos gemacht.

Ich identifizierte mich immer sehr mit meiner deutschen Mutter und dachte also bis Hitler durchaus deutsch. Mit der deutschen Kultur und Sprache war ich also mehr verbunden als mit irgendeiner anderen.

Die Menschen, mit denen ich zusammenkam, standen dem Krieg genauso ablehnend gegenüber wie ich.

Aber es gab auch welche in meinem Bekanntenkreis, die sagten, wir müssen diesen Krieg gewinnen, sonst ist es aus mit Deutschland. Obwohl sie überhaupt nicht für Hitler waren.

Es gab natürlich auch diese typischen begeisterten Nazifrauen, die mit ›stolzer Trauer‹ den Tod des Sohnes oder Mannes anzeigten. Das war eine Art Trost für sie.

Wenn ich an einige dieser Nazimütter denke, die ich noch vor mir sehe, total in Schwarz, gefaßt und mit hehrem Blick, aber mit diesem verhärteten Äußeren, dann wird mir heute noch ganz elend.

Davon gab es eine Menge. Die haben dem Führer den Sohn geboren für das Vaterland.

Wie sagte doch Horaz? ›Süß ist es, für das Vaterland zu sterben!‹ Diesen Satz hatten sie voll und ganz verinnerlicht.

Ich kannte aber auch Frauen, die anders reagiert haben. Zum Beispiel die eine, deren drei Söhne gefallen waren. Sie war voller Kummer, voller Trauer, voller Zorn. Aber das war ja auch keine, die Hitler je idealisiert hätte.

Sie hat keine Anzeige in die Zeitung gesetzt, um voll Stolz den Heldentod zu verkünden. Sie hat zuerst entsetzt resigniert. Das war ihre Art zu revoltieren.

Und dann sagte sie es.

Mein Sohn ist sinnlos gestorben.

Und kam dafür ins Gefängnis: Unter ihren Bekannten war ein Denunziant …

Dieser Krieg hat bei den Frauen aber nicht nur negative Gefühle ausgelöst, sondern auch positive.

Zum Beispiel das Selbstwertgefühl, wenn die Frauen zwangsläufig die Männerberufe übernahmen. Ihre Männer kämpften ja an der Front.

Das war ein unwahrscheinliches Erfolgserlebnis.

Ich habe viel darüber geschrieben. Je weiter der Krieg fortschritt, umso mächtiger wurden logischerweise die Frauen.

Die Männer kamen immer kleinlauter zurück und sind doch am Anfang so großmäulig ausgezogen.

Es hat jedoch eine große Zahl von Leuten gegeben, die wirklich genau wußten, wie falsch das alles war, wie schrecklich, wie verlogen.

Ich als Ärztin hatte dieses mangelnde Selbstwertgefühl nie, meine Kolleginnen auch nicht.

Ich kannte aber Frauen, die sich freuten, jetzt, wo die Männer im Krieg waren, ihren erlernten Beruf wieder ausüben zu können.

Was mich immer sehr gewundert hat, war diese Begeisterung der Frauen für die Person Hitlers.

Er war für Frauen machterotisch. Aufgrund seiner ungeheuren Macht hatte er eine starke sinnliche Ausstrahlung.

Ich denke, die Deutschen haben immer eine besondere Fähigkeit zu idealisieren. Da waren die Engländer nüchterner. Auch in ihrer Beziehung zueinander sind sie analytischer gewesen.

Die Deutschen haben entweder idealisiert oder gehaßt. Aber dann war es ein Feind, den sie haßten.

Diese gottverfluchten slawischen Untermenschen, die werden wir jetzt vernichten, sagten sie. Die sollen später nur noch als Sklaven existieren.

Als der Wahnsinnige Amerika den Krieg erklärte, haben sie geschrien wie die Verrückten und gejubelt. Da gab es nur noch Freudentaumel.

Von Tragödie war keine Rede mehr. Die fing mit Stalingrad an, weil die Frauen plötzlich merkten, sie verlieren das Liebste, was sie haben: ihre Söhne und Männer, und es ist alles sinnlos. Aber die Mehrzahl wollte sich das nicht eingestehen.

In gewisser Weise waren die meisten Frauen auch Kriegstreiber.

Sonst hätten sie Hitler nicht so angebetet. Sie gingen nicht sehr reflexiv mit sich und ihren Gefühlen um.

Nach dem Krieg haben sie sich dann plötzlich keinerlei Gedanken über ihre Gefühle mehr gemacht. Es wurde einfach alles weggeschoben. Wie ich vorher sagte, sie waren eben verschont geblieben. Sie waren noch einmal davongekommen.«

Zum Schluß frage ich Margarete Mitscherlich, ob sie der Meinung sei, daß die Deutschen im Laufe von 50 Jahren irgend etwas begriffen oder vielleicht von ihren Büchern etwas gelernt hätten. Ob sie durch den Umgang mit der Vergangenheit und der Gegenwart nicht doch klüger geworden seien.

Lächelnd meint sie: »Ich bin optimistisch. Aber ich wünsche mir, daß diese Antipathie zwischen West und Ost aufhört. Es ist wichtig zu lernen, Konflikte auszutragen, ohne sich gegenseitig zu vernichten.«

Ausgewählte Bibliographie

Allgemeine Kriegsgeschichte

Wistrich, Robert: Wer war wer im Dritten Reich? Frankfurt am Main 1992.

Ueberschär, W./Wette, W.: Der deutsche Überfall auf die Sowjetunion, Frankfurt a. M. 1991.

Mayer, Arno J.: Der Krieg als Kreuzzug, Reinbek 1989.

Fest, Joachim: Hitler – eine Biographie, Berlin 1989.

Kohl, Paul: Der Krieg der deutschen Wehrmacht und der Polizei 1941-1944, Frankfurt a. M. 1995.

Papadopoulos-Killius, Rosemarie: Die Verarbeitung von Todesahnungen. In: Wette, W./Ueberschär, G. R.: Stalingrad, Frankfurt a. M. 1992, S. 146.

Kinder als Leidtragende des Krieges

Roberts, Ulla: Starke Mütter – ferne Väter, Frankfurt a. M. 1994.

Szepansky, Gerda: »Blitzmädel«, »Heldenmutter«, »Kriegerwitwe«, Frankfurt a. M. 1990.

Andreas-Friedrich, Ruth: Der Schattenmann, Berlin 1986.

Bruns, Ingeborg: Als Vater aus dem Krieg heimkehrte, Frankfurt a. M. 1991.

Marone, Nicky: Gute Väter – Selbstbewußte Töchter, Frankfurt a. M. 1995.

Sowjetische Frauen erleben den Großen Vaterländischen Krieg

Kopelew, Lew: Aufbewahren für alle Zeit, München 1979.

Soden, Kristine von (Hrsg.): Lust und Last – Sowjetische Frauen von A. Kollontai bis heute, Berlin 1990.

Seidler, Franz W.: Frauen zu den Waffen? Koblenz 1978.

Alexijewitsch, Swetlana: Der Krieg hat kein weibliches Gesicht, Hamburg 1989.

Dem Terror der Nazis ausgesetzt
Pehle, Walter H.: Der Judenpogrom 1938, Frankfurt a. M. 1994.
Rosenfeld, Oskar: Wozu noch Welt – Aufzeichnungen aus dem Ghetto Lodz, Frankfurt a. M. 1994.
Pankiewicz, Tadeusz: Die Apotheke im Krakauer Ghetto, Essen 1995.
Vermehren, Isa: Reise durch den letzten Akt, Reinbek 1998.
Kogon, Eugen: Der SS-Staat, München 1992.

Frauen des 20. Juli 1944
Benz, W./Pehle, W. H.: Lexikon des Deutschen Widerstandes, Frankfurt a. M. 1994.
Meding, Dorothee von: Mit dem Mut des Herzens, Berlin 1992.
Dönhoff, Marion Gräfin von: »Um der Ehre willen«, Berlin 1998.
Schlabrendorff, Fabian von: Offiziere gegen Hitler, Berlin 1994.
Szepansky, Gerda: Frauen leisten Widerstand, Frankfurt a. M. 1983.
Schulenburg, Tisa Gräfin von der: Ich hab's gewagt, Freiburg 1981.
Meyer-Krahmer, Marianne: Mut zum Widerstand, Leipzig 1993.

Jüdinnen im besetzten Frankreich
Segal, Lilli: Vom Widerspruch zum Widerstand, Berlin 1986.
Lornig, Marianne: Flucht aus Frankreich, Frankfurt a. M. 1996.
Heller G./Grand J.: In einem besetzten Land, Bergisch Gladbach 1985.
Doernberg, Stefan (Hrsg.): Im Bunde mit dem Feind, Berlin 1995.

Die Töchter des Nationalkomitees Freies Deutschland
Scheurig, Bodo: Verräter oder Patrioten, Frankfurt a. M. 1993.
Papadopoulos-Killius, Rosemarie: »Es gibt zwei Deutschlands ...« In: Ueberschär, G. R.: Das Nationalkomitee »Freies Deutschland« und der Bund Deutscher Offiziere, Frankfurt a. M. 1995, S. 201.

Die Rache der Sowjets
Sander, H./Johr, B. (Hrsg.): Befreier und Befreite, Frankfurt a. M. 1995.
Krockow, C. Graf von: Die Stunde der Frauen, Stuttgart 1988.

Den Schrecken des Krieges nicht begegnet
Jäckel, Eberhard: Frankreich in Hitlers Europa. Die deutsche Frankreichpolitik im Zweiten Weltkrieg, Stuttgart 1966.
Karpow, Wladimir: Russland im Krieg, Zürich 1988.
Meyer, Winfried: Unternehmen Sieben, Frankfurt a. M. 1993.

Verschiedene Kriegsschicksale
Ossowski, Leonie: Weichselkirschen, München 1976.
Dies.: Wolfsbeeren, Hamburg 1987.
Dies.: Holunderzeit, Hamburg 1991.
Mitscherlich, Margarete: Erinnerungsarbeit, Frankfurt a. M. 1987.
Dies.: Die friedfertige Frau, Frankfurt a. M. 1987.

Dank

Mein erster Dank geht an alle Frauen des Buches, die mir vertrauensvoll ihre Überlebensgeschichte erzählt haben und sich dabei schonungslos in schmerzliche Erinnerungen begaben.

Weiteren Dank schulde ich Frau Dr. Erika Erdély, die mich schon vor vielen Jahren zur Realisierung eines solchen Buches ermutigt hat.

Mein besonderer Dank gilt Frau Gundel-Maria Busse, die mich nicht nur an ihren Kriegserinnerungen teilhaben ließ, sondern mir beim Entstehen des Buches unschätzbare Hilfe leistete.

Rosemarie Killius